U0958097

广州地区粤方言语音研究

陈卫强 著

GUANGZHOU DIQU
YUEFANGYAN YUYIN YANJIU

暨南大学出版社
JINAN UNIVERSITY PRESS

中国·广州

图书在版编目（CIP）数据

广州地区粤方言语音研究/陈卫强著.—广州：暨南大学出版社，2011.12

ISBN 978-7-5668-0040-4

Ⅰ. ①广… Ⅱ. ①陈… Ⅲ. ①粤语—语音—研究—广州市 Ⅳ. ①H178

中国版本图书馆 CIP 数据核字(2011)第 237736 号

出版发行：暨南大学出版社

地　址：中国广州暨南大学
电　话：总编室（8620）85221601
　　　　营销部（8620）85225284　85228291　85228292（邮购）
传　真：（8620）85221583（办公室）　85223774（营销部）
邮　编：510630
网　址：http：//www.jnupress.com　http：//press.jnu.edu.cn

排　版：广州市天河星辰文化发展部照排中心
印　刷：广州市怡升印刷有限公司

开　本：890mm×1240mm　1/32
印　张：7.25
字　数：186 千
版　次：2011 年 12 月第 1 版
印　次：2011 年 12 月第 1 次

定　价：22.00 元

（暨大版图书如有印装质量问题，请与出版社总编室联系调换）

序

陈卫强读硕士期间，就在我的课堂里完整地修学了“语音学”与“音韵学”两门课。我的课每一节都设有数组练习，让学生将自己的答案明白地写在黑板上或当场回答，然后评解、纠正，以巩固学习成效。很多人不大适应这一“高强度”的课堂训练法，但陈卫强坚持下来了，而且学得很认真。可以证明，他经过了严格的方言学基本功的训练。硕士毕业后，陈卫强报读我的博士研究生，继续攻读汉语方言学，这才成为我的入门学子。

作为一个语感较好，又是土生土长的广州人，我希望他发挥自己的母语优势，以广州话音韵研究作为学位论文的内容。看上去这是一个老题目，做的人不少，但却有新的角度。我建议他将着眼点放在尚未系统调查过的广州市郊，以环形包围圈的方式对广州郊区粤语展开尽可能密集的调查，佐之相关研究成果与历史文献材料，以地理空间上的语音差异显示近代广州粤语语音的历史发展历程。随后，他进行了两年不间断的田野作业，收集了大量的一手材料。论文数易其稿，今天终于成书。看来基本达到了他预期的研究目标。因为材料充实，论证方法合理，这一研究总算有了些突破。比如运用音位学的理论，解释了广州粤语一套倒 a 韵母的产生就不乏创见；广州话元音高化的论证见解也不乏新意。我认为这些观点都建立在语言事实与客观分析的基础上，不尚大胆假说，注重实证研究是本书的一个特点。

当然，作为一名刚毕业的青年学者，论证不免还有些不尽到位的地方，借此就正于大方之家，也是他继续获得进步的空间所在。对于一位执著于家乡的方言事业，且孜孜不倦、愿为他所钟爱的事业献身的青年学者，今天尤为值得鼓励与赞赏。值此以为序。

伍　巍

2011 年 10 月 21 日于暨南园

目录

第一章　概说[①]

第一节　广州地区地理历史概况

一、地理环境

（一）本书所称“广州地区”的地理范围

本书研究的地理范围为“广州地区”，涵括广州市所辖的十区二市（县级），包括越秀、海珠、荔湾、黄埔、天河、白云、花都、番禺、南沙、萝岗十区和增城、从化两个县级市，总面积7 434.4平方公里。境内主要方言均属于粤方言广府片中的广州方言。

广州地区秦朝时皆为番禺所辖。番禺县早于秦朝时已经设置，属南海郡。后因南来人口渐繁，生聚愈盛，番禺县才陆续析地而治。最早是增城，于东汉时分置。至明弘治二年（1489），从化分置。花县则迟至清康熙二十四年（1685），析番禺、南海二县地分置。直至民初，番禺县境仍较现今大，属地涵括现今之白云、萝岗、黄埔、海珠及番禺等地。大致上，今白云区各镇及萝岗区的萝岗、九佛等地属慕德里司所辖，今黄埔、天河区属鹿

---

① 本章参考《广州市志》（广州出版社，2000）以及各县区地方志，特此说明并致谢！

步司所辖，今海珠区及番禺区北部属茭塘司所辖，今番禺南部（沙湾、市桥、石楼一线以南除外。至清光绪年，沙湾、市桥、石楼一线以南仍为荒凉的“沙田”，直至民国末尚未成立独立的行政乡。如今之大岗、万顷沙等乡镇原属中山，南沙区原属东莞）属沙湾司所辖。游汝杰先生（2004）提到：“古代县的析置往往意味着人口及其方言的扩散，即子县的人民及其方言是由母县迁移过去的。”[1] 换言之，本书所研究的广州地区粤方言即早期之“大番禺”方言。

（二）广州地区的地理气候概况

广州地区地处祖国大陆南方，广东省的中南部珠江三角洲的北缘，接近珠江流域下游入海口。广州位于东经 112 度 57 分至 114 度 3 分，北纬 22 度 26 分至 23 度 56 分。东连惠州市博罗、龙门两县，西邻佛山市的三水、南海和顺德，北靠清远市的市区和佛冈县及韶关市的新丰县，南接东莞市和中山市。

广州全年平均气温 21. 97℃，市区年平均降雨量为 1 997. 3 毫米，整个地区属亚热带季风气候，夏无酷暑，冬无严寒，雨量充沛，终年常绿。

广州地势东北高、西南低，中部是丘陵和台地，南部是珠江三角洲冲积平原。山地分布在从化市的东北部及增城市的北部，属九连山余脉。丘陵主要分布在市区的东北郊、增城市与龙门县交界处、从化市与花都区交界处。台地主要分布在从化市街口以东和温泉以南的中南部、增城市市区以东的东部、黄埔区南岗以南、番禺南沙以北等地。盆地平原分布在从化市以街口为中心的盆地、花都区的南部、增城市的南部、番禺区大部分地区及白云区等地。冲积平原主要分布在海珠区、荔湾区及番禺区，即珠江、东江及其支流沿岸。

广州地区位于东江、北江和西江的下游，珠江三角洲的中北部。全市河流归属珠江水系，其中东北部以山区河流为主，主要河流有流经从化市、花都区和白云区的流溪河以及来自龙门县、流经增城市的增江河。南部为珠江三角洲河网区，主要为西、北、东江下游水道和珠江前、后航道错综交织而成的河网。

（三）广州地区的古今水陆交通

在古代，畜力、人力和漕运是主要的交通运输方式，沿驿道和水路形成重要的交通线，因而东江、北江和西江三大河流是当时广州地区对外交通的主要线路。从广州溯北江而上，跨过南岭，即可进入长江流域。溯西江，经贺江或漓江北上，跨越五岭也可通长江流域。溯东江则可通闽越（今福建）。其中，北江作为广州地区北通中原的重要水道，自古以来就是兵家必争之地。

公元前221年，秦始皇统一中原。随后，派屠睢带领五十万大军南征百越，兵分五路南下。一路由今江西进入浙南、福建，攻取瓯越、闽越。两路进攻广西，其中一路经萌渚岭进入会贺县，一路经越城岭兵临桂林。其余进攻广东的两路兵马都经由北江南进，一路经今江西，越过大庾岭，进入粤北，下番禺；其二由今湖南，经骑田岭进抵番禺。

公元前112年，汉武帝派遣十万楼船水师攻打南越国，也是兵分五路南进。《史记》载："卫尉路博德为伏波将军，出桂阳，下汇水；主爵都尉杨仆为楼船将军，出豫章，下横浦；故归义越侯二人为戈船、下厉将军，出零陵，或下离水，或抵苍梧；使驰义侯因巴、蜀罪人，发夜郎兵，下牂柯江。咸会番禺。"[2]其中，伏波将军所走路线为湖南—骑田岭—连江线（按：汉桂阳郡，治郴县，地跨骑田岭南北，领11县，包括今湖南东南部和广东北部大部分县地。汇水，今连江。）楼船将军所走路线为江西—大庾岭—浈江线（按：汉豫章郡，治今南昌，领十八县，辖地相当于今江西省境大部。横浦，为秦筑关隘，即后来的大庾岭梅关），两路大军皆由北江南下，合攻番禺。而取道西江的"戈船、下厉将军兵及驰义侯所发夜郎兵未下，南越已平矣。"[3]足见北江水道之便捷。

东汉时期，粤北驿道历经多次修筑，交通条件得以改善，从广州地区北上多由此地。东汉建武二年（26），桂阳太守卫飒修筑自浛洭经浈阳、曲江、乐昌至郴州的通道，又称西京古道。建初八年（83），郑弘为大司农，“奏开零陵、桂阳峤道”[4]。汉灵帝时（168—189），桂阳太守周憬也对武水（即武江）进行了疏浚。

东汉末建安二十二年（217），步骘把交州治所由广信县迁至番禺，修建赵佗故城，作为交州刺史部治所，自此岭南的政治经济重心开始东移。两晋南北朝时期，北方战乱频繁，广州地区安定的社会环境和大片尚未开垦的肥沃的冲积平原吸引了大量逃避战乱南下的贵族和百姓入籍，人口激增。晋代以后，随着造船技术和航海技术的提高，从广州即可直航出洋，广州开始取代岭南西部的徐闻、合浦成为当时的重要港口。时至六朝，广州已成为岭南地区最大的政治经济中心和港口城市。

唐开元二年（714），中央政府在广州设置对外贸易的管理机构——市舶使，广州的对外贸易更加繁荣，成为唐帝国重要的出海港口，粤北旧有的通道已经不能满足南北交通的需要。唐开元四年（716），张九龄奉诏开凿大庾岭路，大大改善南北交通。自此，广州地区的水陆交通格局基本定型：以广州为出发点，向北溯北江而上，沿浈水到粤北南雄上岸，经大庾岭古道，入江西可通长江流域；向西溯西江，经桂江，过灵渠，就可进入湘江，与中原相通；循西江西去，可抵云贵、四川；向东溯东江，经惠州、潮州，入韩江，在大埔县的石上埠可与福建上杭县的鄞江、汀水相通，另有陆路到达粤东，通向闽南；短距离运输可经珠江三角洲河网抵达附近各县；海路运输则由珠江口出海，可达国内各港口及南洋、南亚，乃至西亚诸国。

近代以来，广州地区的现代化交通发展迅速。铁路建设方面，民国二十五年（1936），粤汉铁路全线通车，改变了以往北上主要依赖水路的方式。粤汉线与南下的广九线、西行的广三线相连，大大促进了广州地区的陆路交通发展。而公路的大规模开筑则从民国元年开始，至民国二十四年（1935），已经形成了以广州为中心辐射省内外的公路网络。

新中国成立后，尤其是改革开放以来，广州的交通建设日新月异。京广线、广深线、广三线、广茂线和广梅汕铁路在这里交汇。辐射省内、连接省外的高速公路网络已基本成型。新白云国际机场是华南最大的民用航空交通中心。新开辟的南沙港和原有的黄埔港一道成为我国远洋航运的优良海港和珠江流域的进出口岸。广州作为华南地区当之无愧的最大的海、陆、空交通枢纽，有中国“南大门”之称。

二、历史沿革与人口变迁

（一）历史沿革

考古发现，在旧石器时期，广州地区已有先民在此生息繁衍。在距今5 000年前的新石器时代，人们居住在濒临河海湖泊的沙丘台地上，以渔猎为主。到先秦时期，广州地区主要为百越族聚居之地，各部落散居于岭南。《吕氏春秋》称：“扬汉之南，百越之际，敝凯诸、夫风、余靡之地，缚娄、阳禺、驩兜之国，多无君。”

广州地区正式纳入中央政府的管治范围，设置郡县，始于秦代。始皇三十三年（前214），岭南设立三郡，为桂林、象郡、南海。南海郡下辖番禺、博罗、龙川、四会、揭阳等县，郡治番禺，即今广州。番禺县与郡同治，境域广阔，北与洌江（今清远）相邻，东与博罗（今博罗、惠阳一带）相接，西与四会（今四会、鹤山一带）相连，南止于滨海之地。可见，当时的番禺县境较今广州地区要大得多。今广州地区在秦代属南海郡番禺县地。

秦末，群雄逐鹿中原，赵佗趁机起事。汉高祖元年（前206，一说汉高祖三年）赵佗建南越国，自立为王，定都番禺，历时93年。《汉书·地理志》有载："南海郡，秦置，秦败，尉佗王此地。"南越国政制仍设郡及县两级，南海郡设有郡守官职，番禺仍为县治。

汉元鼎六年（前111），武帝派遣十万大军进攻岭南，次年平定了南越国，把岭南三郡析为九郡（九郡分别为南海、苍梧、郁林、合浦、交趾、九真、日南、珠崖、儋耳），置交阯刺史部。西汉末，交阯部改为交州。由秦至西汉，行政建置虽有更易，但广州地区仍属南海郡番禺县地。

东汉承西汉州、郡、县三级制，因经济和人口的发展，岭南郡县增置改易。南海郡上属交州（时交州治广信），下辖七县，比西汉多增了一县——增城县。《永乐大典·广字》引《图经志》曰："后汉建安六年（201）始置增城县。"东汉时期广州地区属交州南海郡番禺、增城县地。

东汉末年，吴国孙权任步骘为交州刺史。建安二十二年（217），步骘把交州治所由广信县迁至番禺。孙权黄武五年（226），分交州为交、广两州。广州州治为番禺，辖南海、苍梧、高凉、郁林四郡。南海郡辖番禺、博罗、龙川、四会、增城、平夷（今新会，由四会分出）、揭阳七县，而番禺仍为州、郡、县治所在地。三国时，广州地区属广州南海郡番禺、增城县地。

晋末至南北朝时期，北方战乱频繁，大量流民南迁，广州地区人口增长较快，郡县数量也随之增加。西晋永嘉之乱时，析番禺、博罗两县地建东官郡（辖宝安、海丰、兴宁三县）。东晋时的南海郡，领县增加了怀化、欣乐、西平（后二县在今惠阳地）和高要，并由番禺县析置怀化县。南朝刘宋时，广州辖十八郡，南海郡辖十县：番禺、怀化、熙安、增城、博罗、西平、龙川、高要、绥宁、始昌（由四会分出）。其中绥宁、熙安两县由番禺、增城分出。南朝刘宋时，广州地区属南海郡番禺、怀化、熙安、绥宁、增城等县地。南齐时，广州郡数增至十六郡。南海郡域扩大，县数增加，《南齐书·州郡志》载有番禺、怀化、熙安、绥宁、增城、博罗、龙川、西平、高要、新丰（博罗分出）、河源（龙川分出）、安远、涔安等十三县。南齐时，广州地区属番禺、怀化、熙安、绥宁、增城县地。

隋大业三年（607），广州改为南海郡，领南海、曲江、始兴、翁源、增城、宝安、乐昌、四会、化蒙、清远、含洭、政宾、怀集、新会、义宁十五县。南海县即原番禺县。《元和郡县志》云："南海县，本汉番禺县之地也，属南海郡。隋开皇十年以其地置南海县，属广州。"其中"番禺县"条又云："隋开皇十年改置南海县，即今县是也。"《舆地广记》卷三十五"广南东路"条也载："番禺县，秦汉旧县，后改为南海。隋平陈，分南海置，寻省入。"隋代，广州地区主要属南海郡南海县、增城县地。

唐初南海县仍依隋制，到武则天长安三年（703），由南海县分出番禺。天宝元年（742），南海郡辖番禺、南海、增城、四会、化蒙、东莞、浈阳、含洭、新会、义宁、怀集、洊水、清远等十三县。至德元年（756）置岭南节度使。咸通三年（862）分岭南道为东、西两道，各立节度使，岭南东道节度使治广州。唐代今广州地区属岭南东道广州南海县、番禺县、增城县地。

两宋时期，广州属广南东路，为路治，领南海、番禺、清远、增城、怀集、东莞、新会、信安八县。绍兴二十二年（1152）广州城一分为二，南海县管治城西，番禺县管治城东，《舆地广记·番禺县》即有"与南海分治郭下"一语，可为佐证。南海县与番禺县分治州城的状况一直延续至清代。宋代广州地区属南海、番禺、增城县地。

元代广州路属江西行省广东道。广州是广州路治所。至元十六年（1279）设广东道宣慰司，广州置下路总管府，领七县一录事司。一录事司即广州录事司，专管广州城乡居民，建于至元三十六年（1299），七县为南海、番禺、东莞、增城、清远、新会、香山。元代广州地区属广州路广州录事司、南海、番禺、增城县地。

明代洪武元年（1368），广州路改为广州府，辖一州十五县，即连州、阳山、连山、番禺、南海、顺德、东莞、新安（今宝安）、三水、增城、龙门、清远、香山、新会、新宁（今台山）、从化等县。其中从化县于弘治二年（1489）析番禺北部及增城小部地域设置。明代广州地区属南海、番禺、从化、三水、增城、龙门（部分）、顺德（大部分）地方。

清代广州府辖十四县，即番禺、南海、增城、东莞、新会、清远、香山、新安、顺德、新宁、从化、三水、龙门、花县。其中花县建于康熙二十四年（1685），析番禺、南海北部山区设立。广州城仍分为两半，西属南海县，东属番禺县、清代广州地区属广东省广州府番禺、增城、从化、花县以及南海、顺德、三水、龙门等部分县地。

民国初期，广州地区属粤海道，相当于广州府下南海、番禺、增城、从化、花县五县地。1918 年 10 月，广州成立市政公所，筹备建市。1920 年，孙中山领导的护法政府划定广州市区，置市政厅，总理区内市政。1921 年，广州市区正式成为独立的行政区域，结束了宋代以来行政上分属南海、番禺两县的局面。

新中国成立后，广州地区的行政区域辖属几经调整。1960 年 9 月 20 日，国务院批准原由佛山专区领导的花县、从化两县划归广州市领导。1975 年 3 月 24 日，国务院批准将佛山地区的番禺县、惠阳地区的增城县划归广州市领导。至 1988 年，广州市行政区域管辖范围包括东山、越秀、荔湾、海珠、天河、黄埔、芳村、白云等八区和花县、从化、增城、番禺等四县。2000 年 6

月，番禺、花都撤市设区。2005 年，撤销芳村区和东山区，新设立萝岗区和南沙区。至此，广州市共辖十区二市（县级），包括越秀、海珠、荔湾、黄埔、天河、白云、花都、番禺、南沙、萝岗十区和增城、从化两个县级市。

（二）历代人口变迁

1. 广府民系的形成

广州地区地处南陲，北阻五岭，古时居住着南越族，言语风俗与中原汉族迥异。他们创造出以种稻，制造并使用有肩石器、扇形青铜钺、几何印纹陶和舟楫，凿齿、断发文身、鸡卜等为主要特征的南越文化。近年，广州南越王墓出土的一件铜提筩上，刻有羽人划船纹饰，船上悬着一个人头，生动再现了古代越人善舟楫、鸟图崇拜、猎头等独特的生活习俗。西汉时，南越王赵佗为巩固政权，采取尊重越俗、“和辑百越”的政策。他任用越人吕嘉为相，主动“弃冠带”，着越服，“椎髻箕倨”，自称“蛮夷大长”。可见，当时南越国还是以越人为主体的。一般认为，如今的壮族、黎族和疍民皆为古南越族的后裔。一直到南北朝和隋代，广州地区还居住着不少壮族、黎族等少数民族居民。《南齐书·志第六·州郡上》“广州”条说：“虽民户不多，而俚獠猥杂，皆楼居山险，不肯宾服。”[5]《隋书·列传第三十》“薛世雄”条说：“炀帝嗣位，番禺夷獠相聚为乱，诏世雄讨平之。”[6]后来，这些民族的居民有的逐渐汉化，有的迁移至偏远地区，只有一些地名还保留着他们居住过的痕迹，例如现在的番禺区南村镇就有“俚人洞”。

中原汉族人民大规模迁移岭南始于秦代，主要有三次高潮：秦汉时期、两晋南北朝时期和两宋时期。其中，除秦始皇和汉武帝时因南征而派遣大量军人占籍岭南外，其余几次都是因为北方战火纷扰，黄河流域一带社会动荡，士民为避战祸而被迫南下。

这些来自中原的军人和士民带来了先进的生产工具、生产技术、生活用器以及中原的语言和礼俗，促进了中原文化与岭南文化的交流，并逐渐与当地的原住居民融合为一体。这种民族融合的历史也得到了遗传学的证明。中国科学院遗传与发育生物学研究所副研究员袁义达先生的“姓氏基因”研究发现，以武夷山—南岭为界，南北汉族的血缘差异很大，甚至比南北两地汉族与当地少数民族的差异还要大。[7]可见，南北两地汉族是在与当地少数民族的逐渐交融中形成的。

据练铭志先生（2000）的研究，历史上较大规模的民族融合有两次。第一次民族融合是在南越国时期。南越王赵佗鉴于暴秦灭亡的教训，推行民族和睦政策：尊重百越风俗，任用越人为官，提倡越汉通婚等。这个越汉民族的融合体，逐渐成为后来广府民系的先民。南北朝时期，由于各地汉族大量涌入，促进了俚汉文化交流，加上俚人首领冼夫人“戒约本宗，使从民礼”，更加速了俚人对汉文化的吸收。于是，广东出现第二次民族融合——俚汉融合。这次民族融合，始于晋，发展于南朝，隋唐之间进入高潮，结束于唐初。《古今图书集成·职方典·高州府部汇考三》“风俗”条云：“自隋唐之后，渐袭华风，休明之化，沦洽于兹。椎跣变为冠裳，侏离化为弦诵；才贤辈出，科甲蝉联，彬彬然埒于中土。”[8]

两宋之交和宋元之交，金兵和元兵的南下侵扰触发了大规模的移民浪潮，史载“中原士大夫避难者多在岭南”，使得“宋代南迁的人口规模远远超过了汉、晋和南朝”。[9]现居番禺市桥的谢氏村落有《石桥谢氏族谱》，当中所载的《流徙铭》，就罗列了罗姓至高姓共33个姓氏的珠玑巷流民南下垦荒的事迹：

珠玑流徙，罗湛郑张，尹文苏谢，陈麦卢汤，温胡赵伍，曹区李梁，吴冯谭蔡，阮郭廖黄，周黎何陆，高发其详。九十七人，开辟烟瘴；三十三姓，永镇南方。子孙万代，为国栋梁。文经武纬，愈远愈昌。

而今，番禺境内居民姓氏过百，可见当时从珠玑巷南迁的氏族，应不止这33姓。珠玑巷的移民首先在广州地区垦田开村，其后子孙后裔繁衍生息，继而在境内流徙散播，这段历史在很多村落的族谱中均有记载。例如萝岗镇萝峰村包括迳子、竹松、龙田、坑村等自然村，人口7 000多人，村民以钟姓为主，亦有罗、韩等姓，其中钟姓的来源就有详细的记录：

宋朝开宝四年（971），宋太祖遣节度使潘美南征，潘美任其婿钟轼为广东防御使，率兵征剿南汉。南汉王刘𬬮被俘后，钟轼留守岭南，屯兵从化。其妻潘三姐由汴京南下，随夫居从化屈洞，生三子，长子嚣，次子訚，三子响。訚生子君锡，君锡生两子，长子绍和，次子遂和。绍和留在从化守祖业，遂和外出经商。靖康元年（1126），遂和住广州千户林茂家数载，绍兴七年（1137），迁居赤坭（今属花都区）。绍兴二十五年，生子名玉嵒。隆兴元年（1163），遂和携妻黄氏及子玉嵒迁往萝岗坑村永堡里定居。遂和于淳熙十二年（1185）寿终，享寿八十。遂和为钟姓定居萝岗之始祖，玉嵒为二世祖。

又如，从化神岗的木棉村，以谢氏为大姓，大约于南宋时从南海县江高镇大田村（今属白云区）迁来。而太和镇石湖村的谢氏，亦由江高镇大田村（今属白云区）迁来。再如从化太平镇的钱岗村，村民以陆姓为主，于宋朝由南雄珠玑巷迁入，相传为南宋宰相陆秀夫的后人。而黄埔的文冲村陆氏，则由从化钱岗分支而来。大批汉族人经珠玑巷进入珠江三角洲，逐渐融合到原住居民之中，历经元、明、清三朝近千年的繁衍生息，使广府民系得到进一步的发展。广州地区粤方言人口的这种同宗同源的密切关系，正是本书进行语音演变研究的重要基石。

2. 人口数量的增减

秦平南越后，广东境内地广人稀。据《汉书·地理志》记载，西汉时广东境内约有4.9万户，25.6万人。汉元鼎六年（前111）南海郡辖6县，有19 613户，94 253人。到东汉，人口有了明显增长，南海郡辖7县，有71 477户，人口250 283人。

三国至两晋南北朝的200多年中，北方战乱频仍，社会动荡，唯有南方相对安定，特别是广州，人民生活安定，社会繁荣，北人南来者甚多。《晋书·地理志》记载，晋时广州南海郡辖六县，有9 500户。

隋统一后，国泰民安，人民繁庶，隋时南海郡辖15县，37 482户。唐初，贞观十三年（639），广州都督府辖10县，有12 463户，59 114人。而从天宝元年至元和元年（742—806）的半个多世纪内，广州都督府的户数从4.2万户激增至7.4万户。

宋代的户口统计，有主户和客户之分（客户指无地和失去土地的农民）。据《元大德南海志残本》记载，宋时广州府有主户64 796，客户78 463。南宋淳熙元年（1174），广州中都督府有主户82 090，客户103 623，人口255 877。至元大德八年（1304），广州路有户数180 873。

明清以前各个朝代，广州人口数量变化无常，除了受政治经济因素影响外，还受到区域变动以及人口数字统计不准确的影响。但从总的趋势来看，人口是逐步增长的。至宋元期间，广州人口为20万至40万人。

明朝重视吏治，设立“户贴”用于清查户口。洪武初年（1368），广州府有户21.1万，人口60.8万。至嘉靖四十一年（1562），广州府人口增长至30万人。

清军攻陷广州后，人民惨遭屠杀或逃亡海外的不可胜数。经此战乱，人口大损。至康熙五十一年（1712），清政府推行“摊丁入亩”政策，下令“滋生人丁，永不加赋”，有效促进了人口增长。此后社会稳定，经济逐渐繁荣，至鸦片战争前夕，人口已近百万。

鸦片战争后至民国日军侵华期间，外国列强入侵，战乱不断，民不聊生，人口增长缓慢。抗日战争胜利后，人口增长迅速，民国三十七年（1948），广州人口达132万人。

新中国成立后，广州市随着行政区域的扩大和医疗卫生条件的改善，人口增长较快。至2006年末，全市户籍人口为760.72万人，外来常住人口约391万人，人口总数超过1 000万。

第二节　广州地区方言概况

广州地区的汉语方言，主要有粤方言和客家方言两种。粤方言使用人口占大多数，且分布最广。其次为客家方言，主要分布于花都、从化、增城和白云、萝岗的丘陵地区。广州地区粤、客两种方言的使用人口比例约为5∶1。花都区和白云区有极个别村落说闽方言，此外，花都区境内的华侨农场通行普通话。

一、粤方言的分布和使用人口

粤方言在广州地区分布最广，使用人口最多。广州市区（包括越秀、荔湾、东山、芳村、海珠、天河、黄埔等区）通行粤方言，使用人口约为340万（2004年数据）。在花都区，粤方言多分布于平原地区的大村落，据1992年的粗略统计，花都说粤方言的人数约35万，约占全区总人口517 681人的68%。各镇持粤方言人口比例为新华镇92.8%，花山镇71%，花东镇64.9%，狮岭镇57.86%，赤坭镇59%，炭步镇97.34%，北兴镇73.9%，芙蓉镇7%，梯面镇22.1%（据1981年的调查数据）。在从化市，粤方言主要分布于流溪河冲积平原地带和西部琶江河流域的村落，包括城郊镇、江埔镇、灌村镇、温泉镇、棋杆镇中部、太平镇北部、良口镇南部等地，是县内分布最广、使用人数最多的方言，使用人口约占全市总人口的80%。在增城市，粤方言的使用人数约占总人口的61%，市内说粤方言的村落主要分布在增江两岸以及中南部的平原地带，其中南部的新塘、沙埔、石滩为纯粤方言区，仙村、三江、朱村的大部分，荔城、小楼、正果、中新、镇龙的半数或近半数，派潭、福和、永和、宁西的部分说粤方言。在白云区，粤方言主要分布在广州近郊各镇、街及中西部平原地区的村落，持粤方言人口占全区总人口的90%以上。番禺区绝大多数村落都说粤方言。

二、客家方言的分布和使用人口

持客家方言的人一般是在明清时期从粤东、粤北地区迁入，由于迁入的时间较晚，那些土地肥沃、水利条件优越的平原地区已被先到的持粤方言居民开垦，因此他们只能在高山丘陵间的峡谷盆地垦田落户。由于对外交际的需要，客家人多会听和说粤方言，客家人之间交流则使用客家方言。广州地区的客家村落以花都、从化、增城、白云和萝岗的山区丘陵地带最为集中。花都区使用客家方言的人口约占全区人口的29%，先辈多于清代从梅县、惠州等地迁来。客家村落多分布于北部丘陵区，其中以芙蓉镇最多，持客家方言人口占93%。梯面镇次之，持客家方言人口占77.9%。此外，狮岭镇持客家方言人口占42.14%，赤坭镇持客家方言人口占41%，花东镇持客家方言人口占32.6%，花山镇持客家方言人口占29%，北兴镇持客家方言人口占26.1%，新华镇持客家方言人口占7.2%，炭步镇持客家方言人口占2.64%（据1981年的调查数据）。

从化的客家村落主要分布在境内各乡镇的丘陵地带，其中北部和东部山区的乡镇较为集中，使用人口约为全市人口的20%。位于北部山区的吕田镇客家人口最多，约占全镇人口的45%。其次为江埔镇，其他还有神岗镇、太平镇、温泉镇、灌村镇等。由于移民来源不同，从化客家方言分长宁话和梅县话两种口音。北部吕田地区的客家人多从新丰、翁源等地迁来，说长宁（新丰）话；江埔、灌村、神岗等地的客家人多从兴宁、梅县迁来，说梅县话。

增城的客家村落分布北密南疏，客家人主要聚居在境内北部和西北部的丘陵山区，如派潭、福和、永和、宁西以及小楼、荔城、镇龙、中新、正果等镇。客家方言因移民来源差异，分长宁客家话和程乡客家话两种。说长宁话的客家人多分布于派潭、福和、小楼等镇，祖上约于清代康熙年间由新丰、英德等地迁入。说程乡话的客家人多分布于正果、荔城等镇，原居地为梅县、兴宁、河源等地。

白云区的客家村落主要分布在东部的山区丘陵地带，从北至南沿九连山余脉一直到白云山麓，及至萝岗丘陵。计有钟落潭镇的马洞、白土、长腰岭，良田镇的金盆、光明、陈洞，太和镇的穗丰、兴丰、谢家庄、头陂、白山、大源、和龙、米龙、石湖、大沥、草庄、田心、沙亭岗以及同和镇的同和、永泰、东平、柯子岭，石井镇的庆丰村则是磨刀坑水库的移民点。其中，又以太和镇的客家人最多，全镇约4万人口中，客家人就有2.66万人，占60%以上。持客家方言人口约占全区人口的7%。

萝岗区的客家村落主要分布在九龙镇（原为白云区九佛镇）的凤尾、棠下、佛朗、迳下、红卫农场以及萝岗镇的长平、黄麻。

番禺区的客家村落很少，一个在大岗镇闸市，被当地人称为“客家村”，以前的居民世代以打石为生，清光绪二十二年（1896）出土的《八股山塘界碑》有“自乾隆七年（1742）开山采石”的记载，可推测他们的祖先在乾隆年间迁入，如今的居民已基本改用粤方言。另有新造镇的东庄和新旧庄说客家方言，村民都是村外说粤方言，村内说客家方言。1956 年，禺北修建磨刀坑水库，蓄洪区内黄牛窿村客家移民 100 多人迁至茭塘茭东村。

三、闽方言、普通话和其他语言的分布及使用人口

广州地区只有零星几个村落使用闽方言，花都区使用闽方言的有花东镇的陈武举村、太源庄、上马房、老杨庄等 4 个村庄，人口有 1 214 人，占全市人口的 0. 58%。其先辈从潮汕地区迁来，村民不论老幼均会听及说粤方言。增城市荔城镇南面的鹤洲村使用闽方言，人口约 600 多人，原居地福建漳州，明末入粤到博罗，清乾隆年间迁来此地。白云区钟落潭镇钟落潭村的联合庄有 100 多户约 450 人庄内说潮汕方言，对外说粤方言。据族谱所载，他们的祖先是清代乾隆年间从惠阳迁来的。番禺区在 1956 年由省政府安排潮汕移民入籍，有 554 户（大部分来自揭阳，少部分来自潮阳），共 604 人，分散安置于鱼窝头东深村、沙湾、石楼海心沙和大石等地，说潮汕方言。

花都区使用普通话的居民点均属华侨农场，其居民为来自东南亚等地的归侨、难侨。由于他们原籍复杂，方言各异，平日交际多使用普通话。普通话使用人口 4 743 人，占全市人口的 1. 2%。

增城市境内正果镇兰溪峒聚居的少数民族有畲族，人口约 300 人（1990 年数据），对外使用粤方言和客家方言。

第三节 广州地区粤方言调查研究述评

广州方言作为粤方言的代表方言，其研究从一开始就备受关

注。研究粤方言的较早著作，大概要数粤方言韵书《分韵撮要》。现在所见的版本较多，最早的版本刊行于清代乾隆壬寅年(1782)。该韵书按韵分部，同一韵内不同声母的字分列。这部著作，对于研究近代粤方言的语音，有重要的参考价值。清代末年，王炳耀写了《拼音字谱》。在此书中，作者设计了一套拼音字母来拼写“粤东羊城”方言。该书著于清光绪二十二年(1896)之前，反映了一百年前广州话的语音面貌。另外，早期也有一些外国人编辑出版过粤方言词典和粤方言会话课本之类的书，例如艾德尔（E. J. Eitel）的《广州方言字典》，J. Dyer Ball 的 *Cantonese Made Easy*（《粤语速成》）。除此以外，还有为数不少的传教士编写的粤方言圣经读本，也是近代粤方言研究的重要参考资料。

较为深入的粤方言研究大概只有100年的历史，陈澧于1892年所著的《广州音说》可以算是最早一部系统论述粤方言音韵的著作。20世纪20年代至50年代，一批早期的语言学家开始运用现代语言学理论和方法开展研究，例如王力的《两粤音说》(1928）和《珠江三角洲方音总论》(1950)、黄锡凌的《粤音韵汇》(1941)、岑麒祥的《广州音系概说》(1946）以及赵元任的《粤语入门》(1947)。50年代后，为推广普通话，学者们从粤普语音比较入手，揭示粤方言和普通话的语音对应关系，这时期有王力的《广州话浅说》（文字改革出版社，1957)，黄伯荣的《广州话和普通话的语音比较》(1958)，李瘦芝的《怎样掌握广州音和北京音的对应规律》(1956)，陈慧英、白宛如的《广州音和北京音的比较》(1958)。这时期还有一些对粤方言语音进行深入探讨的文章，其中着重探讨了声调的问题，如罗莘田（常培）的《关于广州话入声的讨论》(1932)、岑麒祥于40年代至50年代期间相继发表的《入声非声说》(1942)、陈三苏的《广州话的上入和中入》(1952)、林莲仙的《论粤语的入声调》(1963)、张日升的《香港粤语阴平调及变调问题》（1969）、宗福邦的《关于广州话阴平调的分化问题》（1964）、黄伯荣的《阳江话"入声非声"实验报告》（1960）。讨论介音问题的文章有日本学者赖惟勤的《关于广州方音的介音》（1954）和黄家教的《广州话无介音说》（1964）。70年代余霭芹的《粤语研究》第一卷 *Studies in Yue Dialects I: Phonology of Cantonese*（Cambridge University Press，1972）对广州话语音进行了详尽的分析，可算是研究粤方言语音的一部名著。80年代后，比较重要的论著有高华年的《广州方言研究》。

广州地区的粤语次方言进入学者们的研究视野，始于20世纪80年代。最具代表性的是詹伯慧、张日升的《珠江三角洲方言字音对照》（广东人民出版社、新世纪出版社，1987）的出版，这部著作为珠三角粤方言语音的研究奠定了坚实的材料基础。80年代中期，詹伯慧、张日升及粤、港两地几位年轻学人对粤方言的"大本营"——珠江三角洲地区所进行的第一次较为全面的区域性方言调查，结集成三卷本的调查报告，分别以《珠江三角洲方言字音对照》（广东人民出版社、新世纪出版社，1987）、《珠江三角洲方言词汇对照》（广东人民出版社、新世纪出版社，1988）和《珠江三角洲方言综述》（广东人民出版社、新世纪出版社，1990）为名先后出版。其中，《珠江三角洲方言字音对照》包含了广州地区的番禺市桥、花都新华、从化城内、增城荔城四地的方音材料。

彭小川先生在80年代末参加"珠江三角洲方言调查"课题时，负责佛山、南海、番禺、从化等地的调查工作，其中番禺、从化两地的部分材料载入90年代中期出版的方志中，而更为全面的材料则收入近期出版的著作《粤语论稿》中。作者对番禺、从化两地粤方言的语音情况作了较为详尽的介绍，并对这两个地区粤方言各个小片的语音特点进行了描述。此外，何伟棠的《增城方言志》（广东人民出版社，1991）对增城粤方言的情况作了介绍，并附有县城荔城镇的粤方言同音字表。

1988年，李新魁先生负责《广州方言志》的主编工作，他连同黄家教、施其生、麦耘、陈定方等几位学者对广州原近郊区20多个方言点进行了调查，调查材料部分收录于《广州方言志》，详细情况则记录于《广州方言研究》之中。《广州方言研究》整理了广州原近郊区15个方言点的音系，并对广州原近郊区的语音差异进行了分析。

80年代末以来，学界开始关注广州地区粤方言的历时比较研究，最有代表性的著作当数李新魁等的《广州方言研究》（广东人民出版社，1995），此书不仅做了共时描写，还进行了历时的研究。对广州方言的形成和发展，尤其是广州方言语音的历史发展进行了探讨和阐述。此书也是本书研究的重要参考材料。另外，不少学者对包括广州地区在内的粤方言语音历史演变做了许多有益的探索，较重要的文章有黄家教的《从“等”来看广州方言入声消失的迹象》、《广州话无介音说》，李新魁的《一百年前的广州音》、《数百年来粤方言韵母系统的发展》、《粤方言语音特点探论》和《广州话语音的内部差异》，施其生的《广州方言的介音》，刘镇发的《从广州话与元明韵书比较看广州话的发展》，伍巍的《广州话溪母字读音研究》，吴叠彬的《粤语韵母œ、œn、œk的演化》，李敬忠的《珠江三角洲粤语疑母及辅音韵尾的演变趋向》，侍建国的《从广东境内i介音分布看近代粤语音变》，陈晓锦的《广东粤语的鼻音韵尾和入声韵尾》，邵慧君的《粤方言阳声韵尾及入声韵尾的分化模式及成因初探》等等。

近百年来，广州地区粤方言的研究取得了令人瞩目的成就，也为我们积累了不少宝贵的材料，但总体来看，还存在一些不足之处：

第一，主要关注广州市区权威粤方言的研究，而对广州地区粤语次方言的研究较少。我们以往的方言调查多是为推广普通话或编写地方志服务的，选点多集中在行政中心。受上述因素影响，我们主要集中于广州市区粤方言的研究，也注意到了郊区县城的粤方言，但往往忽视那些非行政中心的广州粤方言的研究。

第二，主要集中于共时的材料积累和特点描写，比较研究和历时研究还未充分开展。共时研究是历时研究的前提，历时研究必须建立在全面调查和充分描写的基础上。20 世纪 80 年代，在詹伯慧先生等前辈的组织领导下，不少方言工作者不辞劳苦，深入山野田头，搜集乡谈俚语。历次大规模的调查，积累了很多宝贵材料，为我们作进一步的历时研究奠定了坚实的基础。在第九届国际粤方言研讨会上，詹先生就“粤语研究的当前课题”提出了一些看法，其中就包括“进行粤语历史以及粤语与周边语言（方言）关系的研究”的提议。[10]

针对目前为止广州地区粤方言研究存在的一些不足之处，本书的研究争取在如下方面取得一些进展：

第一，进一步扩大广州地区粤方言的调查面，着重农村地区粤语次方言的调查。语言（方言）是不分贵贱的，那些不起眼的“村话”同“县城话”、“省城话”一样都具有可贵的研究价值。所以，我们这次着重对“村话”，尤其是特点鲜明的“村话”进行调查研究，进一步扩大广州地区粤方言的调查面。

第二，着眼于广州地区粤方言语音的共时差异，着重探讨广州地区粤方言语音的纵向演变过程、规律和趋势。通过第一手材料的搜集、整理和分析，并结合其他文献材料，我们对广州地区粤方言进行比较研究，探讨其历时的演变，以加深对广州地区粤方言的认识。

第四节 研究的目的、方法、价值和材料

一、研究目的和方法

1. 研究目的

本研究以广州地区粤方言为主体，在对广州地区周边粤方言语音进行调查的基础上，参考其他地区的粤方言材料和历史文献材料，分析广州城乡各地粤方言语音的空间差异，借此寻求广州地区粤方言语音的全貌特征，探讨其语音历史发展的过程与发展规律。

2. 研究方法

本研究主要运用田野调查法和比较法。一方面对广州地区粤方言材料进行全面系统的分类整理，描写各方言的语音系统和语音特点。另一方面进行比较研究，包括共时的平面比较和历时的纵向比较。共时比较着重于广州地区粤方言内部的比较，与珠三角以及其他地区粤方言的比较。历时的比较着重于同早期文献材料进行比较。

二、研究价值

我们之所以选择广州地区粤方言语音作为研究对象，一方面，因为广州粤方言是粤方言的代表方言，它在海内外粤方言区中拥有权威地位和强大影响力。对广州地区粤方言进行深入的调查和研究，全面揭示广州地区粤方言语音的整体面貌，将会加深我们对这个重要地域粤方言语音特征的了解和认识。另一方面，广州地区粤语次方言向权威方言——广州话靠拢的速度加快，次

方言的特点正逐渐消失。近年来，随着经济的高速发展，城乡一体化进程加快，不少聚族而居的古老村落湮没于代表城市发展的高楼大厦之中。尤其是市郊农村地区的工业化步伐加快，改变了农民原本封闭的农耕生活，年轻人多从事第二或第三产业。交通越来越发达，人员流动越来越频繁，粤语次方言赖以存在的传统空间正逐步被现代文明蚕食。因此，广州地区粤语次方言的调查和研究迫在眉睫。歧异纷呈、特点鲜明的次方言可以为我们提供追寻语言发展历史的宝贵线索，趁着这些语言资源还未完全消失之际，研究广州地区粤方言的语音历时演变，具有重要历史价值。

三、研究材料

本书主要根据本人实地调查的广州市郊 16 个方言点的材料进行研究。另外，《珠三角方言字音对照》、《广州方言研究》、《分韵撮要》、《拼音字谱》和《粤语速成》等文献材料也是本书研究的重要参考材料。此外，我们还参考了其他相关地区的粤方言材料，这些将会在书中一一注明。而对于中古汉语的语音演变情况，主要依据王力的《汉语语音史》，并参考其他学者的成果。

我们实地调查的 16 个方言点分别为白云区江高镇水沥村、人和镇蚌湖新联村、神山镇雄丰村、石井镇大朗村、太和镇石湖村、钟落潭镇龙岗村，黄埔区文冲村，萝岗区萝峰村，番禺区沙湾镇北村、大岗镇大岗墟，花都区赤坭镇西边村，从化市神岗镇木棉村、太平镇钱岗村以及增城市荔城镇桥头村、石滩镇塘头村、新塘镇岗头坊。

上述方言调查点的选择主要基于两方面的考量：

1．特点鲜明

我们首先根据所掌握的资料摸清广州地区粤方言的基本面貌，确定特点较突出的方言代表点。

2. 人口数量大

我们选择的代表点主要以自然村落为主，该村落的人口数量一般为2 000 人以上，以确保该村方言在该乡镇的影响力和代表性。

下面为各方言调查点发音合作人的情况，各位发音人对我们的调查给予了极大帮助和耐心配合，值此致谢。

（1）江高：江美玲，女，1959 年生，江高镇水沥村人，大专，教师。

（2）蚌湖：杨怀昌，男，1944 年生，人和镇蚌湖新联村人，退休村干部。

黄灼沂，男，1970 年生，人和镇兔岗村人，教师。

（3）神山：梁见容，女，1951 年生，神山雄丰村人，小学，农民。

（4）石井：黄镜新，男，1948 年生，石井大朗桑下村人，小学，农民。

（5）太和：谢赵武，男，1946 年生，太和石湖村人，高中，农民。族人由江高大田迁来。

（6）钟落潭：曾针，男，1931 年生，钟落潭龙岗村人，小学，退休干部。

曾繁炬，男，1941 年生，钟落潭龙岗村人，小学，农民。

（7）文冲：陆润辉，男，1928 年生，黄埔文冲村人，小学，农民。族人由从化太平钱岗迁来。

（8）萝岗：钟集桐，男，1940 年生，萝岗萝峰村人，初中，退休干部。族人由从化太平迁来。

（9）新塘：苏沛桥，男，1957 年生，新塘岗头坊人，大学，教师。

（10）太平：陆树均，男，1945 年生，从化太平钱岗村人，初中，农民。

（11）神岗：谢富游，男，1948 年生，从化神岗木棉村人，高中，农民。族人由江高大田迁来。

戚剑鸣，男，1972 年生，从化神岗村沙贝村人，大学，教师。

（12）荔城：陈子湛，男，1948 年生，增城荔城桥头村人，小学，农民。族人从福建莆田迁来，发音人为第 36 代，桥头村是荔城镇最大的村。

（13）石滩：萧发洪，男，1950 年生，增城石滩塘头村人，小学，农民。族人从珠玑巷迁来，发音人为第 21 代，石滩为纯粤镇。

（14）沙湾：何朝敬，男，1941 年生，番禺沙湾北村人，小学，农民。族人从珠玑巷迁来，发音人约为第 27 代，沙湾为纯粤镇。

（15）大岗：苏景耀，男，1943 年生，番禺大岗镇，初中，会计。

（16）赤坭：夏利文，男，1970 年生，花都赤坭西边村人，大学，教师。族人约于清代由南海高边迁来。

注释

[1] 游汝杰：《汉语方言学教程》，上海：上海教育出版社 2004 年版，第 142 页。

[2] 司马迁：《史记》（卷一百一十三“南越尉佗列传第五十三”），杭州：浙江古籍出版社 2000 年版，第 901 页。

[3] 司马迁：《史记》（卷一百一十三“南越尉佗列传第五十三”），杭州：浙江古籍出版社 2000 年版，第 902 页。

[4] 范晔：《后汉书》（卷三十三“朱冯虞郑周列传第二十三”），北京：中华书局 1997 年版，第 311 页。

[5] 许嘉璐:《二十四史全译·南齐书》，上海：汉语大词典出版社 2004 年版。
[6] 许嘉璐:《二十四史全译·隋书》，上海：汉语大词典出版社 2004 年版，第 1377 页。
[7] 吴燕:《探寻我们姓氏中的科学意义》，载《科学世界》2002 年第 9 期。
[8] 练铭志:《试论广东汉族的形成及其与瑶、壮、畲等族的融合关系》，载《民族研究》2000 年第 5 期。
[9] 蒋祖缘、方志钦：《简明广东史》，广州：广东人民出版社 1993 年版。
[10] 詹伯慧:《粤语研究的当前课题》，见《第九届国际粤方言研讨会论文集》，澳门中国语文学会，2005 年。

第二章　广州地区粤方言的语音特点

本章我们将根据实地的调查材料，先从整体上概括广州地区粤方言的语音概貌，然后从声母特点、韵母特点和声调特点三个方面对广州地区粤方言的语音特点进行具体细致的描述。

第一节　广州地区粤方言的语音概貌

众所周知，广州地区粤方言作为广府片粤方言之中的一个“方言地区”，无疑具有广府片粤方言的主要语音特点。除此之外，由于历史建制以及移民的原因，广州地区粤方言在长期的发展过程中相互影响、同步演变，具有不少内部共性特征，而语言接触、语言演变的不平衡性和地理阻隔等因素的影响，也使得广州地区粤方言内部的语音面貌各具特色、异彩纷呈。

一、广州地区粤方言语音内部的一致性

广州地区粤方言语音内部的一致性，反映了该区域各方言点的同步演变过程。但是，共性特点只是相对而言，我们很难总结出区域内语音的绝对共性特点，因为不少共性特点都只是就大多数方言而言的。因此，我们实际上是就相对意义上的广州地区粤方言语音特点的一致性进行总结。广州地区粤方言的内部一致性具体表现在以下几个方面：

（1）无浊塞音声母和浊塞擦音声母，塞音声母和塞擦音声母

无清浊之分而只有清音送气和清音不送气之分。如有 p、p^{h}而无 b，有 t、t^{h}而无 d，有 k、k^{h}而无 g，有 tʃ、tʃ^{h}而无 dʒ。全浊声母一律清化，古浊声母字都读为相应的清音声母字，今为平声和上声的字读为送气清音声母，今为去声以及入声的字读为不送气清音声母。古全浊上声字一部分仍读阳上，则声母送气；一部分归阳去，则声母不送气。例如：

广州市　排并p^{h}ai^{21} | 败并 pai^{22} | 提定 t^{h}ɐi^{21} | 弟定 tɐi^{22} | 求群 k^{h}ɐu^{21} | 旧群 kɐu^{22} | 慈从 tʃ^{h}i^{21} | 字从 tʃi^{22}

江村　排并 p^{h}ai^{22} | 败并 pai^{21} | 提定 t^{h}ɐi^{22} | 弟定 tɐi^{21} | 求群 k^{h}ɐu^{22} | 旧群 kɐu^{21} | 慈从 tʃ^{h}i^{22} | 字从 tʃi^{21}

（2）舌齿音声母只有一套，一般为发音位置稍前的舌叶音。精组声母与知章庄组声母均已合流，读为塞擦音和擦音声母 tʃ、tʃ^{h}、ʃ，这个粤方言的普遍性特点在广州地区粤方言中表现最为突出。但在个别的方言点，某些韵摄之中还保留着两套塞擦音和擦音声母，例如蚌湖话止摄开口字在精庄组读作 ts、ts^{h}、s，知章组声母读作 tʃ、tʃ^{h}、ʃ，但两套塞擦音声母只是条件变体，不构成音系上的对立。此外，广州市区老派发音也常出现两套塞擦音和擦音声母，一般精组字读作 ts、ts^{h}、s，知庄章组字读作 tʃ、tʃ^{h}、ʃ，同样的，这种音值差异不构成音系上的对立。例如：

广州市　资精 = 辎庄 = 知知 = 支章 tʃi^{55}

江村　资精 = 辎庄 = 知知 = 支章 tʃi^{55}

（3）见组字不论洪细，声母都不腭化，一般读作 k、k^{h}、h。在合口韵中，见组声母一般都保留 u 介音，读作 ku 或 k^{h}u（有的著作称之为圆唇化声母 kw 或 k^{h}w），而且 u 介音与 k、k^{h}结合得较紧密。例如：

广州市　狗 $kɐu^{35}$ | 九 $kɐu^{35}$ | 高 kou^{55} | 桥 k^hiu^{21} | 喊 ham^{33} |
险 him^{35} | 怪 $kuai^{33}$ | 过 $kuɔ^{33}$ | 光 $kuɔŋ^{55}$

蚌湖　狗 $kɐu^{35}$ | 九 keu^{35} | 高 kau^{55} | 桥 $k^hiɛu^{22}$ | 喊 ham^{33} |
险 $hiɛm^{35}$ | 怪 $kuai^{33}$ | 过 $kuɔ^{33}$ | 光 $kuɔŋ^{55}$

但有一些方言点的 ku、k^hu 跟以 ɔ 为主要元音的韵母拼合时，u 介音很容易丢失，读作 k、k^h。例如"过"在神山、太平、江村、太和、神岗、新塘、大岗、萝岗等地读作 kɔ，而不读作 kuɔ；"光"在江村、神岗、新塘、大岗、萝岗等地读作 kɔŋ，而不读作 kuɔŋ。

（4）溪母开口字多读作清喉擦音 h，溪母合口字则多读作 f 声母，与晓母合口字合流。例如：

广州市　巧 hau^{35} | 好 hou^{35} | 苦 = 虎 = 府 fu^{35}

神岗　巧 = 好 hau^{35} | 苦 = 虎 = 府 fu^{35}

在荔城和石滩，溪母字仍多读作 k^h。例如：

荔城、石滩　恐 $k^heŋ^{35}$

荔城　考 k^hau^{35} | 烤 k^hau^{35} | 恳 $k^hɒŋ^{35}$ | 垦 $k^hɒŋ^{35}$

此外，"孔"字在蚌湖、神山、太和、钟落潭、太平、荔城、石滩等地也读作 k^h 声母，例如蚌湖、神山、太和、钟落潭：孔 $k^hoŋ^{35}$。

（5）唇音声母均分化为重唇 p、p^h 与轻唇 f 两类，也有个别轻唇字的白读音声母保留读重唇的现象。例如（"/"线前是白读，"/"线后是文读）：

江村　孵敷 pou^{21}/fu^{55} | 浮奉 p^hou^{22}/$fɐu^{22}$ | 妇奉 p^hou^{11}/fu^{11} |
伏奉 pok^{2}/fok^{2}

微母字读作双唇鼻音 m，与明母字合流。例如：

广州市　舞 = 母 mou^{13} ｜尾 = 美 mei^{13} ｜文 = 民 $m\text{ɐ}n^{21}$ ｜万 = 慢 man^{22}

江村　舞 = 母 mou^{11} ｜尾 = 美 mei^{11} ｜文 = 民 $m\text{ɐ}n^{22}$ ｜万 = 慢 man^{21}

（6）端组字均读作舌尖中塞音声母 t、t^h，跟知组字的塞擦音声母分立，也有个别知组字白读音读作塞音，同于端组字。例如：

江村、蚌湖、太和　啄$_{知}$琢$_{知}$ $t\text{œ}k^{3}$ ｜仲$_{澄}$ $to\text{ŋ}^{21}$

荔城、石滩　知$_{知}$ tei^{55}

精组字一般读作塞擦音、擦音声母，也有个别字的白读音读作塞音声母，同于端组字。例如：

广州市　囱$_{清}$ $t^ho\text{ŋ}^{55}$

江村　囱$_{清}$ $t^ho\text{ŋ}^{55}$

江村、蚌湖、人和、神山、石井、太和　曾$_{从}$ $t^h\text{ɐ}\text{ŋ}^{22}$

钟落潭　曾$_{从}$ $t^he\text{ŋ}^{22}$

（7）多数方言点在复合元音韵母、阳声韵尾和入声韵尾中有长元音 a 跟短元音 ɐ 的对立。但个别方言点也存在其他的对立方式，如荔城和石滩为 a 跟 ɒ（ɒ 的实际音值接近六号元音 ɔ）的对立，蚌湖为 a 跟 e 的对立，赤坭为 a 跟 i 的对立。太平则是一些音类存在 a 跟 ɐ 的对立，如：三 ≠ 心。也有少数字音类不对立，如：街 = 鸡。例如：

	街	—鸡	三	—心	蛮	—民	彭	—朋
广州市	kai^{55}	kɐi^{55}	ʃam^{55}	ʃɐm^{55}	man^{21}	mɐn^{21}	p^{h}aŋ^{21}	p^{h}ɐŋ^{21}
江村	kai^{55}	kɐi^{55}	ʃam^{55}	ʃɐm^{55}	man^{22}	mɐn^{22}	p^{h}aŋ^{22}	p^{h}ɐŋ^{22}
蚌湖	kai^{55}	kɐi^{55}	ʃam^{55}	ʃem^{55}	man^{22}	men^{22}	p^{h}aŋ^{22}	p^{h}ɐŋ^{22}
神山	kai^{55}	kɐi^{55}	ʃam^{55}	ʃɐm^{55}	man^{22}	mɐn^{22}	p^{h}aŋ^{22}	p^{h}ɐŋ^{22}
石井	kai^{55}	kɐi^{55}	ʃam^{55}	ʃɐm^{55}	man^{22}	mɐn^{22}	p^{h}aŋ^{22}	p^{h}ɐŋ^{22}
太和	kai^{55}	kɐi^{55}	ʃam^{55}	ʃɐm^{55}	man^{22}	mɐn^{22}	p^{h}aŋ^{22}	p^{h}ɐŋ^{22}
钟落潭	kai^{55}	kɐi^{55}	ʃam^{55}	ʃɐm^{55}	man^{22}	mɐn^{22}	p^{h}aŋ^{22}	p^{h}eŋ^{22}
文冲	kai^{55}	kɐi^{55}	ʃam^{55}	ʃɐm^{55}	maŋ^{21}	mɐŋ^{21}	p^{h}aŋ^{21}	p^{h}ɐŋ^{21}
萝岗	kai^{55}	kɐi^{55}	ʃam^{55}	ʃɐm^{55}	maŋ^{21}	mɐŋ^{21}	p^{h}aŋ^{21}	p^{h}ɐŋ^{21}
新塘	kai^{55}	kɐi^{55}	ʃam^{55}	ʃɐm^{55}	maŋ^{11}	mɐŋ^{11}	p^{h}aŋ^{11}	p^{h}ɐŋ^{11}
太平	kai^{55}	kai^{55}	ʃam^{55}	ʃɐm^{55}	man^{21}	mɐn^{21}	p^{h}ɛŋ^{21}	p^{h}eŋ^{21}
神岗	kai^{55}	kɐi^{55}	ʃam^{55}	ʃɐm^{55}	maŋ^{22}	mɐn^{22}	p^{h}aŋ^{22}	p^{h}eŋ^{22}
荔城	kai^{55}	kɒi^{55}	ʃam^{55}	ʃɐm^{55}	maŋ^{22}	mɒn^{22}	p^{h}aŋ^{22}	p^{h}ɒŋ^{22}
石滩	kai^{55}	kɒi^{55}	ʃam^{55}	ʃɐm^{55}	maŋ^{22}	mɒn^{22}	p^{h}aŋ^{22}	p^{h}ɒŋ^{22}
沙湾	kai^{55}	kɐi^{55}	ʃam^{55}	ʃɐm^{55}	man^{42}	mɐn^{42}	p^{h}aŋ^{42}	p^{h}ɐŋ^{42}
大岗	kai^{55}	kɐi^{55}	ʃam^{55}	ʃɐm^{55}	man^{42}	mɐn^{42}	p^{h}aŋ^{42}	p^{h}ɐŋ^{42}
赤坭	kai^{55}	kɐi^{55}	ʃam^{55}	ʃim^{55}	man^{21}	min^{21}	p^{h}aŋ^{21}	p^{h}ɐŋ^{21}

（8）多数方言点古鱼、虞韵跟模韵分立；有以圆唇元音 y 为主要元音的系列韵母 y、yn、yt，只有荔城和石滩较为特别，把该系列韵母都读作 i 系韵母。例如：

	苏模	姑模	朱虞	鼠鱼	专仙	月月
广州市	ʃou^{55}	ku^{55}	tʃy^{55}	ʃy^{35}	tʃyn^{55}	yt^{2}
江村	ʃou^{55}	ku^{55}	tʃy^{55}	ʃy^{35}	tʃyn^{55}	yt^{2}

蚌湖	ʃeu^{55}	ku^{55}	tʃy^{55}	ʃy^{35}	tʃuɔn^{55}	yœt^{2}
神山	ʃou^{55}	ku^{55}	tʃy^{55}	ʃy^{35}	tʃyn^{55}	yt^{2}
石井	ʃou^{55}	ku^{55}	tʃy^{55}	ʃy^{35}	tʃyn^{55}	yt^{2}
太和	ʃou^{55}	ku^{55}	tʃy^{55}	ʃy^{35}	tʃyn^{55}	yt^{2}
钟落潭	ʃou^{55}	ku^{55}	tʃy^{55}	ʃy^{35}	tʃyn^{55}	yt^{2}
文冲	ʃu^{55}	ku^{55}	tʃy^{55}	ʃy^{35}	tʃyŋ^{55}	yk^{2}
萝岗	ʃou^{55}	ku^{55}	tʃy^{55}	ʃy^{35}	tʃyŋ^{55}	yk$^{\underline{53}}$
新塘	ʃou^{55}	ku^{55}	tʃy^{55}	ʃy^{35}	tʃyŋ^{55}	yk^{2}
太平	ʃou^{55}	ku^{55}	tʃy^{55}	ʃy^{35}	tʃyn^{55}	yt$^{\underline{53}}$
神岗	ʃu^{55}	ku^{55}	tʃy^{55}	ʃy^{35}	tʃyn^{55}	yt^{2}
荔城	ʃou^{55}	ku^{55}	tʃi^{55}	ʃi^{35}	tʃiŋ^{55}	iʔ^{2}
石滩	ʃou^{55}	ku^{55}	tʃi^{55}	ʃi^{35}	tʃiŋ^{55}	iʔ^{2}
沙湾	ʃou^{55}	ku^{55}	tʃy^{55}	ʃy^{35}	tʃyn^{55}	yt^{2}
大岗	ʃou^{55}	ku^{55}	tʃy^{55}	ʃy^{35}	tʃyn^{55}	yt^{2}
赤坭	ʃou^{55}	ku^{55}	tʃy^{55}	ʃy^{35}	tʃyœn^{55}	yœt^{2}

（9）广州地区粤方言果摄一等字一般读作单元音韵母 ɔ，此外还有“舵、搓、跛”等几个字读作复合元音韵母。例如：

广州市　舵 t^{h}ai^{13}（白）| 搓 tʃ^{h}ai^{55}（白）| 跛 pɐi^{55} | 多 tɔ^{55} | 河 hɔ^{21}

但在广州地区的许多方言点，除了上述几个字之外，还有“我、个、哪”等几个口语常用字读作复合元音韵母。例如：

江村、蚌湖、神山、石井、太和、钟落潭、赤坭
　　我 ŋai | 个 kai | 哪 lai
沙湾、大岗　我 ɔi | 个 kɔi
神岗、荔城、石滩 我 ŋoi | 个 koi

（10）广州地区粤方言梗摄字存在文读音和白读音的差异。梗摄白读音与曾摄有别，梗摄二等字的主要元音一般为 a，三、四等字的主要元音一般为 ɛ 或 æ。梗摄文读音则读同于曾摄，其中梗摄三、四等字的文读音读同于曾摄三等韵，梗摄二等字的文读音读同于曾摄一等韵。例如：

赤坭　曾 = 争（文）tʃɐŋ^{55} ≠ 争（白）tʃaŋ^{55} |
　　　蒸 = 精（文）tʃeŋ^{55} ≠ 精（白）tʃiæŋ^{55}

梗摄开口字分合情况见表 2 – 1：

表 2 – 1　梗摄开口字分合情况

例字 / 方言点	二等		三、四等		同类型的方言点
	生文	生白	病文	病白	
广州市	ʃɐŋ^{55}	ʃaŋ^{55}	peŋ^{22}	pɛŋ^{22}	
江村	ʃɐŋ^{55}	ʃaŋ^{55}	pɐŋ^{21}	pɛŋ^{21}	神山、文冲
蚌湖	ʃɐŋ^{55}	ʃaŋ^{55}	pɐŋ^{21}	piɛŋ^{21}	太和、新塘
石井	ʃɐŋ^{55}	ʃaŋ^{55}	peŋ^{21}	piaŋ^{21}	赤坭
钟落潭	ʃeŋ^{55}	ʃaŋ^{55}	peŋ^{21}	piæŋ^{21}	萝岗
太平	ʃeŋ^{55}	ʃɛŋ^{55}	peŋ^{21}	pɛŋ^{21}	
神岗	ʃeŋ^{55}	ʃaŋ^{55}	peŋ^{21}	pɛŋ^{21}	
荔城	ʃɒŋ^{55}	ʃaŋ^{55}	peŋ^{21}	pɛŋ^{21}	石滩
沙湾	ʃɐŋ^{55}	ʃaŋ^{55}	pen^{22}	piæŋ^{22}	
大岗	ʃɐŋ^{55}	ʃaŋ^{55}	pen^{21}	pɛŋ^{21}	

（11）广州地区粤方言蟹摄一、二等字均保持分立，区分的方式都是通过主要元音的差别来体现的，一等字多以圆唇元音 ɔ 或 u 为主要元音，二等字都以 a 为主要元音。各方言点均有部分

蟹摄一等字读入二等韵，例如“戴、态、猜、带、太、泰、赖”等，而“耐、奈、蔡”等3个一等韵字在多数方言点都不同于二等字，但在萝岗、新塘、荔城和石滩等地，这3个一等字均有读入二等韵的情况。各方言点蟹摄开口一、二等字分合情况见表2－2：

表2－2　蟹摄开口一、二等字分合情况

例字／方言点	一等		二等		同类型的方言点
	台	害	拜	柴	
江村	$t^hɔi^{22}$	$hɔi^{21}$	pai^{33}	$ʃai^{22}$	广州市、蚌湖、石井、太和、钟落潭、太平、沙湾、大岗、赤坭
神山	t^hoi^{22}	hoi^{21}	pai^{33}	$ʃai^{22}$	神岗、荔城、石滩
文冲	t^hui^{21}	hui^{22}	pai^{33}	$tʃ^hai^{21}$	萝岗
新塘	t^hue^{11}	hue^{22}	pai^{33}	$tʃ^hai^{11}$	

（12）各地均保留古“四声”调类系统，“平、上、去、入”一般按古声母清浊分为阴、阳两类，其中入声均分为上阴入、下阴入和阳入3种调类。在16个方言点中，调类数目以9个为主，两个点有8个调类，还有两个点有7个调类。调值则表现为“阴高阳低”的格局。例如蚌湖的单字调系统：

阴平[55]　阴上[35]　阴去[33]　上阴入[5]　下阴入[3]
阳平[22]　阳上[11]　阳去[21]　阳入[2]

二、广州地区粤方言语音内部的差异性

广州地区粤方言语音内部的差异性反映了该区域不同方言点语音演变的过程、方式以及速度的差别。广州地区粤方言语音内

部奇异纷呈，我们从语音演变的角度着眼，归纳出广州地区粤方言语音内部三项主要的差异性特征，分别为：

（一）有无 i 介音

在广州地区粤方言中，i 介音在有些方言点中已经消失了，在有些方言点中还保留着。在一些方言点，如广州市、江村、神山、文冲、太平、神岗、荔城、石滩、大岗等，i 介音只出现在零声母当中，前面不能再接其他声母。而在蚌湖、赤坭、石井、新塘、萝岗、太和、钟落潭、沙湾等地，很明显是存在 i 介音的，这个 i 介音主要在假摄、效摄、咸摄、山摄、宕摄和梗摄等韵摄的开口三、四等韵里面出现。例如（广州市为比照点）：

广州市　蛇 ʃɛ^{21} | 骑 kʰɛ^{21} | 消 ʃiu^{55} | 尖 tʃim^{55} | 节 tʃit^{3} | 病 pɛŋ^{22}

蚌湖　蛇 ʃiæ^{22} | 骑 kʰiæ^{22} | 消 ʃiɛu^{55} | 尖 tʃiɛm^{55} | 节 tʃiɛt^{3} | 病 piɛŋ^{21}

赤坭　蛇 ʃiæ^{21} | 骑 kʰiæ^{21} | 消 ʃiɛu^{55} | 尖 tʃiɛm^{55} | 节 tʃiɛt^{3} | 病 piæŋ^{22}

石井　蛇 ʃia^{22} | 骑 kʰia^{22} | 消 ʃiau^{55} | 尖 tʃiam^{55} | 节 tʃiat^{3} | 窗 tʃʰiɔŋ^{55} | 病 piaŋ^{21}

新塘　蛇 ʃia^{11} | 骑 kʰia^{11} | 窗 tʃʰiœŋ^{55} | 病 piæŋ^{22}

萝岗　窗 tʃʰiœŋ^{55} | 病 piɛŋ^{53}

太和　窗 tʃʰiœŋ^{55} | 病 piæŋ^{21}

钟落潭　窗 tʃʰiœŋ^{55} | 病 piæŋ^{21}

沙湾　病 piæŋ^{55} | 腥 ʃiæŋ^{21}

总体而言，广州地区粤方言中，在假摄、宕摄和梗摄三摄之中存在 i 介音的方言点还是比较多的，而效摄、咸摄和山摄中存在 i 介音的方言点则相对较少。蚌湖和赤坭两个方言点甚至还有 y 介音，出现在山摄合口三、四等和宕摄三等字中。这个 y 介音出

现在以 ɔ、œ 为主要元音的韵母前，实际音值为［iu］，因此实质上还是 i 介音。例如：

蚌湖　旋 $ʃyœn^{22}$ | 绝 $tʃyœt^{2}$ | 元 $yœn^{22}$ | 月 $yœt^{2}$ | 缺 $k^{h}yœt^{3}$
赤坭　旋 $ʃyœn^{21}$ | 绝 $tʃyœt^{2}$ | 元 $yœn^{21}$ | 月 $yœt^{2}$ | 缺 $k^{h}yœt^{3}$

广州地区粤方言的 u 介音一般只出现在见组合口字里，例如江村：贵 $kuɐi^{33}$ | 光 $kuɔŋ^{55}$ | 垮 $k^{h}ua^{55}$ | 关 $kuan^{55}$，不少著作将其处理为"圆唇化声母"（kw、$k^{h}w$），我们将其作为介音看待，因为从系统上看，它们都来自中古的合口韵。还有一些方言点，如蚌湖、神山、文冲、赤坭等，u 介音不仅能出现在见组合口字里，而且当帮组声母与 ɔ、o 为主要元音的韵母拼合时也带上 u 介音或较为微弱的 u 介音（流音），蚌湖甚至宕摄开口字也存在 u 介音。例如：

广州市　坡 $pɔ^{55}$ | 杯 pui^{55} | 吠 $fɐi^{21}$ | 搬 pun^{55} | 芳 $fɔŋ^{55}$ | 两 $lœŋ^{13}$ | 枪 $tʃ^{h}œŋ^{55}$
蚌湖　坡 $puɔ^{55}$ | 杯 $puɔi^{55}$ | 吠 $fuɔi^{21}$ | 搬 $puɔn^{55}$ | 芳 $fuɔŋ^{55}$ | 两 $luɔŋ^{13}$ | 枪 $tʃ^{h}uɔŋ^{55}$
神山　杯 $p^{u}oi^{55}$
文冲　坡 $p^{u}ɔ^{55}$
赤坭　搬 $puɔn^{55}$

由于整个广州地区粤方言介音的发展趋势是趋于消失（这个问题将在第四章作详细探讨），其中 i 介音消失得最快，u 介音也一般只在见组合口字里保留着，因此我们以有无 i 介音作为广州地区粤方言演变速度快慢的判定标准之一。

（二）阳声韵尾和入声韵尾的归并

广州地区多数粤方言点都保留着阳声韵尾 -m、-n、-ŋ 和入声韵尾 -p、-t、-k，而且两组韵尾基本相配。其中咸（合口韵除外）、

深二摄收 -m/p 韵尾，山、臻二摄收 -n/t 韵尾，宕、江、曾、梗、通五摄收 -ŋ/k 韵尾。但也有相当数量方言点的阳声韵尾和入声韵尾出现变化，先来看阳声韵尾。

1. -m 韵尾的变化

-m 韵尾在石滩和新塘两地已经部分变为 -ŋ 韵尾，其中石滩咸摄字都已变为收 -ŋ 韵尾，深摄字未变；新塘部分咸摄字变为收 -ŋ 韵尾，深摄字未变。例如：

石滩　咸 haŋ^{22} | 点 tiŋ^{35} | 深 ʃɒm^{55}

新塘　咸 ham^{11} | 点 tiŋ^{35} | 深 ʃɐm^{55}

2. -n 韵尾的变化

-n 韵尾在不少的方言点已经变为 -ŋ 韵尾，其中文冲、新塘、荔城、石滩四个点没有 -n 韵尾，中古读作前鼻音韵尾 -n 的字都合并到相应的后鼻韵中，-n 韵尾全都变成了 -ŋ 韵尾；而萝岗除在 un 韵母中保留 -n 韵尾外，其余的都已变为 -ŋ 韵尾；神岗只有韵母 an 变为了 aŋ，其余韵母的 -n 韵尾不变。例如：

文冲　兰 laŋ^{21} | 干 koŋ^{55} | 钱 tʃ^{h}iŋ^{35} | 搬 poŋ^{55} | 蒜 ʃyŋ^{33} | 专 tʃyŋ^{55} | 民 mɐŋ^{21}

萝岗　兰 laŋ^{21} | 钱 tʃ^{h}iŋ^{35} | 蒜 ʃyŋ^{33} | 专 tʃyŋ^{55} | 民 mɐŋ^{21} | 干 kun^{55}

新塘　兰 laŋ^{11} | 干 kuŋ^{55} | 钱 tʃ^{h}iŋ^{35} | 搬 puŋ^{55} | 蒜 ʃyŋ^{33} | 专 tʃyŋ^{55} | 民 mɐŋ^{11}

荔城、石滩　兰 laŋ^{22} | 干 kœŋ^{55} | 钱 tʃ^{h}iŋ^{35} | 搬 pœŋ^{55} | 蒜 ʃœŋ^{33} | 专 tʃiŋ^{55} | 民 mɒŋ^{22}

神岗　兰 laŋ^{22} | 拣 kaŋ^{35} | 产 tʃ^{h}aŋ^{35} | 民 mɐn^{22} | 钱 tʃ^{h}in^{35} | 专 tʃyn^{55}

3. -ŋ 韵尾的变化

-ŋ 韵尾绝大多数方言点都未变，只有沙湾和大岗的曾摄三等韵和梗摄三、四等韵文读音变为收 -n 韵尾。例如：

沙湾、大岗　冰 pen^{55} | 兵 pen^{55} | 星 $\int en^{55}$

总之，广州地区粤方言阳声韵尾的变化有以下五种类型：

A. 广州市、江村　B. 神岗、萝岗　C. 沙湾、大岗

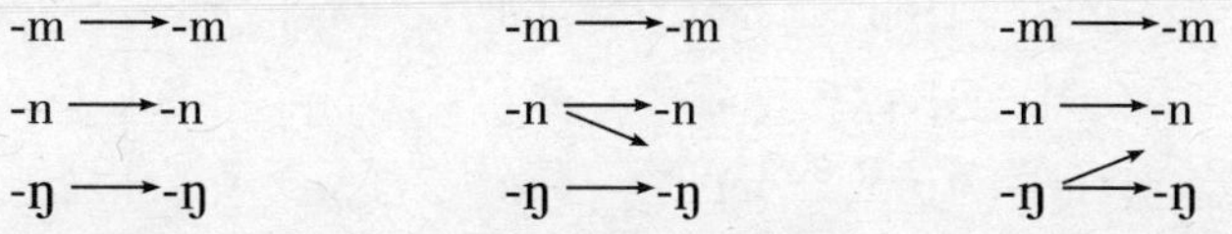

D. 新塘、石滩　E. 文冲、荔城

入声韵尾 -p、-t、-k 在荔城和石滩都已经变为喉塞韵尾 -ʔ，文冲和新塘没有 -t 韵尾，-t 韵尾都相应变为 -k 韵尾，其余方言点的入声韵尾都跟阳声韵尾的变化相应，都保留着 -p、-t、-k 三种入声韵尾。总之，广州地区粤方言入声韵尾的变化有以下六种类型：

A. 广州市、江村　B. 神岗、萝岗　C. 沙湾、大岗

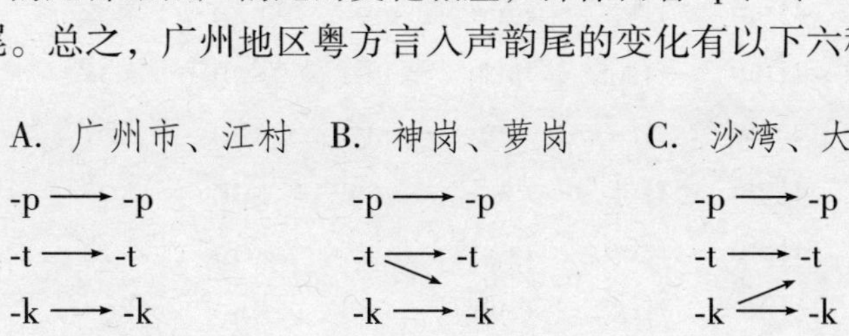

D. 新塘　　　　　　E. 文冲　　　　　　F. 荔城、石滩

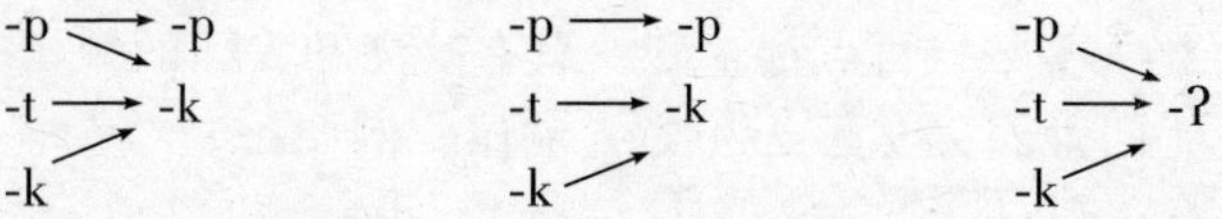

广州地区粤方言阳声韵尾和入声韵尾的归并情况举例如下：

	针深	— 汁深	文臻	— 物臻	江江	—觉江
广州市	tʃɐm^{55}	tʃɐp^{5}	mɐn^{21}	mɐt^{2}	kɔŋ^{55}	kɔk^{3}
江村	tʃɐm^{55}	tʃɐp^{5}	mɐn^{22}	mɐt^{2}	kɔŋ^{55}	kɔk^{3}
蚌湖	tʃem^{55}	tʃep^{5}	men^{22}	met^{2}	koŋ^{55}	kok^{3}
神山	tʃɐm^{55}	tʃɐp^{5}	mɐn^{22}	mɐt^{2}	kɔŋ^{55}	kɔk^{3}
石井	tʃɐm^{55}	tʃɐp^{5}	mɐn^{22}	mɐt^{2}	kɔŋ^{55}	kɔk^{3}
太和	tʃɐm^{55}	tʃɐp^{5}	mɐn^{22}	mɐt^{2}	kɔŋ^{55}	kɔk^{3}
钟落潭	tʃɐm^{55}	tʃɐp^{5}	mɐn^{22}	mɐt^{2}	kɔŋ^{55}	kɔk^{3}
文冲	tʃɐm^{55}	tʃɐp^{5}	mɐŋ^{21}	mɐk^{2}	kɔŋ^{55}	kɔk^{3}
萝岗	tʃɐm^{55}	tʃɐp^{5}	mɐŋ^{21}	mɐk$^{\underline{53}}$	kɔŋ^{55}	kɔk^{3}
新塘	tʃɐm^{55}	tʃɐp^{5}	mɐŋ^{11}	mɐk^{2}	kɔŋ^{55}	kɔk^{3}
太平	tʃɐm^{55}	tʃɐp^{5}	mɐn^{21}	mɐt$^{\underline{53}}$	kœŋ^{55}	kœk^{3}
神岗	tʃɐm^{55}	tʃɐp^{5}	mɐn^{22}	mɐt^{2}	kɔŋ^{55}	kɔk^{3}
荔城	tʃɐm^{55}	tʃɒʔ^{5}	mɒŋ^{22}	mɒʔ^{2}	kɔŋ^{55}	kɔʔ^{3}
石滩	tʃɐm^{55}	tʃɒʔ^{5}	mɒŋ^{22}	mɒʔ^{2}	kɔŋ^{55}	kɔʔ^{3}
沙湾	tʃɐm^{55}	tʃɐp^{5}	mɐn^{42}	mɐt^{2}	kɔŋ^{55}	kɔk^{3}
大岗	tʃɐm^{55}	tʃɐp^{5}	mɐn^{42}	mɐt^{2}	kɔŋ^{55}	kɔk^{3}
赤坭	tʃim^{55}	tʃip^{5}	mun^{21}	mut^{2}	kɔŋ^{55}	kɔk^{3}

（三）遇摄及止摄开口见组字裂变与否

广州地区多数粤方言的遇摄字以及止摄开口字都发生了裂化

演变，由原来的单元音韵母变为复合元音韵母，其中遇摄一等字一般由 u 裂变为 ou；遇摄三等字一般由 y 裂变为 øy；止摄开口字一般由 i 裂变为 ei。各韵摄的裂变以声母为条件，遇摄一等字的裂变发生在唇音字、舌音字和齿音字中，遇摄三等字和止摄开口字的裂变一般发生在见组字之中，这个问题将在下文再作详述。

广州地区粤方言各点裂变的进程并不一致，有的点快些，有的点慢些。从整体来看，广州地区粤方言大多数方言点遇摄一等唇音字和舌齿音字已经发生了裂变，唯有文冲和神岗两个点未发生裂变。例如：

广州市　布 pou^{33} | 土 tou^{35} | 路 lou^{22} | 粗 $tʃ^{h}ou^{55}$
江村　布 pou^{33} | 土 tou^{35} | 路 lou^{21} | 粗 $tʃ^{h}ou^{55}$
文冲　布 pu^{33} | 土 tu^{35} | 路 lu^{22} | 粗 $tʃ^{h}u^{55}$
神岗　布 pu^{33} | 土 tu^{35} | 路 lu^{21} | 粗 $tʃ^{h}u^{55}$

遇摄三等见组字和止摄开口见组字仍有相当一部分方言点未发生裂变，它们分别是石井、文冲、太平、神岗、大岗、赤坭，其余的点都已发生裂变。例如：

广州市　机 kei^{55} | 棋 $k^{h}ei^{21}$ | 渠 $k^{h}øy^{21}$ | 虚 $høy^{55}$
江村　机 kei^{55} | 棋 $k^{h}ei^{22}$ | 渠 $k^{h}øy^{22}$ | 虚 $høy^{55}$
赤坭　机 ki^{55} | 棋 $k^{h}i^{21}$ | 渠 $k^{h}y^{21}$ | 虚 hy^{55}
神岗　机 ki^{55} | 棋 $k^{h}i^{22}$ | 渠 $k^{h}y^{22}$ | 虚 hy^{55}

遇摄三等见组字和止摄开口见组字裂变的差异较明显，因此我们以此作为广州地区粤方言演变速度快慢的判定标准之一。

合取上述三项标准，我们就可以对广州地区粤方言各点语音演变速度的快慢作出判断，若符合“有 i 介音，保留古 -m、-n、-ŋ 和 -p、-t、-k 韵尾，遇摄三等及止摄开口见组字未裂变”等条件的方言属于保守型方言，反之，则属于变异型方言。广州地区粤方言各方言点的语音演变情况见表2－3：

表2－3　广州地区粤方言语音演变情况

	有i介音	保留古-m、-n、-ŋ韵尾	保留古-p、-t、-k韵尾	遇摄三等及止摄开口见组字未裂变
广州市	－	＋	＋	－
江村	－	＋	＋	－
蚌湖	＋	＋	＋	－
神山	－	＋	＋	－
石井	＋	＋	＋	＋
太和	＋	＋	＋	－
钟落潭	＋	＋	＋	＋/－
文冲	－	－	＋	＋
萝岗	＋	＋/－	＋	－
新塘	＋	－	＋	－
太平	－	＋	＋	＋
神岗	－	＋	＋	＋
荔城	－	－	－	－
石滩	－	－	－	－
沙湾	＋	＋	＋	－
大岗	－	＋	＋	＋
赤坭	＋	＋	＋	＋

从表2－3可见，石井、钟落潭和赤坭三个方言点四项条件皆合，属于保守型方言。蚌湖、太和、萝岗、太平、神岗、沙湾、大岗等地大体符合三项条件，属于较为保守的方言。广州

市、江村、神山、文冲、新塘等地只符合两项条件，属于演变速度较快的方言。荔城和石滩无一条件相符，属于变异型方言。

第二节　广州地区粤方言声母的特点

一、泥、来母

从地域角度看，广州地区粤方言泥、来母的分混可分为三种类型：

（一）从分型

从分型的方言点有太和、神岗、荔城等，这三个方言点的泥母字读作 n 声母，来母字读作 l 声母，两者从分。例如：

太和　泥 $nɐi^{22}$ ≠ 黎 $lɐi^{22}$ | 脑 nou^{13} ≠ 老 lou^{13} | 尿 niu^{21} ≠ 料 liu^{21}

（二）半混型

半混型的方言点有蚌湖和钟落潭，这两地的古泥母字或读作 n 声母，或读作 l 声母，无规律可循；来母字则一概读作 l 声母。可见半混型的方言点是部分泥母字混同于来母字。例如：

蚌湖　泥 $nɐi^{22}$ ≠ 黎 $lɐi^{22}$ | 脑 = 老 lau^{11} | 尿 = 料 $liɛu^{21}$

（三）全混型

全混型的方言点有江村、神山、石井、文冲、萝岗、新塘、太平、石滩、沙湾、大岗、赤坭等 11 个方言点，泥母字都读作 l 声母，混同于来母。例如：

江村　泥 = 黎 $lɐi^{22}$ | 脑 = 老 lou^{11} | 尿 = 料 liu^{21}

上述方言点若有新老派读音差异，则大致上老派读音倾向于从分，新派读音倾向于从混，广州市也如此。上述表现展示了广州地区粤方言泥母混同于来母的发展演变趋势。

二、齿音声母

广州地区粤方言的古全浊声母崇、船、禅母字读作清塞擦音或清擦音，其中崇母字主要读塞擦音，船、禅母字主要读擦音。例如：

广州市　柴崇 $tʃ^hai^{21}$ | 床崇 $tʃ^hɔŋ^{21}$ | 蛇船 $ʃɛ^{21}$ | 船船 $ʃyn^{21}$ |
绳船 $ʃeŋ^{21}$ | 薯禅 $ʃy^{21}$ | 时禅 $ʃi^{21}$ | 肾禅 $ʃɐn^{22}$
神岗　柴崇 $tʃ^hai^{22}$ | 床崇 $tʃ^hɔŋ^{22}$ | 蛇船 $ʃɛ^{22}$ | 船船 $ʃyn^{22}$ |
绳船 $ʃeŋ^{22}$ | 薯禅 $ʃy^{22}$ | 时禅 $ʃi^{22}$ | 肾禅 $ʃɐn^{21}$

在白云区、番禺区和增城市各方言点，某些古崇、船、禅母口语常用字的读音有点特别，主要表现为塞擦音同擦音的差异。例如，广州市等方言点读作塞擦音的崇母字在以下方言点读作擦音：

江村、神山、石井、太和	柴崇 $ʃai^{22}$ | 床崇 $ʃɔŋ^{22}$
蚌湖	柴崇 $ʃai^{22}$ | 床崇 $ʃoŋ^{22}$
文冲	柴崇 $ʃai^{21}/tʃ^hai^{21}$ | 床崇 $ʃɔŋ^{21}/tʃ^hɔŋ^{21}$
新塘	柿崇 $ʃɐi^{22}$
石滩	柿崇 $ʃɔi^{22}$

而一些在广州市等方言点读作擦音的船、禅母字在下面的方言点则读作塞擦音。例如：

沙湾　蛇船 $tʃ^hɛ^{42}$ | 船船 $tʃ^hyn^{42}$ | 唇船 $tʃ^høn^{42}$ | 绳船 $tʃ^hen^{42}$ |
剩船 $tʃ^hɐn^{22}$ | 薯禅 $tʃ^hy^{42}$ | 时禅 $tʃ^hi^{42}$ | 谁禅 $tʃ^høy^{35}$ |

韶禅 tʃʰiu^{42} | 仇禅 tʃʰɐu^{42} | 肾禅 tʃʰɐn^{13}

大岗　船船 tʃʰyn^{42} | 绳船 tʃʰen^{42} | 薯禅 tʃʰy^{42}

神山　神船 tʃʰɐn^{22}

文冲　韶禅 tʃʰiu^{21}

另外，古清擦音声母字也有类似的表现，例如“潲、双、渗”等字在广州市等方言点读作擦音，在下面的方言点则读作塞擦音，值得我们注意的是，这种读音只在口语词中出现。例如：

白云区各点　潲生 tʃʰau^{33} 猪～

钟落潭　双生 tʃœŋ^{55} 一～筷子

太和　渗生 tʃʰɐm^{33} ～水

又如“蟋蟀”这种昆虫在各方言点的口语中一般称作“蟀 tʃøt^{5} 仔”，而在书面语中则称作“蟋蟀 ʃøt^{5}”。这种现象在广州市主要表现为新老派的读音差异。老派读作塞擦音，新派读作擦音。例如（“/”前为老派读音，“/”后为新派读音）：

醒心 tʃʰɛŋ^{35}/ʃɛŋ^{35} | 韶禅 tʃʰiu^{22}/ʃiu^{22}

三、日母

广州地区粤方言古日母字一般读为零声母，读作鼻音声母的一般只有“瓤、饵”两字。例如：

江村　瓤 nɔŋ^{22} | 饵 nei^{21}

如果存在文白读的差异，则文读音为零声母，白读音为 ŋ 声母。例如：

江村　韧 ŋɐn^{55} 牛肉好～/iɐn^{21} 坚～　仁 ŋɐn^{22} 花生～/iɐn^{22} ～慈

一些方言点读作鼻音声母 ŋ 的日母字较多，而且多为日常用字或固有名称，例如荔城：“人面” ŋɐŋ^{22} mɛŋ^{21}（植物名）。从地理分布上看，荔城和石滩表现最为突出。例如：

	认	韧	惹	儿	尔	二	而	耳
石井	ieŋ^{21}	ŋɐn^{33}	iɛ^{35}	i^{22}	i^{13}	i^{21}	i^{22}	i^{55}
太平	ieŋ^{53}	ŋɐn^{55}	iɛ^{35}	i^{21}	i^{33}	i^{53}	i^{21}	ŋi^{35}
神岗（文）	ieŋ^{21}	iɐn^{21}	iɛ^{35}	i^{22}	i^{33}	i^{21}	i^{22}	i^{33}
（白）	ŋɐn^{21}	ŋɐn^{33}	ŋɛ^{35}					ŋi^{35}
荔城	ŋɒn^{21}	ŋɒn^{55}	iɛ^{35}	ŋei^{22}	ŋei^{13}	ŋei^{21}	ŋei^{22}	ŋei^{13}
石滩	ŋɒn^{21}	ŋɒn^{55}	iɛ^{35}	ŋei^{22}	ŋei^{13}	ŋei^{21}	ŋei^{22}	ŋei^{13}

四、疑母

广州地区粤方言古疑母今读细音的字一般读为零声母，保留鼻音声母 ŋ 的都是今读洪音的字。例如：

江村（细音） 鱼 y^{22} | 疑 i^{22} | 验 im^{21} | 言 in^{22} | 元 yn^{22} | 迎 ieŋ^{22} | 玉 iok^{2}

（洪音） 饿 ŋɔ^{21} | 牙 ŋa^{22} | 碍 ŋɔi^{21} | 崖 ŋai^{22} | 危 ŋɐi^{22} | 蚁 ŋɐi^{11} | 咬 ŋau^{11} | 藕 ŋɐu^{11} | 岸 ŋɔn^{21} | 眼 ŋan^{11} | 银 ŋɐn^{22} | 昂 ŋɔŋ^{22} | 硬 ŋaŋ^{21}

如果有文白读的分别，则文读音为零声母，白读音为 ŋ 声母。例如：

江村 逆 ŋak^{2} ~水/iek^{2} 忤~ | 仰 ŋɔŋ^{11} ~高头/iœŋ^{11} ~慕 研 ŋan^{22} ~碎/in^{22} ~究 | 吟 ŋɐm^{22} 沉~/iɐm^{22} ~诗作对

具有此特点的方言点还有广州市、蚌湖、神山、石井、太和、钟落潭、太平、神岗、荔城、石滩、赤坭等地。在荔城，某些古疑母止摄字也读作 ŋ 声母。例如：

	银	硬	鹅	牙	崖	义	验
广州市	ŋɐn^{21}	ŋaŋ^{22}	ŋɔ^{21}	ŋa^{21}	ŋai^{21}	i^{22}	im^{22}
江村	ŋɐn^{22}	ŋaŋ^{21}	ŋɔ^{22}	ŋa^{22}	ŋai^{22}	i^{21}	im^{21}
蚌湖	ŋen^{22}	ŋaŋ^{21}	ŋɔ^{22}	ŋa^{22}	ŋai^{22}	i^{21}	iɛm^{21}
神山	ŋɐn^{22}	ŋaŋ^{21}	ŋɔ^{22}	ŋa^{22}	ŋai^{22}	i^{21}	im^{21}
太平	ŋɐn^{21}	ŋɛŋ^{53}	ŋɔ^{21}	ŋa^{21}	ŋai^{21}	i^{53}	im^{53}
荔城	ŋɒn^{22}	ŋaŋ^{21}	ŋɔ^{22}	ŋa^{22}	ŋai^{22}	ŋei^{21}	im^{21}

在文冲、萝岗、新塘、沙湾、大岗等方言点，古疑母洪音字读为零声母，混同于影母洪音字。例如：

	银	硬	鹅	牙	崖	义	验
文冲	ɐn^{21}	aŋ^{22}	ɔ^{21}	a^{21}	ai^{21}	i^{22}	im^{22}
萝岗	ɐn^{21}	aŋ^{53}	ɔ^{21}	a^{21}	ai^{21}	i^{53}	im^{53}
新塘	ɐn^{11}	aŋ^{22}	ɔ^{11}	a^{11}	ai^{11}	i^{22}	im^{22}
沙湾	ɐn^{42}	aŋ^{22}	ɔ^{42}	a^{42}	ai^{42}	i^{22}	im^{22}
大岗	ɐn^{42}	aŋ^{21}	ɔ^{42}	a^{42}	ai^{42}	i^{21}	im^{21}

五、影母

影母洪音字在广州市（老派）、太和、文冲、萝岗、新塘、神岗、太平、荔城、石滩、沙湾、大岗等方言点读为零声母，与疑母洪音字的 ŋ 声母有别。例如：

	鸦	哀	矮	奥	安	恶
广州市（老派）	a^{55}	$ɔi^{55}$	$ɐi^{35}$	ou^{33}	$ɔn^{55}$	$ɔk^{3}$
太和	a^{55}	$ɔi^{55}$	$ɐi^{35}$	ou^{33}	$ɔn^{55}$	$ɔk^{3}$
文冲	a^{55}	ui^{55}	$ɐi^{35}$	u^{33}	$oŋ^{55}$	$ɔk^{3}$
萝岗	a^{55}	ui^{55}	$ɐi^{35}$	ou^{33}	$uŋ^{55}$	$ɔk^{3}$
新塘	a^{55}	ue^{55}	$ɐi^{35}$	ou^{33}	$yŋ^{55}$	$ɔk^{3}$
太平	a^{55}	$ɔi^{55}$	$ɐi^{35}$	ou^{33}	$ɔn^{55}$	$œk^{3}$
神岗	a^{55}	oi^{55}	ai^{35}	ou^{33}	un^{55}	$ɔk^{3}$
荔城	a^{55}	oi^{55}	ai^{35}	ou^{33}	$œŋ^{55}$	$ɔʔ^{3}$
石滩	a^{55}	oi^{55}	ai^{53}	ou^{33}	$œŋ^{55}$	$ɔʔ^{3}$
沙湾	a^{55}	$ɔi^{55}$	$ɐi^{35}$	ou^{33}	$ɔn^{55}$	$ɔk^{3}$
大岗	a^{55}	$ɔi^{55}$	$ɐi^{13}$	ou^{33}	$ɔn^{55}$	$ɔk^{3}$

一些方言点如广州市（新派）、江村、蚌湖、神山、石井、钟落潭、赤坭等地影母洪音字多读作鼻音声母 ŋ，混同于疑母洪音字。例如：

	鸦	哀	矮	奥	安	恶
广州市（新派）	$ŋa^{55}$	$ŋɔi^{55}$	$ŋɐi^{35}$	$ŋou^{33}$	$ŋɔn^{55}$	$ŋɔk^{3}$
江村	$ŋa^{55}$	$ŋɔi^{55}$	$ɐi^{35}$	$ŋou^{33}$	$ŋun^{55}$	$ŋɔk^{3}$
蚌湖	$ŋa^{55}$	$ŋɔi^{55}$	$ŋɐi^{35}$	$ŋou^{33}$	$ŋœn^{55}$	$ŋok^{3}$
神山	$ŋa^{55}$	$ŋoi^{55}$	$ŋɐi^{35}$	$ŋou^{33}$	$ŋun^{55}$	$ŋɔk^{3}$
石井	$ŋa^{55}$	$ŋɔi^{55}$	$ŋɐi^{35}$	$ŋou^{33}$	$ŋɔn^{55}$	$ŋɔk^{3}$
钟落潭	$ŋa^{55}$	$ŋɔi^{55}$	$ŋɐi^{35}$	$ŋou^{33}$	$ŋɔn^{55}$	$ŋɔk^{3}$

赤坭	ŋa^{55}	ŋɔi:^{55}	ŋɛ^{35}	ŋou^{33}	ɔn^{55}	ŋɔk^{3}

六、晓匣母

多数方言点匣母合口字及一些晓母合口字读作以 u 开头的零声母。例如：

	禾匣	胡匣	壶匣	回匣	换匣	黄匣	浒晓	唤晓
广州市	uɔ^{21}	u^{21}	u^{21}	ui:^{21}	un^{22}	uɔŋ^{21}	u^{35}	un^{22}
江村	uɔ^{22}	u^{22}	u^{22}	ui:^{22}	un^{21}	uɔŋ^{22}	u^{35}	un^{21}
蚌湖	uɔ^{22}	u^{22}	u^{22}	ui:^{22}	un^{21}	uɔŋ^{11}	u^{11}	un^{22}
神山	uɔ^{22}	u^{22}	u^{22}	ui:^{22}	un^{21}	uɔŋ^{22}	u^{22}	un^{21}
太和	uɔ^{22}	u^{22}	u^{22}	ui:^{22}	un^{21}	uɔŋ^{22}	u^{22}	un^{21}

萝岗、新塘、荔城、石滩、沙湾、大岗等地匣母合口字及一些晓母合口字多读作 f 声母。例如：

	禾匣	胡匣	壶匣	回匣	换匣	黄匣	浒晓	唤晓
萝岗	uɔ^{21}	u^{21}	u^{21}	ui:^{21}	un^{53}	uɔŋ^{21}	fu^{21}	un^{53}
新塘	uɔ^{11}	fu^{11}	fu^{11}	ui:^{11}	un^{22}	uɔŋ^{11}	fu^{11}	fun^{22}
荔城	uɔ^{22}	fu^{22}	fu^{22}	ui:^{22}	un^{21}	uɔŋ^{22}	fu^{22}	un^{21}
石滩	uɔ^{22}	fu^{22}	fu^{22}	ui:^{22}	un^{21}	uɔŋ^{22}	fu^{22}	un^{21}
沙湾	fɔ^{42}	fu^{42}	fu^{42}	fui^{42}	fun^{22}	fɔŋ^{42}	fu^{42}	fun^{22}
大岗	fɔ^{42}	fu^{42}	fu^{42}	fui^{42}	fun^{21}	fɔŋ^{42}	fu^{42}	fun^{22}

七、云、以母

古云、以母字开口字以及遇、山、梗、通等韵摄的合口字多数方言点读作零声母。例如：

	爷以	誉以	易以	盐以	演以	雨云	有云	远云
广州市	iɛ^{21}	y^{22}	i^{22}	im^{21}	in^{35}	y^{13}	iɐu^{13}	yn^{13}
江村	iɛ^{22}	y^{21}	i^{21}	im^{22}	in^{35}	y^{11}	iɐu^{11}	yn^{11}
石井	ia^{22}	y^{21}	i^{21}	im^{22}	in^{35}	y^{13}	iɐu^{13}	yn^{13}

上述字在沙湾和大岗除了读作零声母外，还有不少读作 h 声母，荔城、石滩也有个别字读作 h 声母。例如：

	爷以	誉以	易以	盐以	演以	雨云	有云	远云
沙湾	hɛ^{42}	høy^{22}	hei^{22}	him^{42}	hin^{35}	høy^{13}	jɐu^{13}	hyn^{13}
大岗	hɛ^{42}	hy^{21}	hi^{21}	him^{42}	hin^{13}	hy^{13}	jɐu^{13}	hyn^{13}
荔城	iɛ^{22}	i^{21}	i^{21}	im^{22}	iŋ^{35}	i^{13}	hɒu^{13}	iŋ^{13}
石滩	iɛ^{22}	i^{21}	i^{21}	iŋ^{22}	iŋ^{35}	i^{13}	hau^{13}	iŋ^{13}

第三节　广州地区粤方言韵母的特点

一、阴声韵的分合

（一）蟹摄和止摄合口舌齿音字

蟹摄和止摄合口舌齿音字，江村和太平一般读作 øy 韵母，与蟹摄开口一等字读音有别，此与广州市区的相同。例如：

	队	袋	最	再	嘴	载
广州市	tøy^{22}	tɔi^{22}	tʃøy^{33}	tʃɔi^{33}	tʃøy^{35}	tʃɔi^{33}

江村	tøy^{21}	tɔi^{21}	tʃøy^{33}	tʃɔi^{33}	tʃøy^{35}	tʃɔi^{33}
太平	tøy^{53}	tɔi^{53}	tʃøy^{33}	tʃɔi^{33}	tʃøy^{35}	tʃɔi^{33}

广州地区多数方言点的蟹摄和止摄合口舌齿音字，尤其是日常用字普遍都不读 øy 韵母，而是读作 ɔi、ui、oi、ue 等形式，读同于蟹摄开口一等字。例如神山就没有 øy 韵母，遇摄合口三等字、蟹摄合口一等非见组字和止摄合口舌齿音字均读作 oi，读同蟹摄一等开口字，例如：泪 = 内 = 耐 = 虑 loi^{21}。又如石井的蟹摄合口一等舌齿音字读同开口一等字，例如：罪 = 在 tʃɔi^{21}｜推 = 胎 t^{h}ɔi^{55}。具有这一特点的共有 14 个方言点，分别为蚌湖、神山、石井、太和、钟落潭、文冲、萝岗、新塘、神岗、荔城、石滩、沙湾、大岗、赤坭。例如：

	队	袋	最	再	嘴	载
蚌湖	tɔi^{21}	tɔi^{21}	tʃøy^{33}	tʃɔi^{33}	tʃøy^{35}	tʃɔi^{35}
神山	toi^{21}	toi^{21}	tʃoi^{33}	tʃoi^{33}	tʃoi^{35}	tʃoi^{35}
石井	tɔi^{21}	tɔi^{21}	tʃøy^{33}	tʃɔi^{33}	tʃøy^{35}	tʃɔi^{35}
太和	tɔi^{21}	tɔi^{21}	tʃøy^{33}	tʃɔi^{33}	tʃøy^{35}	tʃɔi^{35}
钟落潭	tɔi^{21}	tɔi^{21}	tʃøy^{33}	tʃɔi^{33}	tʃøy^{35}	tʃɔi^{35}
文冲	tui^{22}	tui^{22}	tʃui^{33}	tʃui^{33}	tʃui^{35}	tʃui^{35}
萝岗	tui^{53}	tui^{53}	tʃui^{33}	tʃui^{33}	tʃui^{35}	tʃui^{35}
新塘	tue^{22}	tue^{22}	tʃue^{33}	tʃue^{33}	tʃue^{35}	tʃue^{35}
神岗	toi^{21}	toi^{21}	tʃøy^{33}	tʃoi^{33}	tʃøy^{35}	tʃoi^{35}
荔城	toi^{21}	toi^{21}	tʃoi^{33}	tʃoi^{33}	tʃœ^{35}	tʃoi^{35}
石滩	toi^{21}	toi^{21}	tʃoi^{33}	tʃoi^{33}	tʃoi^{35}	tʃoi^{35}
沙湾	tui^{22}	tɔi^{22}	tʃøy^{33}	tʃɔi^{33}	tʃøy^{35}	tʃɔi^{35}

大岗	tui^{21}	tɔi^{21}	tʃui^{42}	tʃɔi^{33}	tʃøy^{35}	tʃɔi^{35}
赤坭	tɔi^{22}	tɔi^{22}	tʃøy^{33}	tʃɔi^{33}	tʃɔi^{35}	tʃɔi^{35}

（二）止摄开口舌齿音字的分合

止摄开口舌齿音字韵母多数方言不分，都读作 i 韵母。例如：

广州市　自从 tʃi^{22} = 稚澄 tʃi^{22} | 私心 = 狮生 = 尸书 ʃi^{55}

神岗　自从 tʃi^{21} = 稚澄 tʃi^{21} | 私心 = 狮生 = 尸书 ʃi^{55}

也有一些方言点止摄开口精庄组字同知章组字韵母从分，可分三种类型：

（1）止摄开口字精庄组声母后念作 ei 韵母，知章组声母后念作 i 韵母。蚌湖、荔城、石滩、沙湾等地属于这种类型。例如：

蚌湖　自从 tʃei^{21} ≠ 稚澄 tʃi^{21} | 私心 = 狮生 ʃei^{55} ≠ 尸书 ʃi^{55}

（2）止摄开口字精庄组声母后念作 y 韵母，知章组声母后念作 i 韵母。钟落潭和大岗两地属于这种类型。例如：

钟落潭　自从 tʃy^{21} ≠ 稚澄 tʃi^{21} | 私心 = 狮生 ʃy^{55} ≠ 尸书 ʃi^{55}

（3）止摄开口字精庄组声母后念作 ɛ 韵母，知章组声母后念作 i 韵母。新塘属于这种类型。例如：

新塘　字 tʃɛ^{22} ≠ 治 tʃi^{22} | 四 ʃɛ^{33} ≠ 试 ʃi^{33}

（三）效摄开口一等字跟二等字的分合

广州地区粤方言效摄开口一、二等字有的方言点从分，有的方言点从合。

1. 从分型

效摄开口一等字与二等字今读从分的方言点有广州市、石井、萝岗、新塘、荔城、沙湾、大岗、文冲和太平。区分的方式均以主要元音的差别来体现，一等字以圆唇元音为主要元音，二等字都以不圆唇的 a 为主要元音。广州市、石井、萝岗、新塘、荔城、沙湾、大岗等地一等字读作 ou。例如：

广州市 高 kou^{55} ≠ 交 kau^{55} | 保 pou^{35} ≠ 饱 pau^{35}
石井 高 kou^{55} ≠ 交 kau^{55} | 保 pou^{35} ≠ 饱 pau^{35}

文冲和太平两地效摄开口一等字读作圆唇的单元音韵母 u 或 ɔ，较为特别。例如：

文冲 高 = 姑 ku^{55} ≠ 交 kau^{55} | 早 = 祖 $tʃu^{35}$ ≠ 找 $tʃau^{55}$
太平 高 = 哥 $kɔ^{55}$ ≠ 交 $kɛu^{55}$ | 早 = 左 $tʃɔ^{35}$ ≠ 找 $tʃɛu^{55}$

2. 从合型

效摄开口一等字与二等字今读从合的方言点又可分两种类型，一种是完全合流，如神岗和赤坭两地一、二等字都读作 au。例如：

神岗 高 = 交 kau^{55} | 保 = 饱 pau^{35}
赤坭 高 = 交 kau^{55} | 保 = 饱 pau^{35}

另一种是白读合流，文读分立。如江村、蚌湖、神山、太和、钟落潭和石滩等地，日常口语词读作 au，读同二等字，书面语词读作 ou，与二等字有别。例如：

江村 高 = 交 kau^{55} (口) ≠ 膏 kou^{55} (书)

广州地区粤方言效摄开口一等字与二等字今读分合情况见表2-4：

表2-4　广州地区粤方言效摄开口一、二等字今读分合情况

例字 / 方言点	一等			二等		同类型的方言点
	告	老	好	交	抄	
江村	kou³³	lau³⁵	hau³⁵	kau⁵⁵	tʃʰau⁵⁵	蚌湖、神山、太和、钟落潭、石滩
神岗	kau³³	lau³⁵	hau³⁵	kau⁵⁵	tʃʰau⁵⁵	赤坭
石井	kou³³	lou¹³	hou³⁵	kau⁵⁵	tʃʰau⁵⁵	广州市、萝岗、新塘、荔城、沙湾、大岗
文冲	ku³³	lu¹³	hu³⁵	kau⁵⁵	tʃʰau⁵⁵	
太平	kou³³	lɔ³³	hou³⁵	kɛu⁵⁵	tʃʰau⁵⁵	

（四）流摄一、三等字的分合

广州地区粤方言流摄一、三等字绝大多数方言点今读不分，大多数方言点都读作 ɐu 韵母，荔城读作 ɒu 韵母，而石滩则读作 au 韵母，读同于效摄二等字。例如：

江村　狗＝九 kɐu³⁵　　石滩　狗＝九＝搞 kau³⁵

蚌湖和赤坭两个方言点流摄一、三等字存在分立的表现。蚌湖一等字读作 ɐu，三等字一般读作 eu，极少数字读作 ɐu。例如：

蚌湖　狗 kɐu³⁵ ≠九 keu³⁵ | 楼 lɐu²² ≠刘 leu²²

赤坭一等字读作 ɐu，三等口语常用字读作 iu，书面用字读作 ɐu。例如：

赤坭　狗 $\mathrm{k}ɐ\mathrm{u}^{35}$ ≠ 九 kiu^{35} | 走 $\mathrm{t}ʃɐ\mathrm{u}^{35}$ ≠ 酒 $\mathrm{t}ʃ\mathrm{iu}^{35}$

广州地区粤方言流摄一、三等字的分合情况见表2－5：

表2－5　广州地区粤方言流摄一、三等字分合情况

例字 方言点	一等		三等		同类型的方言点
	头	狗	酒	幼	
江村	$\mathrm{t^h}ɐ\mathrm{u}^{22}$	$\mathrm{k}ɐ\mathrm{u}^{35}$	$\mathrm{t}ʃɐ\mathrm{u}^{35}$	$\mathrm{i}ɐ\mathrm{u}^{33}$	广州市、神山、石井、太和、钟落潭、文冲、萝岗、新塘、太平、神岗、沙湾、大岗
荔城	$\mathrm{t^h}ɒ\mathrm{u}^{22}$	$\mathrm{k}ɒ\mathrm{u}^{35}$	$\mathrm{t}ʃɒ\mathrm{u}^{35}$	$\mathrm{i}ɒ\mathrm{u}^{33}$	
石滩	$\mathrm{t^h au}^{22}$	kau^{35}	$\mathrm{t}ʃ\mathrm{au}^{35}$	iau^{33}	
蚌湖	$\mathrm{t^h}ɐ\mathrm{u}^{22}$	$\mathrm{k}ɐ\mathrm{u}^{35}$	$\mathrm{t}ʃ\mathrm{eu}^{35}$	ieu^{33}	
赤坭	$\mathrm{t^h}ɐ\mathrm{u}^{21}$	$\mathrm{k}ɐ\mathrm{u}^{35}$	$\mathrm{t}ʃ\mathrm{iu}^{35}$	$\mathrm{i}ɐ\mathrm{u}^{33}$	

二、阳声韵（入声韵）的分合

（一）臻摄舌齿音字

广州地区粤方言臻摄开合口舌齿音字有的从分，有的从合。

1. 从分型

臻摄开合口舌齿音字从分的方言点有广州市、蚌湖、石井、太和、太平、沙湾、大岗、赤坭等地。臻摄合口三等舌齿音字各点都读作 øn；臻摄开口三等舌齿音字在广州市、石井、太和、太平、沙湾、大岗等地读作 ɐn，蚌湖读作 en，赤坭读作 in，因此上述点"唇≠神｜巡≠尘｜俊≠镇"。例如（以阳声韵改入声韵）：

广州市　真 $\mathrm{t}ʃɐ\mathrm{n}^{55}$ ≠ 津 $\mathrm{t}ʃ\mathrm{øn}^{55}$ | 陈 $\mathrm{t}ʃ^{\mathrm{h}}ɐ\mathrm{n}^{21}$ ≠ 巡 $\mathrm{t}ʃ^{\mathrm{h}}\mathrm{øn}^{21}$

蚌湖　　真 $t\int en^{55}$ ≠ 津 $t\int øn^{55}$ | 陈 $t\int^{h}en^{22}$ ≠ 巡 $t\int^{h}øn^{22}$

2. 从合型

有些方言点臻摄合口三等舌齿音字读同开口三等舌齿音字，一般都读作 ɐn，没有 øn 韵母，计有江村、神山、钟落潭、文冲、萝岗、新塘、神岗、荔城、石滩等地。其中江村、神山、钟落潭、神岗等地都读作 ɐn，荔城和石滩都读作 ɒŋ，文冲、萝岗、新塘都读作 ɐŋ。因此上述点“唇＝神 | 巡＝尘 | 俊＝镇”。例如：

萝岗　真＝津 $t\int ɐŋ^{55}$ | 巡＝陈 $t\int^{h}ɐŋ^{21}$

神岗　真＝津 $t\int ɐn^{55}$ | 巡＝陈 $t\int^{h}ɐn^{22}$

（二）宕摄开口一、三等字的分合

广州地区粤方言宕摄开口一、三等字多数方言点从分，少数方言点从合。

1. 从分型

按分别的方式，又可分三种类型：

（1）以主要元音的不同来区分。开口一等字一般读作 ɔŋ/k，开口三等字一般读作 œŋ/k。多数方言点属于这种情况。例如：

广州市　姜 $kœŋ^{55}$ ≠ 岗 $kɔŋ^{55}$ | 脚 $kœk^{3}$ ≠ 各 $kɔk^{3}$

江村　　姜 $kœŋ^{55}$ ≠ 岗 $kɔŋ^{55}$ | 脚 $kœk^{3}$ ≠ 各 $kɔk^{3}$

（2）以有无介音来区分。蚌湖和石井属于这种情况。蚌湖开口一等字读作 ɔŋ/k 或 oŋ/k，并无规则可循，三等字主要元音与一等相同，并带有介音 u 或 y；泥来母、见组字的介音为 u，与合口字混同，其余声母字的介音为 iu，在语流中常变为 y 介音。例如：

蚌湖　姜＝光 $kuɔŋ^{55}$ ≠ 岗 $koŋ^{55}$ | 脚＝国 $kuɔk^{3}$ ≠ 各 $kɔk^{3}$

石井开口一等字读作 ɔŋ/k，开口三等字主要元音与一等相同，只多了介音 i。例如：

石井　姜 $kiɔŋ^{55}$ ≠ 岗 $kɔŋ^{55}$ ｜脚 $kiɔk^{3}$ ≠ 各 $kɔk^{3}$

（3）以有无介音和主要元音不同来区分。开口一等字读作 ɔŋ/k，开口三等字读作 iœŋ/k。太和、钟落潭、萝岗、新塘属于这种情况。例如：

太和　姜 $kiœŋ^{55}$ ≠ 岗 $kɔŋ^{55}$ ｜脚 $kiœk^{3}$ ≠ 各 $kɔk^{3}$

2. 从合型

宕摄开口一、三等韵不分的只有太平和文冲两地，太平都读作 œŋ/k，文冲都读作 ɔŋ/k。例如：

文冲　庄 = 脏 $tʃɔŋ^{55}$ ｜粮 = 狼 $lɔŋ^{21}$
太平　庄 = 脏 $tʃœŋ^{55}$ ｜粮 = 狼 $lœŋ^{21}$

广州地区粤方言宕摄开口一、三等字分合情况见表 2－6：

表 2－6　广州地区粤方言宕摄开口一、三等字分合情况

例字／方言点	一等		三等		同类型的方言点
	帮	岗	香	阳	
赤坭	$pɔŋ^{55}$	$kɔŋ^{55}$	$hœŋ^{55}$	$iœŋ^{21}$	广州市、江村、神岗、大岗、沙湾、神山、荔城、石滩
太和	$pɔŋ^{55}$	$kɔŋ^{55}$	$hiœŋ^{55}$	$iœŋ^{22}$	萝岗、新塘、钟落潭
蚌湖	$poŋ^{55}$	$koŋ^{55}$	$hyɔŋ^{55}$	$yɔŋ^{22}$	
石井	$pɔŋ^{55}$	$kɔŋ^{55}$	$hiɔŋ^{55}$	$iɔŋ^{22}$	
太平	$pœŋ^{55}$	$kœŋ^{55}$	$hœŋ^{55}$	$iœŋ^{21}$	
文冲	$pɔŋ^{55}$	$kɔŋ^{55}$	$hɔŋ^{55}$	$iɔŋ^{21}$	

（三）曾摄一、三等及梗摄二等跟三、四等字（文读音）的分合

广州地区粤方言曾摄开口一、三等字及梗摄二等跟三、四等字（文读音）有的点从分，有的点从合。

1. 从分型

从分的方言点有广州市、石井、萝岗、沙湾、大岗、赤坭、荔城和石滩。一、二等韵母一般以 ɐ 为主要元音，三、四等韵母一般以 e 为主要元音。一、二等字多数方言点读作 ɐŋ/k，荔城和石滩则读作 ɒŋ/ʔ。三、四等字在石井、钟落潭、太平、神岗、萝岗、赤坭等地读作 eŋ/k，沙湾和大岗读作 en/t，荔城和石滩读作 eŋ/ʔ。例如：

广州市　曾＝争（文）$tʃɐŋ^{55}$ ≠蒸＝贞（文）$tʃeŋ^{55}$

石井　曾＝争（文）$tʃɐŋ^{55}$ ≠蒸＝贞（文）$tʃeŋ^{55}$

2. 从合型

曾摄开口一、三等字及梗摄二等跟三、四等字（文读音）部分方言点又可分为两种类型：

（1）三等混入一等的，如江村、蚌湖、神山、太和、文冲、新塘等地，三等读同一等的 ɐŋ/k。例如：

江村　曾＝蒸＝争（文）＝贞（文）$tʃɐŋ^{55}$

（2）一等混入三等的，如神岗、太平、钟落潭一等读同三等的 eŋ/k。例如：

神岗　曾＝蒸＝争（文）＝贞（文）$tʃeŋ^{55}$

广州地区粤方言曾摄开口一、三等字分合情况见表 2－7：

表 2－7 广州地区粤方言曾摄开口一、三等字分合情况

例字 方言点	一等		三等		同类型的方言点
	灯	肯	蒸	绳	
石井	$tɐŋ^{55}$	$hɐŋ^{35}$	$tʃeŋ^{55}$	$ʃeŋ^{22}$	广州市、萝岗、赤坭、荔城、石滩
沙湾	$tɐŋ^{55}$	$hɐŋ^{35}$	$tʃen^{55}$	$tʃ^{h}en^{22}$	大岗
江村	$tɐŋ^{55}$	$hɐŋ^{35}$	$tʃɐŋ^{55}$	$ʃɐŋ^{22}$	蚌湖、神山、太和、文冲、新塘
神岗	$teŋ^{55}$	$heŋ^{35}$	$tʃeŋ^{55}$	$ʃeŋ^{22}$	太平、钟落潭

（四）咸摄开口一等见组字跟深摄字的分合

广州地区粤方言咸摄开口一等见组字跟深摄字有的从分，有的从合。

1．从分型

从分的方言点有荔城、石滩、沙湾、大岗、蚌湖、赤坭等地，咸摄开口一等见组字跟深摄字主要以主要元音的不同作区分。其中荔城咸摄开口一等见组字读作 am，深摄字读作 ɐm；石滩咸摄开口一等见组字读作 aŋ，深摄字读作 ɐm；沙湾和大岗咸摄开口一等见组字读作 om，深摄字读作 ɐm；蚌湖咸摄一等见组字读作 ɐm，深摄字读作 em；赤坭咸摄一等见组字读作 ɐm，深摄字多读作 im。例如：

荔城　柑 kam^{55} ≠ 金 $kɐm^{55}$
石滩　柑 $kaŋ^{55}$ ≠ 金 $kɐm^{55}$
沙湾　柑 kom^{55} ≠ 金 $kɐm^{55}$
蚌湖　柑 $kɐm^{55}$ ≠ 金 kem^{55}
赤坭　柑 $kɐm^{55}$ ≠ 金 kim^{55}

2. 从合型

从合的方言点有广州市、江村、神山、石井、太和、钟落潭、文冲、萝岗、新塘、太平、神岗等地，咸摄开口一等见组字跟深摄字一律读作 ɐm。例如：

广州市、江村　柑 = 金 $kɐm^{55}$

（五）山摄开口一等见组字跟合口一等见组字的分合

广州地区粤方言山摄开口一等见组字跟合口一等见组字有的从分，有的从合。

1. 从分型

从分的方言点又可分两类：

(1) 以主要元音的不同来区别。又可分两种情形：一种如蚌湖、太和、荔城和石滩等地，山摄开口一等见组字读同于合口三、四等字，而跟合口一等见组字不同。例如：

蚌湖　赶 = 卷 $kœn^{35}$ ≠ 管 $kuɔn^{35}$
太和　干 = 捐 kyn^{55} ≠ 官 kun^{55}
荔城　干 = 捐 $kœŋ^{55}$ ≠ 官 $kuŋ^{55}$

另一种如石井、钟落潭、太平、沙湾和大岗。山摄开口一等见组字既不同于合口一等字，也不同于合口三、四等字。例如：

石井　干 $kɔn^{55}$ ≠ 官 kun^{55} ≠ 捐 kyn^{55}

(2) 以有无介音来区别。文冲和石井属于这种情况，均以有无 u 介音作区别要素。例如：

文冲　干 $koŋ^{55}$ ≠ 官 $kuoŋ^{55}$
赤坭　干 $kɔn^{55}$ ≠ 官 $kuɔn^{55}$

2. 从合型

从合的方言点有江村、神山、萝岗和神岗，这四个点的山摄开口一等见组字读作 un/t，读同合口一等字。例如：

江村、神岗　干 = 官 kun^{55}

新塘山摄开口一等见组字部分读同合口一等字，部分读同合口三等字。例如：

新塘　干 = 官 $kuŋ^{55}$ | 看~守 = 圈 $hyŋ^{55}$

（六）效摄、咸摄、山摄开口三、四等字的读音

广州地区多数粤方言效摄、咸摄、山摄开口三、四等字韵母都以高元音 i 为主要元音，一般分别读作 iu、im、in。例如：

广州市　蕉 $tʃiu^{55}$ | 笑 $ʃiu^{33}$ | 超 $tʃ^{h}iu^{55}$ | 镰 lim^{21} | 尖 $tʃim^{55}$ | 钳 $k^{h}im^{21}$ | 变 pin^{33} | 连 lin^{21} | 煎 $tʃin^{55}$

江村　蕉 $tʃiu^{55}$ | 笑 $ʃiu^{33}$ | 超 $tʃ^{h}iu^{55}$ | 镰 lim^{22} | 尖 $tʃim^{55}$ | 钳 $k^{h}im^{22}$ | 变 pin^{33} | 连 lin^{22} | 煎 $tʃin^{55}$

蚌湖、赤坭和石井三地效摄、咸摄、山摄开口三、四等字韵母的 i 只作介音，而主要元音开口度都较大。其中蚌湖和赤坭分别读作 iɛu、iɛm、iɛn 韵母。石井效摄、咸摄、山摄的读音以声母为条件来区别。其中，效摄三、四等端组、泥来母和精组字读作 iau，其余声母字读作 iu，咸摄三、四等端组、泥来母和精组字读作 iam，其余声母字读作 im，山摄三、四等帮组、端组、泥来母和精组字读作 ian，其余声母字读作 in。例如：

蚌湖　蕉 $tʃiɛu^{55}$ | 笑 $ʃiɛu^{33}$ | 镰 $liɛm^{22}$ | 尖 $tʃiɛm^{55}$ | 钳 $k^{h}iɛm^{22}$ | 变 $piɛn^{33}$ | 连 $liɛn^{22}$ | 煎 $tʃiɛn^{55}$

石井　蕉 tʃiau^{55}｜笑 ʃiau^{33}｜镰 liam^{22}｜尖 tʃiam^{55}｜钳 k^{h}im^{22}｜变 pian^{33}｜连 lian^{22}｜煎 tʃian^{55}

第四节　广州地区粤方言声调的特点

一、调类的分化

广州地区粤方言均保留古"四声"调类系统，"平、上、去、入"四声一般按古声母清浊分化为阴调和阳调两类，而入声调则一般分为上阴入、下阴入和阳入三种调类。因此，在 16 个方言点中，绝大多数方言点都有 9 个声调。新塘、太平两地阳上调跟阴去调合并，有 8 个声调。神岗阳上调跟阴去调合并，阴入调只有一个，不分上下阴入，而大岗阴上调并入阳上调（低升），阴去调并入阳平调，这两地只有 7 个声调。

阴平调多数方言点读作 55 调，江村、蚌湖、石井、萝岗、太平阴平调日常用字常读作 445 调，北部地区如太和、神山、钟落潭、神岗、赤坭阴平调口语常用字常读作 33 调。南部地区如沙湾和大岗阴平调可分为上阴平和下阴平两类，读作下阴平 53 调的字较多，而读作上阴平 55 调的字较少。

绝大多数方言点单字调系统阴入调有上阴入和下阴入的分化，上阴入和下阴入的分布呈互补态势。上阴入分布于深摄、臻摄、曾摄一、三等韵，以及梗摄三、四等韵文读音和通摄等韵摄中。例如：

广州市

深摄　汁 tʃɐp^{5}｜湿 ʃɐp^{5}｜急 kɐp^{5}

臻摄　笔 pɐt^{5}｜七 tʃ^{h}ɐt^{5}｜失 ʃɐt^{5}｜吉 kɐt^{5}｜一 iɐt^{5}｜卒 tʃɐt^{5}｜

骨 $kuɐt^5$ | 出 $tʃ^hɐt^5$

曾摄一等　北 $pɐk^5$ | 得 $tɐk^5$ | 则 $tʃɐk^5$ | 塞 $ʃɐk^5$ | 刻 $hɐk^5$ | 黑 $hɐk^5$

曾摄三等　逼 pek^5 | 熄 $ʃek^5$ | 色 $ʃek^5$ | 织 $tʃek^5$ | 识 $ʃek^5$ | 亿 iek^5

梗摄三、四等文读音　碧 pek^5 | 积 $tʃek^5$ | 惜 $ʃek^5$ | 适 $ʃek^5$ | 益 iek^5 | 壁 pek^5 | 的 tek^5 | 绩 $tʃek^5$ | 戚 $tʃ^hek^5$ | 析 $ʃek^5$ | 激 kek^5

通摄　仆 pok^5 | 秃 t^hok^5 | 速 $tʃ^hok^5$ | 谷 kok^5 | 哭 hok^5 | 屋 ok^5 | 督 tok^5 | 福 fok^5 | 肃 $ʃok^5$ | 竹 $tʃok^5$ | 缩 $ʃok^5$ | 粥 $tʃok^5$ | 菊 kok^5 | 畜 $tʃ^hok^5$ | 足 $tʃok^5$ | 粟 $ʃok^5$ | 烛 $ʃok^5$ | 束 $tʃ^hok^5$ | 曲 k^hok^5

下阴入分布于咸摄，山摄，宕摄一、三等韵，江摄，梗摄二等韵和梗摄三、四等韵白读音等韵摄中。例如：

广州市

咸摄一、二等　答 tap^3 | 塔 t^hap^3 | 插 $tʃ^hap^3$ | 夹 kap^3 | 甲 kap^3 | 鸭 ap^3

咸摄三、四等　接 $tʃip^3$ | 摺 $tʃip^3$ | 劫 kip^3 | 协 hip^3 | 腌 ip^3 | 跌 tit^3 | 贴 t^hip^3

山摄一、二等　擦 $tʃ^hat^3$ | 割 $kɔt^3$ | 渴 $hɔt^3$ | 八 pat^3 | 察 $tʃ^hat^3$ | 杀 $ʃat^3$ | 挖 uat^3 | 刷 $tʃ^hat^3$ | 刮 $kuat^3$

山摄开口三、四等　泄 $ʃit^3$ | 哲 $tʃit^3$ | 折 $tʃit^3$ | 设 $tʃ^hit^3$ | 揭 k^hit^3 | 铁 t^hit^3 | 节 $tʃit^3$ | 切 $tʃ^hit^3$ | 屑 $ʃit^3$ | 结 kit^3

山摄合口一等　泼 p^hut^3 | 括 k^hut^3 | 阔 fut^3

山摄合口三、四等　雪 $ʃyt^3$ | 决 k^hyt^3 | 缺 k^hyt^3 | 血 hyt^3

宕摄一等和江摄　博 $pɔk^3$ | 托 $t^hɔk^3$ | 作 $tʃɔk^3$ | 索 $ʃɔk^3$ | 各 $kɔk^3$ | 恶 $ɔk^3$ | 郭 $kuɔk^3$ | 霍 $fɔk^3$ | 驳 $pɔk^3$ | 朴 $p^hɔk^3$ | 朔 $ʃɔk^3$ |

觉 kɔk³ | 壳 hɔk³

宕摄三等和江摄 雀 tʃœk³ | 削 ʃœk³ | 着 ʃœk³~衫 | 脚 kœk³ | 约 iœk³ | 啄 tœk³

梗摄二等 百 pak³ | 拍 pʰak³ | 拆 tʃʰak³ | 格 kak³ | 客 hak³ | 吓 hak³ | 责 tʃak³

梗摄三、四等白读音 脊 tʃɛk³ | 只 tʃɛk³ | 尺 tʃʰɛk³ | 劈 pʰɛk³ | 踢 tʰɛk³

上阴入和下阴入在韵摄中的互补分布说明两者是以一定的语音条件进行分化的，这个语音条件就是韵母的主要元音。就广州市区以及其他多数方言点的情况而言，上阴入的主要元音为 ɐ、e、o，下阴入的主要元音种类较多，有 a、i、u、y、œ、ɛ、ɔ 等。单就共时平面来看，我们很难梳理出韵母的主要元音是如何对阴入调的分化产生影响的，但是从历时的角度来审视，我们就不难发现背后隐藏着的规律。

首先看上阴入，上阴入的主要元音为 ɐ、e、o，这些元音的发音部位都相对较高。再来看下阴入，下阴入的主要元音为 a、i、u、y、œ、ɛ、ɔ，也就是说，除 i、u、y 为高元音（均为主元音）外，其余元音的发音部位都相对较低。如果从历时发展的过程看，我们发现这些以高元音 i、u、y 为主要元音的韵母原来都是以低元音为主要元音的①。例如咸摄，山摄三、四等韵中古以 æ 为主要元音，其演变过程为：

咸摄 *iæp > iɛp > iep > ip

山摄开口 *iæt > iɛt > iet > it

山摄合口 *iuæt > yœt > yøt > yt

---

① 详见第四章第三节“介音的变化”。

又如山摄合口一等韵中古以 ɑ 为主要元音，其演变过程为：

山摄合口一等　*uɑt > uɔt > uot > ut

而宕摄和梗摄中的主要元音 ɛ 和 œ 也是由低元音发展而来的[①]，例如梗摄三、四等白读音的主要元音 ɛ 乃是来源于中古 a 元音，其演变过程为：

iaŋ > iæŋ > iɛŋ > ⁱɛŋ > ɛŋ

又如宕摄三等韵的主要元音 œ 乃是来源于中古 ɑ 元音，其演变过程为：

*iɑŋ > iɔŋ > iœŋ > ⁱœŋ > œŋ

由此可见，下阴入的主要元音本来都为发音部位较低的元音 a、æ、ɑ 等。因此我们认为，广州地区粤方言上阴入和下阴入的分化是以韵母的主要元音作为条件的。韵母的主要元音为较高的元音 ɐ、e、o 时，归为上阴入，韵母的主要元音为较低的元音 a、æ、ɑ 时，归为下阴入；当然，这种分化也不是必然的，例如神岗的阴入调就不分上阴入和下阴入。

二、调类的合并

浊上归去是汉语方言中较为普遍的规律，广州地区粤方言浊上归去的现象也比较突出。大致上，各点全浊上声字今读可分为三种类型：一种是归入阳去调，多为书面用字。例如：

广州市　惰 $tɔ^{22}$ | 祸 $uɔ^{22}$ | 下 ha^{22} | 夏 ha^{22} | 厦 ha^{22} | 部 pou^{22} |

---

① 详见第四章第三节“介音的变化”。

杜 tou^{22} | 户 u^{22} | 沪 u^{22} | 巨 køy^{22} | 父 fu^{22} | 腐 fu^{22} |
辅 fu^{22} | 聚 tʃøy^{22} | 竖 ʃy^{22} | 待 tɔi^{22} | 怠 tɔi^{22} | 殆 tɔi^{22} |
在 tʃɔi^{22} | 亥 hɔi^{22} | 罢 pa^{22} | 陛 pɐi^{22} | 弟 tɐi^{22} | 罪 tʃøy^{22} |
汇 ui^{22} | 是 ʃi^{22} | 氏 ʃi^{22} | 技 kei^{22} | 妓 kei^{22} | 祀 ʃi^{22} |
巳 ʃi^{22} | 痔 tʃi^{22} | 士 ʃi^{22} | 仕 ʃi^{22} | 跪 kuɐi^{22} | 道 tou^{22} |
稻 tou^{22} | 造 tʃou^{22} | 皂 tʃou^{22} | 浩 hou^{22} | 鲍 pau^{22} |
赵 tʃiu^{22} | 兆 ʃiu^{22} | 绍 ʃiu^{22} | 后 hɐu^{22} | 负 fu^{22} | 阜 fɐu^{22} |
纣 tʃɐu^{22} | 受 ʃɐu^{22} | 撼 hɐm^{22} | 舰 lam^{22} | 渐 tʃim^{22} |
俭 kim^{22} | 范 fan^{22} | 犯 fan^{22} | 葚 ʃɐm^{22} | 甚 ʃɐm^{22} |
限 han^{22} | 辨 pin^{22} | 辩 pin^{22} | 善 ʃin^{22} | 件 kin^{22} |
键 kin^{22} | 拌 pun^{22} | 尽 tʃøn^{22} | 笨 pɐn^{22} | 沌 tøn^{22} |
混 uɐn^{22} | 荡 tɔŋ^{22} | 象 tʃœŋ^{22} | 像 tʃœŋ^{22} | 橡 tʃœŋ^{22} |
丈 tʃœŋ^{22} | 项 hɔŋ^{22} | 杏 hɐŋ^{22} | 幸 hɐŋ^{22} | 静 tʃeŋ^{22} |
靖 tʃeŋ^{22} | 并 peŋ^{22} | 动 toŋ^{22} | 奉 foŋ^{22}

一种是保留读上声，多为口语常用字。例如：

广州市　社 ʃɛ^{13} | 肚 t^{h}ou^{13} | 拒 k^{h}øy^{13} | 距 k^{h}øy^{13} | 柱 tʃ^{h}y^{13} |
解（姓）hai^{13} | 蟹 hai^{13} | 倍 p^{h}ui^{13} | 被~子 p^{h}ei^{13} |
徛 k^{h}ei^{13} | 似 tʃ^{h}i^{13} | 市 ʃi^{13} | 恃 tʃ^{h}i^{13} | 抱 p^{h}ou^{13} |
厚 hɐu^{13} | 妇 fu^{13} | 舅 k^{h}ɐu^{13} | 旱 hɔn^{13} | 践 tʃ^{h}in^{13} |
盾 t^{h}øn^{13} | 愤 fɐn^{13} | 上~山 ʃœŋ^{13} | 强勉~ k^{h}œŋ^{13} |
棒 p^{h}aŋ^{13} | 蚌 p^{h}ɔŋ^{13} | 艇 tɛŋ^{13} | 挺 t^{h}eŋ^{13}

还有一种是去声、上声两读的，读去声的仍为文读音，读上声的依然为白读音。例如（“/”前为文读音，“/”后为白读音）：

广州市　坐 tʃɔ^{22}~井观天/tʃ^{h}ɔ^{13}~低　淡 tam^{22}~薄/t^{h}am^{13}口~~
伴 pun^{22}~侣/p^{h}un^{22}有~　断 tyn^{22}判~/t^{h}yn^{13}拗~

肾 ʃɐn²² ~脏/ʃɐn¹³ ~球　　近 kɐn²² 附~/kʰɐn¹³ 好~

重 tʃoŋ²² ~要/tʃʰoŋ¹³ ~量

由上可见，广州地区粤方言全浊上声字今读为去声的一般为文读音，今读为上声的一般为白读音，这一规律一目了然。

除此以外，广州地区粤方言调类的合并还有三种情形：① 阳上归阴去。新塘、太平、神岗三地属于这种情形。② 阴上归阳上。大岗属于这种情形。③ 阴去归阳平。大岗属于这种情形。

从新塘等地调类合并的情形来看，调值、调型相近是调类归并的关键条件：阳上调多数方言点读作 13 调，新塘、太平和神岗读作 33 调，归入阴去调，13 调在语流中极容易读作 133 调，声调后段拉平，调值即与 33 调值接近；阴上调绝大多数方言点读作 35 调，大岗读作 13 调，归入阳上调，35 调与 13 调都是升调型，调值也相近；阴去调绝大多数方言点读作 33 调，大岗读作 42 调，归入阳平调，33 调在语流中极容易读作 332 调，声调后段稍降，即与 42 调调值接近。当然，这种调类的归并取向并非必然，因为语言的发展总是不平衡的。

三、调值的格局

就单字调而言，广州地区粤方言的调值格局明显呈现“阴高阳低”的特点。

阴平调各方言点都读作高平 55 调，阳平调多数方言点读作低平调，如江村、神山、蚌湖、石井、太和、钟落潭、神岗、荔城、石滩读作 22 调，新塘读作 11 调。其余一些方言点读作降调，如文冲、萝岗、太平、赤坭读作 21 调，沙湾、大岗读作 42 调。

阴上调绝大多数方言点读作高升 35 调，唯独大岗读作 13 调。阳上调多数方言点读作低升 13 调，江村、蚌湖读作 11 调，新塘、太平、神岗读作 33 调，归入阴去调。

阴去调绝大多数方言点读作中平 33 调，唯独大岗读作降调 42 调。阳去调大多数方言点读作低降 21 调，文冲、新塘、沙湾、赤坭读作低平 22 调，萝岗、太平读作高降调 53 调。

各方言点三种入声调值较为统一，上阴入为 5 调，下阴入为 3 调，阳入调大部分方言点读作 2 调，萝岗和太平读作53 调。

广州地区粤方言声调今读情况见表 2－8：

表 2－8　广州地区粤方言声调今读情况

调类 方言点	平			上			去			入			同类型方言点
	清	次浊	全浊	清	次浊	全浊	清	次浊	全浊	清		浊	
江村	阴平55	阳平22		阴上35	阳上11	阳去21	阴去33	阳去21		上阴入5	下阴入3	阳入2	蚌湖
神山	阴平55	阳平22		阴上35	阳上13	阳去21	阴去33	阳去21		上阴入5	下阴入3	阳入2	石井、太和、钟落潭、荔城、石滩
文冲	阴平55	阳平21		阴上35	阳上13	阳去22	阴去33	阳去22		上阴入5	下阴入3	阳入2	广州市、赤坭
萝岗	阴平55	阳平21		阴上35	阳上13	阳去53	阴去33	阳去53		上阴入5	下阴入3	阳入53	
新塘	阴平55	阳平11		上声35	阴去33	阳去22	阴去33	阳去22		上阴入5	下阴入3	阳入2	
太平	阴平55	阳平21		阴上35	阴去33	阳去53	阴去33	阳去53		下阴入5	下阴入3	阳入53	
神岗	阴平55	阳平22		阴上35	阴去33	阳去21	阴去33	阳去21		阴入3		阳入2	

（续上表）

<table>
<tr><td rowspan="2">调类
方言点</td><td colspan="3">平</td><td colspan="3">上</td><td colspan="3">去</td><td colspan="3">入</td><td rowspan="2">同类型
方言点</td></tr>
<tr><td>清</td><td>次浊</td><td>全浊</td><td>清</td><td>次浊</td><td>全浊</td><td>清</td><td>次浊</td><td>全浊</td><td colspan="2">清</td><td>浊</td></tr>
<tr><td>沙湾</td><td>阴平55</td><td colspan="2">阳平42</td><td>阴上35</td><td>阳上13</td><td>阳去22</td><td>阴去33</td><td colspan="2">阳去22</td><td>上阴入5</td><td>下阴入3</td><td>阳入2</td><td></td></tr>
<tr><td>大岗</td><td>阴平55</td><td colspan="2">阳平42</td><td colspan="2">上声13</td><td>阳去21</td><td>阳平42</td><td colspan="2">阳去21</td><td>上阴入5</td><td>下阴入3</td><td>阳入2</td><td></td></tr>
</table>

第三章　广州地区粤方言声母的演变

本章着重从精庄知章组声母的分合演变，船禅母读塞擦音和擦音现象，日、疑、影三母的变化以及晓、匣母和云、以母的变化等几个问题着手，对广州地区粤方言声母的表现及演变过程进行描写和论述。

第一节　精庄知章组声母的分合演变

一、精庄知章组声母分合的平面观察

粤方言精庄知章四组声母的分合情况不算复杂，大致有两种类型：第一种，精庄知章合一，读某一类声母；第二种，精组读某一类声母，庄知章组读另一类声母。总体而言，粤方言精庄知章四组声母的分合以第一种类型居多，合一为主流。广州地区粤方言精庄知章组字也已经大体合流，大多读作塞擦音、擦音，我们记作 tʃ、$tʃ^h$、ʃ。属于第二种类型的粤方言，主要分布在粤西和桂南地区。若从音值角度看，又可分为两个小类：①t、t^h、ɬ 跟 ts、ts^h、s 之别。例如，广东五邑地区粤方言以及吴化片粤方言就属于这种类型。在五邑地区的开平和台山，精组字和部分庄组常用字念作 t、t^h、ɬ，知$_{二}$知$_{三}$、章组字和大部分庄组字念作 ts、ts^h、s；吴化片粤方言精组字读作 t、t^h、ɬ，知章庄组字读作 ts、ts^h、s（何科根，1997）。②ts、ts^h、s 跟 tɕ、$tɕ^h$、ɕ 或 tʃ、$tʃ^h$、ʃ

之别。广西的部分粤方言属于这种类型。广西的梧州话、桂平话、平南话中，精组字念作 ts、ts^h、s，知照组字念作 tɕ、$tɕ^h$、ɕ。在南宁话里，精、知、照组基本合流，而止摄开口字仍然区分精组 ts、ts^h、s 和知照组 tɕ、$tɕ^h$、ɕ（梁振仕，1984）。

在精庄知章组声母合流的一些粤方言里，某些韵摄的精庄知章组声母所配的韵母往往不相同，其中以止摄开口字表现尤为突出。例如南海沙头话止摄开口字精庄组声母字读作 y，知章组声母字读作 i（彭小川，1987）；鹤山古劳话精庄声母字读作 y，知章组声母字读作 i（任民，1990）；广西邕浔片粤方言精庄组字和知章组字的韵母也是两分的（伍巍，2007）。

如上所述，广州地区多数粤方言精庄知章四组声母已经混同，而且混同得相当彻底，不仅声母已经融合为一组，而且韵母读音也完全一样，看不出原来分立的痕迹。江村、神山、石井、太和、文冲、萝岗、新塘、太平、神岗、赤坭等方言点就属于这一类。但在一些方言点中，虽然精庄知章四组声母已经合而为一，但在韵母中还保留着读音的差别，这种差别主要表现在三、四等字之中，其中又以止摄开口字最为突出。蚌湖、荔城、石滩、沙湾、钟落潭、大岗、新塘等方言点属于这一类。还有一些方言点精庄知章组字韵母的差别还体现在止摄以外的其他韵摄中，例如荔城和石滩两个方言点，山摄合口三等韵精组字与知章组字韵母读音有别。在石井，效摄、咸摄、山摄等韵摄的三、四等字精庄组与知章组字韵母读音有别。

同一组齿音声母 tʃ、$tʃ^h$、ʃ 拼合同一类韵母而韵母读音出现分化，这种现象本身正暗示了声母原来曾经存在的差异。因此，我们可从韵母的差异出发，去探讨精庄知章组声母所隐藏着的分合关系。先来看看止摄开口字的差异情况，具有这种表现的有蚌湖、荔城、石滩、沙湾、钟落潭、大岗、新塘等方言点，我们逐一进行检视。

蚌湖精庄知章组声母在止摄开口三等字所配韵母的读音有别，大致精庄组声母后念作 ei，知章组声母后念作 i 韵母，两组字形成对立。例如：

蚌湖　字 tʃei≠治 tʃi｜紫 tʃei≠纸 tʃi｜刺 $tʃ^h$ei≠翅 $tʃ^h$i｜
资 tʃei≠脂 tʃi｜撕 = 师 = 丝 ʃei≠施 = 尸 = 诗 ʃi

值得注意的是，在不同的韵母前，精庄组声母与知章组声母在音值上也存在差异。ei 韵母前读作 ts、ts^h、s，i 韵母前读作 tʃ、$tʃ^h$、ʃ，不过两套塞擦音声母只是条件变体，不存在对立，因此我们在音系中还是将其归为一套齿音声母。此外，荔城、石滩、沙湾三地止摄开口字精庄组声母后读作 ei 韵母，知章组声母后读作 i 韵母，分立的情形大致上跟蚌湖相同，但齿音声母只有一组，不像蚌湖话存在两套变体。

止摄开口齿音声母字的读音除了 ei 和 i 的分别外，一些地方还存在 y 和 i 的分别，如钟落潭、大岗以及前面材料中未提及的从化民乐等地。例如钟落潭，精庄组声母后韵母为 y，知章组声母后为韵母 i。大岗日常用字精庄组声母后读作 y，知章组声母后读作 i。从化民乐老派粤方言精庄组个别字也有读作 y 韵母的表现，相信是残留的层次。在南海和顺德等地，止摄开口字精庄组字读作 y，知章组字读作 i 的情形也很普遍。广州地区粤方言止摄开口字精庄组字与知章组字对立情况举例见表 3－1：

表 3－1　广州地区粤方言止摄开口字精庄组字与知章组字对立情况

例字 方言点	撕心	狮生	祠邪	柿崇	迟澄	屎书	持澄	齿昌
蚌湖	$ʃei^{55}$	$ʃei^{55}$	$tʃ^hei^{22}$	$tʃ^hei^{22}$	$tʃ^hi^{22}$	$ʃi^{35}$	$tʃ^hi^{22}$	$tʃ^hi^{35}$
荔城	$ʃei^{55}$	$ʃei^{55}$	$tʃ^hei^{22}$	$tʃ^hei^{13}$	$tʃ^hi^{22}$	$ʃi^{35}$	$tʃ^hi^{22}$	$tʃ^hi^{35}$

（续上表）

例字 方言点	撕心	狮生	祠邪	柿崇	迟澄	屎书	持澄	齿昌
石滩	ʃei^{55}	ʃei^{55}	tʃ^{h}ei^{22}	tʃ^{h}i^{22}	tʃ^{h}i^{22}	ʃi^{35}	tʃ^{h}i^{22}	tʃ^{h}i^{35}
沙湾	ʃei^{55}	ʃei^{55}	tʃ^{h}ei^{42}	tʃ^{h}ei^{35}	tʃ^{h}i^{42}	ʃi^{35}	tʃ^{h}i^{42}	tʃ^{h}i^{35}
钟落潭	ʃy^{53}	ʃy^{53}	tʃ^{h}y^{22}	tʃ^{h}ei^{33}	tʃ^{h}i^{22}	ʃi^{35}	tʃ^{h}i^{22}	tʃ^{h}i^{35}

除了止摄开口字外，精庄组字与知章组字韵母读音的对立还存在于其他一些韵摄中。例如荔城和石滩两地的山摄合口三等韵，精组字的韵母读作 œŋ，知章组字的韵母读作 iŋ。同样的现象在五邑地区的开平也有出现，同荔城、石滩相比，开平这两组字的声、韵皆存在差别。例如：

	全	宣	选	转	专	穿	船
荔城	tʃ^{h}œŋ^{22}	ʃœŋ^{55}	ʃœŋ^{35}	tʃiŋ^{35}	tʃiŋ^{55}	tʃ^{h}iŋ^{55}	ʃiŋ^{22}
石滩	tʃ^{h}œŋ^{22}	ʃœŋ^{55}	ʃœŋ^{35}	tʃiŋ^{35}	tʃiŋ^{55}	tʃ^{h}iŋ^{55}	ʃiŋ^{22}
开平	tin^{22}	ɬin^{33}	ɬin^{33}	tʃuan^{55}	tʃuan^{33}	tʃ^{h}uan^{33}	ʃuan^{22}

在石井，精组与知章组韵母读音的差别表现在效摄、咸摄、山摄等韵摄的三、四等字之中，其差别分别为 iau—iu、iam—im、ian　in。例如：

效摄　蕉精 tʃiau^{55} | 朝知 tʃiu^{55} | 招章 tʃiu^{55}

咸摄　尖精 tʃiam^{55} | 粘知 tʃim^{55} | 占章 tʃim^{55}

山摄　煎精 tʃian^{55} | 展知 tʃin^{35} | 扇书 ʃin^{35}

同一韵摄同一组声母中的韵母读音不会无缘无故地出现分化，其中声母的影响是一个重要因素。因此，韵母的差异从一个侧面反映了如今所见的同一组声母，原先定有区别。广州地区粤方言在止摄、效摄、咸摄、山摄舌齿音字中存在的韵母分化的现象，表明了在较早的时期，该地区不少方言当有两组齿音声母，这一事实在今天的相关粤方言中还能得到印证，否则我们很难解释这些韵母差异的由来。从上述方言的情况看，精庄组声母与知章组声母的对立仅限于三、四等韵，因此，这种对立模式确切地说应是“精庄$_{三}$：知$_{三}$章”。

二、精庄知章组声母分合的历时观察

蚌湖等方言点还存留着精庄组字与知章组字韵母读音的分别，我们可以沿着这条线索去推证这些方言点早期存在着两套齿音声母。对于那些无论在声母中还是韵母中都已经完全泯灭了两者区别的方言，我们已经失去了论证的根据，而在早期的粤方言文献中，还存在着精庄知章组声母分立的表现，印证了我们的推断。这些文献包括 *Cantonese Made Easy*（《粤语速成》）、《分韵撮要》和《拼音字谱》。

1.《粤语速成》舌齿音字解析

在 1907 年版的广州话教材《粤语速成》中，古精庄知章组字就是采用两套塞擦音声母来记录的。例如：

（1）声母记为 ch、ch‘、sh（实际音值为 tʃ、$tʃ^h$、ʃ）。

庄组　渣差斋阻初爪炒窗壮疮斩杉盏产扎察测责册闸插杀

章组　车遮吹州臭章准春砖川冲真针沈只尺占正称折设绰出诗尸匙十湿失实

知组　知迟朝猪柱追竹畜中尘撑着

（2）声母记为 ts、ts‘、s。

精组　缉疾七走秋姐邪迹戚晶清煎千节切憎层簪蚕赞餐剂妻浸寻尖签接妾椒左错租粗再作葬仓将枪聚取足速巡尊村樽棕松绝子慈死四猩星恤雪

庄组　事师

在《粤语速成》里，止摄以外的庄组字已混入知章组，记作 ch、ch‘、sh（亦即 tʃ、$tʃ^h$、ʃ 声母）。但在止摄之中，“师、事”两字的注音为［sz］，念同精组的 ts、ts‘、s 声母。可见，一百年前的广州话止摄字还保持着“精庄：知章”的分别，其余韵摄的字则保持着“精：知庄章”的分别。如今的广州话这两组舌齿音声母已经合流为一组，虽然在一些老派的读音中还残存着两组声母的痕迹，但已经不存在音系上的对立了，而且在韵母中，也看不到分化的表现。

2.《分韵撮要》舌齿音字解析

《分韵撮要》是现存较早的一部粤方言韵书，早于 1782 年已经刊行，其后陆续有翻刻的本子面世。直至民国初年，《分韵撮要》的各种刻本依然风行，正如所据刻本之序言为“坊刻甚剧”。笔者所据的《分韵撮要》为民国四年刻本，全书共分 33 韵，各韵均按平、上、去、入四声之序先后排列，同声调的字再按声母的差异分列。如书中所示，止摄开口舌齿音字分别归入两类韵中，精庄组字归入第十六韵“师史四”，知章组字归入第三韵“机纪记”。由此可见当时两组字的韵母显然是有别的，情形正与蚌湖、荔城、石滩、沙湾、钟落潭、大岗、新塘等方言点相同。其他韵摄的舌齿音字，基本都归入同一韵，因此我们可以按照声母之别进行梳理。书中舌齿音字的分合情况比较复杂，大致可分为以下几种情况：

（1）精组跟知三章组分列。例如：

第一韵	“先薛線屑”	精组	知三章组
	平声先	笺煎	旃毡
	上声薛	剪	展
	去声線	线	扇
	入声屑	节	折哲浙
第六韵	“东董冻笃”		
	平声东	宗综踪棕	中终钟
		聪匆葱	充冲
		从丛松	虫重

（2）精庄三组跟知三章庄三组分立。例如：

第五韵	“修叟秀”	精庄三组	知三章庄三组
	平声修	修羞	收
		邹（庄三）	周洲
	上声叟	叟	首
		走	肘
	去声秀	奏 绉皱（庄三）	昼咒
		秀绣嗽	瘦（庄三）兽
		漱（庄三）	

（3）精组跟知三章庄三组分立。例如：

第十七韵	“金锦禁急”	精组	知三章庄三组
	平声金	心	深森参（庄三）
		寻	沉

（4）精组跟知二庄二组分立。例如：

第十五韵	“登等凳德”	精组	知二庄二组
	平声登	曾憎	争筝（庄二）
第二十四韵	“缄减鉴甲”		
	平声缄	三	衫（庄二）
	去声鉴	暂	赚（知二）

（5）精组跟知二庄三组分立。例如：

第十韵	“刚讲降角”	精组	知二庄三组
	平声刚	赃	桩（知二）庄妆装（庄三）
		藏	床（庄三）
	去声降	脏藏	撞（知二）状（庄三）

由于知二组字比较少，能找到的对立的例子不多，不过韵书中的知二组字常常跟庄二组字并为一组，为我们提供了重要的归并依据。例如：

第十八韵	“交绞教”	知二庄二
	去声教	罩（知二）笊（庄二）
第二十六韵	“家贾嫁”	
	平声家	茶（知二）槎（庄二）
第二十五韵	“翻反泛发”	
	去声泛	站绽（知二）栈（庄二）

根据上述分列情形我们可以归纳出一些规律：第一，精组字

总是跟知二知三章庄二组字分立。第二，知二庄二组字为一组，而且跟精组字分立。第三，庄三组字既可归入精组字也可归入知章组字。如果运用系联的办法，那么《分韵撮要》舌齿音字的分合情况应是“精：知章庄二”，庄三组字则游移于这两组字之间。《分韵撮要》舌齿音字的分合情况虽然复杂，但可以肯定当时存在着两套齿音声母。

3.《拼音字谱》舌齿音字解析

在1896年出版的《拼音字谱》中，著者王炳耀先生采用ts、ts^h、s和ch、ch^h、sh两套音标来标示粤方言广州话的舌齿音声母。他把前组声母称为“齿缝音”，其中ts称为“轻舌尖齿缝音”，例字有早精、嘴精、租精、左精、葬精等；ts^h称为“重舌尖齿缝音”，例字有曹从、随邪、粗清、搓清、藏从等；s称为“齿缝音”，例字有琐心、叟心、苏心、遂邪、散心、桑心等。他把后组声母称为“顶腭音”及“腭上音”，其中ch称为“轻顶腭音”，例字有召澄、者章、知知、舟章、主章等；ch^h称为“重顶腭音”，例字有超彻、扯昌、痴彻、抽彻、除澄等；sh称为“腭上音”，例字有筛生、舍书、视禅、收书、谁禅等。可见，《拼音字谱》之中，精组声母与知章组声母的对立是非常清楚的。由于例字中只有一个蟹摄庄组二等字“筛”，归入章组中，因此庄组字的归并不是很明确，而止摄庄组字是否如《粤语速成》一样归于精组，我们也无法确定。

三、精庄知章组声母分合小结

精庄知章四组声母在《切韵》系韵书中清楚分立、互不牵涉，到中古以后才出现合流的趋势。精庄知章合流的过程并非一步到位，在汉语方言中，有两种类型的合流过程较为常见：第一种是精与庄、知二合流，知三与章合流，然后两组声母合流。张双庆、万波先生（2002）指出，这种类型广泛存在于吴、赣、客家方言以及官话方言之中。[1]第二种是知、庄、章合流，然后与精组合流。熊正辉先生（1990）指出，这种类型在北方方言中很常见。[2]同样的，精庄知章组声母走向合流，也是广州地区粤方言演变的大趋势，而且进程比较快，基本上已经合流为一组。广州地区粤方言止摄、效摄、咸摄、山摄开口舌齿音字韵母保留着的分立情形，为我们探讨该地区粤方言精庄知章组声母的分合演变提供了宝贵的线索。综合当今的方言材料和文献记载的情况来判断，我们认为广州地区粤方言的精庄知章组声母在合流之前基本上是精组声母与知章组声母两分的，精组声母的音值应为 ts、ts^h、s 声母，知章组声母的音值应为 tʃ、tʃ^h、ʃ 声母，庄组字则游移于两者之间。

广州地区部分粤方言的齿音声母从分立到合流，经历了一个从声母之别到韵母之别的渐变过程，以止摄开口字“i > ei”的类型为例：

早期阶段　　　　后期阶段

声母　　韵母　　声母　　韵母

ts ts^h s—i > ei ⟶ tʃ tʃ^h ʃ—ei

tʃ tʃ^h ʃ—i ⟶ tʃ tʃ^h ʃ—i

早期阶段存在着 ts、ts^h、s 和 tʃ、tʃ^h、ʃ 两组齿音声母，舌尖前 ts、ts^h、s 声母促使止摄开口字的 i 韵母变为 ei 韵母。后期阶段两组声母合而为一，遗留下韵母的差别。“i > ei”的变化过程可从发音机制上得到解释：粤方言的舌尖声母 ts、ts^h、s 后的 i 并没有变为舌尖元音 ɿ，而舌尖声母 ts、ts^h、s 跟舌面元音 i 的搭配又存在一定的不和谐性，因为发这组音时，舌头要从舌尖前的位置移到靠后的舌面位置。舌位的后拉须经一个动程，从而极容易在 i 的前面衍生出过渡音，即 i 变为ɪi，最后变为 ei。蚌湖等方言点的 ei 韵母实际音值就接近于ɪi。

从合流的时间看，20世纪初的文献所记录的广州方言仍有两套齿音声母，可见齿音声母的合流也不过是近百年来的事情。对于当时庄组字的两可情形，我们认为正是两组齿音声母开始合流的先声，因此，广州地区粤方言精庄知章四组声母的分合演变过程如下所示：

精庄：知庄章（两分）——→精庄知章（合流）

第二节 船禅母读塞擦音和擦音现象

一、船禅母读塞擦音和擦音现象

广州地区粤方言古船母字一般都读作擦音，但在某些方言点，尤其是番禺区的沙湾，船母字读作塞擦音的现象很普遍，广州市区一些读作擦音的字在这些方言点读作塞擦音。例如：

沙湾 蛇 $t\int^{h}\varepsilon^{42}$ | 船 $t\int^{h}yn^{42}$ | 唇 $t\int^{h}øn^{42}$ | 绳 $t\int^{h}en^{42}$ | 剩 $t\int^{h}ɐn^{22}$
大岗 船 $t\int^{h}yn^{42}$ | 绳 $t\int^{h}en^{42}$
神山 神 $t\int^{h}ɐn^{22}$（地名用字）

广州地区粤方言古禅母字以读作擦音为主，只有少数字读作塞擦音，但在某些方言点，尤其是番禺区的沙湾，广州市区一些读作擦音的禅母字在这些方言点读作塞擦音，因此这两个方言点古禅母读塞擦音的字比广州市区等方言点要多。例如：

沙湾 薯 $t\int^{h}y^{42}$ | 时 $t\int^{h}i^{42}$ | 谁 $t\int^{h}øy^{35}$ | 韶 $t\int^{h}iu^{42}$ | 仇 $t\int^{h}ɐu^{42}$ |
肾 $t\int^{h}ɐn^{13}$ | 折 $t\int^{h}it^{22}$ ~本
大岗 薯 $t\int^{h}y^{42}$

文冲　韶 tʃʰiu^{21}

沙湾等方言点古船禅母字读塞擦音的现象在邻近的南海、佛山和顺德等地也很常见。例如：

船母字

南海沙头　蛇 tʃɛ^{44} | 射 tʃʰɛ^{22} | 麝 tʃʰɛ^{22} | 绳 tʃʰeŋ^{44} | 船 tʃyn^{44} | 唇 tʃøn^{44}

佛山市区　船 tʃʰyn^{42} | 唇 tʃʰøn^{42}

顺德大良　船 tʃyn^{42} | 唇 tʃøn^{42} | 绳 tʃen^{25} | 剩 tʃen^{21}

禅母字

南海沙头　常 tʃʰœŋ^{44} | 尝 tʃʰœŋ^{44} | 裳 tʃʰœŋ^{44} | 偿 tʃʰœŋ^{44} | 熟 tʃʰok^{2} | 树 tʃʰy^{22} | 竖 tʃʰy^{22} | 薯 tʃy^{44}

顺德大良　薯 tʃʰy^{42}

沙湾等地与南海、顺德、佛山等地区毗邻，古船禅母字多读作塞擦音的特点可以说是该地区共同的方言地理特征。为何沙湾等地古船禅母字多读为塞擦音呢？如何解释这种现象的性质？要回答这些问题，我们必须从整个粤方言船禅母字的读音情况进行考察。

我们根据詹伯慧、张日昇主编的《珠江三角洲字音对照》、《粤西十县市粤方言调查报告》、《粤北十县市粤方言调查报告》，陈晓锦、陈滔的《广西北海市粤方言调查研究》等共 50 个方言点材料进行统计归纳，在文中不再注明。统计范围限于中国社科院语言所《方言调查字表》所收的船禅母字。《方言调查字表》中，船母字共 24 个，除去“舐、秫、葚、盾、塍”几个生僻字，“射$_{假开三去祃}$”和“射$_{梗开三入昔}$”算作一个，剩下 18 个有效字：

示实顺术述乘食蚀蛇射麝船唇绳剩舌赎神

禅母字共77个，除去“鲥、篙、莼、勺”几个生僻字，“上宕开三上养”和“上宕开三去漾”，“盛梗开三去劲”和“盛梗开三平清”分别算作一个，剩下69个有效字：

纯醇承佘社殊誓逝氏豉视嗜时市侍睡瑞谁受寿授涉甚十什拾善膳单禅肾慎尚盛淑属蝉辰晨薯竖树韶仇常尝偿裳熟是垂绍售蟾臣丞蜀邵上城成石植芍殖署恃折酬

先来看古船母字的读音情况。大多数粤方言古船母读擦音的字要比读塞擦音的字数量多得多。在广州、云浮等方言点，船母字一律读作擦音，其他大多数粤方言也以读擦音为主，封开南丰则相反，古船母字一律读作塞擦音。各地粤方言古船母字读塞擦音和擦音字数对比见表3－2：

表3－2 古船母字读塞擦音和擦音字数对比

	古船母字读塞擦音字数	古船母字读擦音字数
封开南丰	18	0
怀集	8	10
南海沙头	6	12
顺德大良	5	13
连县清水	4	14
台山台城、佛山市区	3	15
番禺市桥、珠海前山	2	16
连山布田、清远、广宁、斗门斗门镇、斗门上横、江门、开平、新会、恩平、鹤山、澳门、三水西南、北海	1	17

(续上表)

	古船母字读塞擦音字数	古船母字读擦音字数
广州市区、云浮云城、德庆、郁南平台、罗定、高要、四会、新兴、仁化、乐昌、阳山、曲江马坝、韶关、英德、佛冈、香港新界、香港市区、东莞莞城、宝安沙井、花都花山、增城、高明明城、中山、从化城内、南康、廉州、北海（佤话、海边话）	0	18

再来看古禅母字的读音情况。大多数粤方言禅母字大多读擦音，少数字读塞擦音。而封开南丰正好相反，大多数古禅母字读作塞擦音，少数读擦音。各地粤方言古禅母字读塞擦音和擦音字数对比见表3－3。

表3－3　古禅母字读塞擦音和擦音字数对比

	古禅母字读塞擦音字数	古禅母字读擦音字数
封开南丰	59	11
南海沙头	15	55
北海市区	13	57
北海（海边话）	12	58
连县清水、怀集、北海南康、北海廉州、北海（佤话）	11	59
仁化	10	60
云浮云城、罗定	9	61
顺德大良、花都花山、鹤山雅瑶、阳山、连山布田、佛冈、新兴、清远、广宁、德庆、韶关	8	62

（续上表）

	古禅母读塞擦音字数	古禅母读擦音字数
广州市区、斗门上横、增城、高明明城、英德、高要、四会、香港新界、香港市区、澳门、番禺市桥、斗门斗门镇、江门白沙、东莞莞城、宝安沙井、佛山市区、三水西南、从化城内	7	63
中山、珠海、曲江马坝	6	64
开平、新会、恩平、台山、乐昌	5	65
郁南平台	4	66

由于有不少字在口语中并不常用，因此我们还另外选择了一些日常用字及地名用字作重点考察，包括：

船母（8 个） 蛇射船唇绳剩神赎（“食”字在不少粤方言口语中称为“iak/hiak”，因此不作为常用字）

禅母（11 个） 豉时市十薯竖树韶熟上石

封开等方言点古船母日常用字读塞擦音和擦音字数对比情况见表 3－4：。

表 3－4 古船母日常用字读塞擦音和擦音字数对比

	古船母日常用字读塞擦音字数	古船母日常用字读擦音字数
封开南丰	8	0
怀集	7	1
南海沙头	5	3
顺德大良	5	3
连县清水	4	4
台山台城	2	6

（续上表）

	古船母日常用字读塞擦音字数	古船母日常用字读擦音字数
佛山市区	2	6
清远	1	7
广州市区	0	8

古船母日常用字读塞擦音举例如下：

封开南丰　蛇 tʃiə^{24} | 射 tʃiə^{21} | 船 tʃyn^{24} | 唇 tʃɐn^{24} | 绳 tʃɐŋ^{24} | 剩 tʃɐŋ^{21} | 神 tʃɐn^{24} | 赎 tʃok^{2}

怀集　蛇 tʃɛ^{231} | 射 tʃɛ^{325} | 船 tʃyn^{231} | 绳 tʃɐŋ^{231} | 剩 tʃɐŋ^{325} | 赎 tʃok$^{\underline{325}}$ | 唇 tʃɐn^{231}

南海沙头　蛇 tʃɛ^{44} | 射 tʃʰɛ^{22} | 绳 tʃʰeŋ^{44} | 船 tʃyn^{44} | 唇 tʃøn^{44}

顺德大良　船 tʃyn^{42} | 唇 tʃøn^{42} | 绳 tʃen^{25} | 剩 tʃen^{21} | 赎 tʃok^{2}

连县清水　船 tʂyn^{21} | 唇 tʂɐn^{21} | 绳 tʂaŋ^{21} | 剩 tʂaŋ^{22}

台山台城　射 tʃiɛ^{31} | 剩 tʃen^{31}

佛山市区　船 tʃʰyn^{42} | 唇 tʃʰøn^{42}

古船母字如果存在两读现象，则是书面词读擦音，口语词读塞擦音。例如顺德大良：剩 tʃen^{21} ~低（剩下）/ʃen^{21} ~余，又如番禺市桥：赎 tʃok^{2} ~钱（找钱）/ʃok^{2} ~身。

封开等方言点古禅母日常用字读塞擦音和擦音字数对比见表 3－5：

表 3－5　古禅母日常用字读塞擦音和擦音字数对比

	古禅母日常用字读塞擦音字数	古禅母日常用字读擦音字数
封开南丰	11	0
南海沙头	4	7
怀集	3	8

(续上表)

	古船母日常用字读塞擦音字数	古船母日常用字读擦音字数
阳山	2	9
顺德大良	1	10
广州市区	0	11

古禅母日常用字读塞擦音举例如下：

封开南丰　豉 tʃi^{21}｜时 tʃi^{24}｜市 tʃi^{242}｜十 tʃɐp^{2}｜薯 tʃy^{24}｜竖 tʃy^{242}｜树 tʃy^{21}｜韶 tʃiu^{24}｜熟 tʃok^{2}｜上 tʃiuŋ^{242}｜石 tʃiɐk^{2}

南海沙头　熟 tʃ^{h}ok^{2}｜树 tʃ^{h}y^{22}｜竖 tʃ^{h}y^{22}｜薯 tʃy^{44}

怀集　上$_{\text{动}}$ tʃœŋ^{13}｜石 tʃɛk$^{\underline{325}}$｜熟 tʃok $^{\underline{325}}$

阳山　树 tʃy^{22}｜薯 tʃy^{324}

顺德大良　薯 tʃ^{h}y^{42}

据谢建猷（2006）的报告，广西的南宁市、浦北县城、宁明县城、粤方言禅母字都读作塞擦音，这种表现跟封开是一致的。

二、船禅母读塞擦音和擦音的历史层次

上述方言点读作塞擦音的古船禅母字都是日常用字，反映的是日常生活中的重要概念。例如，绳子是日常生活的必备用品；番薯（红薯）是岭南地区常见的农作物；船是早年珠江三角洲人民出行运输的重要工具；蛇在岭南是随处可见的爬行动物；嘴唇则是口语中时常被提及的人体器官；石、树都是随处可见的事物；“谁”在沙湾不称“边个”，而是称“乜谁”，也是日常用语；韶关的“韶”、神山的“神”都是地名用字。在广州市区粤方言里，船、禅母一般新派读作擦音，老派读作塞擦音，如“剩”老派读 tʃeŋ^{22}，新派读 ʃeŋ^{22}，“韶”老派读 ts^{h}iu^{21}，新派读

siu^{21}。日常用字和地名用字的读音一般比较保守，老派读音比新派读音要早，因此粤方言中古船、禅母字读作塞擦音应属于较为古老的读音层次。

在湘、闽、吴等方言之中，古船、禅母字白读音读作塞擦音，文读音为擦音。如湘方言娄邵片的一些方言点，少数中古禅母字今读作塞擦音声母，这种读音多出现在白读层次（陈立中，2004）。闽方言如厦门话古船、禅母字白读音读作塞擦音，文读音读作擦音。上述方言古船、禅母字白读音举例如下（《汉语方音字汇》第二版）：

	厦门	潮州	建瓯	福州	温州	长沙
蛇船	⊆tsua	⊆tsua				
射船	tsoʔ⊇					
绳船	⊆tsin					
剩船					dzeŋ⊇	
船船	⊆tsun	⊆tsuŋ				⊆tɕyẽ
石禅	tsioʔ⊇	tsieʔ⊇	tsioʔ⊇			
上禅	tsĩũ⊇	⊆tsĩẽ		tsʰuɔŋ⊇		
树禅	tsʰiu⊇	tsʰiu⊇	tsʰiu⊇	tsʰieu⊃		
薯禅	⊆tsu	⊆tsɿ			⊆dzɿ	

在南部吴方言里，古船、禅母不少日常用字都读塞擦音，与北部吴方言差别较大（曹志耘，2002）。例如：

	磐安	金华	汤溪	常山	龙游	广丰	遂昌	庆元
射船	dzua^{6}	dʑia^{6}	dʑiɑ^{6}					
蛇船				dzue^{2}				
术船	dʒyɛ^{2}							

	磐安	金华	汤溪	常山	龙游	广丰	遂昌	庆元
树禅				dʑiɯ⁶	dzəɯ⁶	dʑiɯ⁶	dʑiɯ⁶	tɕiɯ⁶
涉禅	dʒiɛ²	dʑye⁶	dʑie⁴		dzəʔ⁸			
上禅	dʒiɒ⁴			dʑiã⁴		dʑiã⁴	dʑiaŋ⁴	tɕiɑ̃⁴
熟禅				dzʌʔ⁸				

湘、闽、吴方言中，古船、禅母读塞擦音的层次均为白读层，比读擦音的文读层要早。粤方言虽然没有完整的文白读层次之分，但塞擦音的层次均存在于日常口语用字及地名用字之中，因此所反映的历史层次与湘、闽、吴方言的情形是一致的。

三、船、禅母读塞擦音和擦音的历时演变关系

隋代陆法言《切韵》音系船禅二分为音韵学界所公认，不过当时也有船、禅混同的记载，例如《颜氏家训·音辞篇》批评南人“以钱为涎，以石为射，以贱为羡，以是为舐”，反映了当时南方方言船禅不分的事实。其后，唐代慧琳《一切经音义》中的船、禅已然混同。到宋代，船、禅二母不分已成大流，如《集韵》、《大广益会玉篇》及《切韵指掌图》都是根据当时的实际语音情况编撰的，均反映了这一事实。寻仲臣先生（1994）对此作过研究，现摘录如下：[3]

在《广韵》中属船母的19个小韵，在《集韵》、《玉篇》中除“赎”小韵变为邪母字外，其余小韵变化情况如下：

	乘	甚	蛇	盾	顺	舌
《集韵》	石证切	与甚同一小韵	时遮切	竖尹切	殊闰切	与折同一小韵
《玉篇》		市枕切		上主切		

	绳	示	射	麝	舐	神	纾
《集韵》	神陵切	神至切	神夜切	食亦切	甚尔切	乘人切	上与切
《玉篇》		时至切	市柘切			市人切	

	食	术	实	船	唇
《集韵》	实职切	食律切	食质切	食川切	船伦切（与纯同一小韵）
《玉篇》	是力切		时质切	市专切	

这里需要说明的有两点：

（1）“神”反切上字为“乘”，已属禅母，故“神”也是禅母字，因此以“神”作反切上字的都应归入禅母。唇，船伦切，与“纯”同一小韵，归禅母。

（2）食、实的反切上字互切，这两个字在《玉篇》中均属禅母。

如果再把在《广韵》中属船母字的19个小韵跟《切韵指掌图》（宋绍定刻本）对照一下，也可以看出，有10个小韵即“乘食示实盾顺术舌船射”，在《切韵指掌图》中已列入禅母的名下了。

《集韵》于宋仁宗宝元二年（1039）由丁度等人奉敕编纂，是当时的官方权威韵书，《大广益会玉篇》则由曾经参与编修《广韵》的陈彭年增修，两部韵书的船母字都已全部归入禅母，事实确凿。而《切韵指掌图》也有10个小韵归入禅母，比《广韵》的船母字少许多。

粤方言船、禅母字不管是读作塞擦音还是读作擦音都表现为船、禅不分，与中古前期南方方言及唐宋的语音情况相同，而从粤方言船、禅母读音的文白差异和地区差异看，塞擦音的层次应比擦音的层次古老。粤方言古船、禅母的读音表现体现了语音演变的不平衡性，船、禅母读塞擦音的字比例越高，表明语音演变的进度越慢，反之就越快。粤西的封开南丰、怀集及珠三角的南海沙头、番禺沙湾等地保留的读音层次较古老，演变较慢。而珠三角地区和粤北地区的读音层次较晚近，演变较快。

第三节　日、疑、影三母的变化

一、日母、疑母的变化

（一）日母的变化

广州地区粤方言古日母字一般读为零声母，日母字读作鼻音声母的一般只有“瓤 nɔŋ^{21}、饵 nei^{22}”两字。如果存在文白读的差异，则文读音为零声母，白读音为鼻音 ŋ 声母。以广州市区粤方言为例：

韧　肉好～ŋɐn^{55}/坚～iɐn^{22}　　仁　花生～ŋɐn^{21}/～慈 iɐn^{21}

其他一些方言点如太平、神岗、荔城、石滩等地日母读作鼻音声母的字较多一些。如荔城的“人面子”ŋɐŋ^{53} mɛŋ^{45}、“榄仁”lam^{53} ŋɐŋ^{45}。其他一些字如“认、惹、儿、尔、二、而、耳”等在太平等方言点也有读为鼻音声母的现象。例如：

		认	惹	儿	尔	二	而	耳
太平		ieŋ^{53}	iɛ^{35}	i^{21}	i^{33}	i^{53}	i^{21}	ŋi^{35}
神岗	（文）	ieŋ^{21}	iɛ^{35}	i^{22}	i^{33}	i^{21}	i^{22}	i^{33}
	（白）	ŋɐn^{21}	ŋɛ^{35}					ŋi^{35}
荔城		ŋɒn^{21}	iɛ^{35}	ŋei^{22}	ŋei^{13}	ŋei^{21}	ŋei^{22}	ŋei^{13}
石滩		ŋɒn^{21}	iɛ^{35}	ŋei^{22}	ŋei^{13}	ŋei^{21}	ŋei^{22}	ŋei^{13}

在珠江三角洲地区，日母字多读作零声母，只有中山和珠海两地古日母字多读作鼻音声母。例如：

中山（石岐） 如 ηy^{51} | 二 ηi^{33} | 而 ηi^{51} | 耳 ηi^{213} | 绕 ηiu^{213} | 扰 ηiu^{213} | 饶 ηiu^{51} | 染 ηim^{213} | 热 ηit^{3} | 软 ηyn^{213} | 认 $\eta e\eta^{33}$（白）

珠海（前山） 二 ηi^{33} | 耳 ηi^{213} | 绕 ηiu^{13} | 扰 ηiu^{13} | 染 ηim^{13} | 软 ηyn^{213}

在斗门、新会、台山、开平、恩平等地，古日母字读作带鼻音成分的塞音声母ᵑg，应为鼻音声母的变异形式。在粤西地区的封开和怀集也存在个别日母字读作鼻音声母的现象（詹伯慧、张日昇，1998）。例如：

封开 耳 ȵi | 二 ȵi 怀集 耳 ȵi | 二 ȵi | 热 ȵit

在粤西茂名地区的高州、茂名、电白、信宜、化州等地，古日母也读作舌面鼻音声母 ȵ（邵慧君，2007）。

在桂南的玉林、廉州、梧州、昭平、贺州（贺街）、钟山等处的粤方言（杨焕典，1998；黄群，2006），日母字也读作鼻音声母。例如：

	耳	入	热	日
玉林	ȵi	ȵap	ȵiɛt	ȵat
廉州	ȵi	ȵɐp	ȵit	ȵɐt
梧州	ȵi	ȵɐp	ȵit	ȵɐt
昭平	ȵi	ȵiɐp	ȵit	ȵiɐt

日母读鼻音声母的现象在桂南平话、客家方言、吴方言里很常见，此处不赘述。总体而言，古日母在粤方言中读鼻音声母的大致有 ȵ、ŋ 等音值。广州地区粤方言日母字多变为零声母，保留鼻音声母的已不多，只在个别方言点的日常用字中还残留着。

汉语方言中日母读作鼻音声母的层次可以追溯到中古时期。章太炎最早提出的“娘、日归泥”之说，已经基本为学界所接受。高本汉（1995）、陆志韦（1985）都把《切韵》日母拟音为 * ȵʑ，此外赵元任、方孝岳、李新魁等学者也认同这一拟音。而蒲立本（Pulleyblank，1962）李荣（1956）、王力（1985）、潘悟云（2000）、董同龢（2001）都把日母拟音为 *ȵ。潘悟云（2000）从海外译音、地理差异和历史演变三个方面对日母为 *ȵ 作了综述，令人信服。[4] 日母字鼻音声母发生进一步的变化，王力认为从晚唐五代时期已经开始，他把这时期的日母拟音为闪音 * r。[5] 可见，粤方言中日母字读为 ȵ、ŋ 等读音应是保留了较古老的层次，零声母的读法则是后续的发展。

（二）疑母的变化

广州地区粤方言古疑母一、二等字保留鼻音声母，三、四等字一般读为零声母。例如：

广州市　鱼 y^{21} | 疑 i^{21} | 验 im^{22} | 言 in^{21} | 元 yn^{21} | 迎 ieŋ^{21} | 玉 iok^{2}
饿 ŋɔ^{22} | 牙 ŋa^{21} | 碍 ŋɔi^{22} | 崖 ŋai^{21} | 危 ŋɐi^{21} | 蚁 ŋɐi^{13} | 咬 ŋau^{13} | 藕 ŋɐu^{13} | 岸 ŋɔn^{22} | 眼 ŋan^{13} | 银 ŋɐn^{21} | 昂 ŋɔŋ^{21} | 硬 ŋaŋ^{22}

如果有文白读的区别，则文读音为零声母，白读音为鼻音声母，以广州市区为例：

逆　～水 ŋak^{2} / 忤～iek^{2}　　仰　～高头 ŋɔŋ^{13} / ～慕 iœŋ^{13}
研　～碎 ŋan^{21} / ～究 in^{21}　　吟　*沉～ŋɐm^{21} / ～诗作对 iɐm^{21}

在荔城和石滩两地，疑母读作鼻音声母的字较其他方言点为多，其他方言点一些读作零声母的字在这两地都读作鼻音声母，其中包括疑母三、四等字。例如：

荔城　义 ŋei^{21}｜议 ŋei^{13}｜顽 ŋaŋ^{22}　石滩　玩 ŋœŋ^{21}｜顽 ŋaŋ^{22}

珠江三角洲的中山和珠海两地古疑母三、四等字多读作鼻音声母，尤其以中山为最。例如：

中山(石岐)　鱼 ŋy^{51}｜渔 ŋy^{51}｜语 ŋy^{213}｜御 ŋy^{33}｜愚 ŋy^{51}｜娱 ŋy^{51}｜遇 ŋy^{33}｜宜 ŋi^{51}｜仪 ŋi^{51}｜义 ŋi^{33}｜议 ŋi^{213}｜疑 ŋi^{51}｜验 ŋim^{33}｜严 ŋim^{51}｜业 ŋip^{3}｜谚 ŋin^{33}｜孽 ŋit^{33}｜言 ŋyn^{51}｜研 ŋin^{51}｜元 ŋyn^{51}｜原 ŋyn^{51}｜月 ŋyt^{3}

珠海(前山)　鱼 ŋy^{21}｜渔 ŋy^{21}｜验 ŋim^{33}｜研 ŋin^{21}

此外，粤西的封开和怀集两地古疑母三、四等字也有读作鼻音声母的表现。例如：

封开　鱼 ȵy｜义 ȵi｜元 ȵyn｜月 ȵyt

怀集　鱼 ȵy｜研 ȵin｜愿 ȵyn｜月 ȵyt

在粤西茂名地区的高州、茂名、电白、信宜、化州等地，古疑母细音字也读作舌面鼻音声母 ȵ（邵慧君，2007）。

在桂南的玉林、廉州、梧州、昭平、贺州（贺街）、钟山等处的粤方言（杨焕典，1998；黄群，2006），疑母齐齿呼、撮口呼字也读作鼻音声母。例如：

玉林　鱼 ȵy｜义 ȵi　　廉州　鱼 ȵu｜义 ȵi

梧州　鱼 ȵy｜义 ȵi　　昭平　鱼 ȵiʏ｜义 ȵi

总体而言，粤方言古疑母一、二等字以读鼻音声母为常，而三、四等字读鼻音声母的不多，一般已变为零声母。广州地区粤方言疑母字的读音表现反映了这一共性，疑母三、四等字在个别方言点的日常用字中还残留着鼻音声母的读法。

中古疑母字各家拟音比较一致，一般拟为舌根鼻音 *ŋ。据王力的研究，到元代的《中原音韵》和《中州音韵》，北方话疑母的 ŋ 声母已经消失，疑母并入喻母。而在略早于《中原音韵》的《蒙古字韵》之中，疑母洪音字仍读作 ŋ 声母，细音字的 ŋ 声母已经消失。粤方言疑母字读作鼻音声母属于较早的层次，而后三、四等字的鼻音声母消失，这种变化与《蒙古字韵》刚好一致。

（三）日、疑母的分合演变

综观古日、疑母的情况，我们发现广州地区粤方言古日、疑母的鼻音声母有着共同的分布特征：疑母一、二等字保留鼻音声母，疑母三、四等字及日母字多变为零声母。古日、疑母鼻音声母消变的最终结果是混入到古影母、喻母字之中。

广州地区粤方言古日母和疑母字鼻音声母消变的事实在文献中也有所记载。如明代袁子让《字学元元》谈到“方语呼音之谬”的时候说：“粤音以人为寅。”赵彤（2007）发现 18 世纪粤方言韵书《分韵撮要》中的以、云母字和匣母细音字跟日母字和疑母细音字在同一韵中往往对立，但是还有一小部分日母和疑母细音字与云、以母字同一小韵，如“诸”韵中“儒孺日愚禺隅虞娱疑”等字列在“于”小韵，与“竽云余以”等字同音，指出当时的日母和疑母细音字已经开始由 ȵ 或 ɲ变为零声母。[6]《分韵撮要》表明了当时的粤方言还有相当部分古日、疑母细音字保留鼻音声母读音，而且部分古日、疑母细音字已经消变为零声母。

综上所述，广州地区粤方言古日、疑母的变化经历了重新整合分化的过程，如下所示：

日母 ȵ、疑母 ŋ ⟶ 疑母三、四等、日母 ȵ ⟶ ø
　　　　　　　↘ 疑母一、二等 ŋ

二、疑母、影母的变化

一般而言，广州地区粤方言的古疑母一、二等字读为 ŋ 声母，古影母一、二等字读为零声母，两者保持对立。也有一些方言点出现相混的演变趋势，大致分为两种情形：第一种是疑母混入影母；第二种相反，影母混入疑母。第一种表现为疑母的 ŋ 声母消失，与影母一道读作零声母，计有文冲、萝岗、新塘、沙湾、大岗等方言点。例如：

	银疑	硬疑	鹅疑	牙疑	崖疑	鸦影	挨影
文冲	ɐn²¹	aŋ²²	ɔ²¹	a²¹	aːi²¹	a⁵⁵	aːi⁵⁵
萝岗	ɐn²¹	aŋ⁵³	ɔ²¹	a²¹	aːi²¹	a⁵⁵	aːi⁵⁵
沙湾	ɐn⁴²	aŋ²²	ɔ⁴²	a²⁴	aːi⁴²	a⁵⁵	aːi⁵⁵
大岗	ɐn⁴²	aŋ²¹	ɔ⁴²	a⁴²	aːi⁴²	a⁵⁵	aːi⁵⁵

第二种表现为影母读作 ŋ 声母，混入疑母，计有蚌湖、神山、石井、赤坭等方言点。例如：

	哀影	矮影	奥影	安影	牙疑	崖疑	鸦疑
蚌湖	ŋɔi⁵⁵	ŋɐi³⁵	ŋou³³	ŋœn⁵⁵	ŋa²²	ŋaːi²²	ŋa⁵⁵
神山	ŋoi⁵⁵	ŋɐi³⁵	ŋou³³	ŋun⁵⁵	ŋa²²	ŋaːi²²	ŋa⁵⁵
石井	ŋɔi⁵⁵	ŋɐi³⁵	ŋou³³	ŋɔn⁵⁵	ŋa²²	ŋaːi²²	ŋa⁵⁵
赤坭	ŋɔi⁵⁵	ŋɛ³⁵	ŋou³³	ɔn⁵⁵	ŋa²¹	ŋaːi²¹	ŋa⁵⁵

从地理分布看，第一种类型主要分布在广州地区东部和南部的方言点中，第二种类型主要分布在北部的方言点中。从年龄分布看，广州地区部分粤方言老派读音影、疑母从分，影母字读作零声母，疑母字读作 ŋ 声母。新派读音倾向于从合，疑母字丢失

ŋ 声母的现象比较普遍。上述两种截然相反的演变最终都会导致古疑、影母的合流。而江村、赤坭等方言点古影母字或读作 ŋ 声母，或读作零声母，并无规律可循，是两者正处于合流过程中的表现。

据王力的研究，到元代的《中原音韵》和《中州音韵》，北方话疑母并入喻母，显示疑母的 ŋ 声母已经消失。如今普通话的疑母全读作零声母，正体现了这种变化。中古影母一般拟为喉塞音 *ʔ，这个喉塞成分很容易丢失，如今的闽、客、吴方言以及许多北方官话中，影母字就大都读作零声母。古疑、影母这种变化的结果就是合流为零声母，广州地区的文冲、萝岗等粤方言走的正是这条路子。古影母字的另外一种变化，即开口呼字与疑母字混为鼻音声母 ŋ，合口呼、齐齿呼、撮口呼字读作零声母，例如下江官话和西南官话就是如此。古疑、影母这种变化的结果，就是合流为鼻音声母，广州地区的蚌湖、神山等方言点的粤方言走的正是这条路子。综上所述，广州地区粤方言疑、影母的变化有如下两条路径：

疑 ŋ ⟶ 影 ø/影 ø ⟶ 疑 ŋ
（东南部地区）　（北部地区）

第四节　晓、匣母和云、以母的变化

一、晓、匣母的变化

（一）广州地区粤方言晓、匣母今读的分合情况

1. 晓、匣母开口字

广州地区粤方言晓母开口洪音字一般读作喉擦音 h 声母。例如：

广州市　海 $hɔi^{35}$ | 喜 hei^{35} | 孝 hau^{33} | 鼾 $hɔn^{21}$ | 香 $hœŋ^{55}$ |

兴 heŋ^{55}

晓母开口细音字也一般读作喉擦音 h 声母。例如：

广州市　险 him^{35} | 胁 hip^{3} | 献 hin^{33} | 轩 hin^{55} | 显 hin^{35}

也有个别细音字读作以 i 开头的零声母。例如：

广州市　休 iɐu^{55} | 欣 iɐn^{55}

神岗和荔城两地的"欣"还保留早期的 h 声母，如神岗读作"欣" hɐn^{55}。

广州地区粤方言匣母开口洪音字一般读作喉擦音 h 声母。例如：

广州市　河 hɔ^{21} | 下 ha^{22} | 鞋 hai^{21} | 豪 hou^{21} | 喉 hɐu^{21} |
咸 ham^{21} | 寒 hɔn^{21} | 痕 hɐn^{21} | 巷 hɔŋ^{35}

匣母开口细音字一般读作以 i 开头的零声母。例如：

广州市　贤 in^{21} | 弦 in^{21} | 现 in^{22} | 形 ieŋ^{21} | 型 ieŋ^{21} | 刑 ieŋ^{21}

总体来看，广州地区粤方言晓、匣母开口洪音字是相混的，都读作喉擦音 h 声母，而晓、匣母开口细音字则从分，晓母细音字读作喉擦音 h 声母，匣母细音字读作以 i 开头的零声母。但在沙湾和大岗两个方言点，匣母细音字则多读作喉擦音 h 声母。例如：

沙湾　贤 hin^{42} | 弦 hin^{42} | 现 hin^{22}
大岗　贤 hin^{42} | 弦 hin^{42} | 现 hin^{21}

因此，沙湾和大岗两个方言点古晓、匣母细音字大多不分，今读作喉擦音 h 声母。

2. 晓、匣母合口字

广州地区粤方言晓母合口字一般读作 f 声母。例如：

广州市　火 fɔ^{35} | 花 fa^{55} | 虎 fu^{35} | 灰 fui^{55} | 辉 fɐi^{55} | 欢 fun^{55} | 婚 fɐn^{55} | 荒 fɔŋ^{55}

广州地区粤方言晓母合口字读作以 u 开头的零声母的一般只有四个。例如：

广州市　浒 u^{35} | 毁 uɐi^{35} | 唤 un^{22} | 焕 un^{22}

由于这四个字都不是口语常用字，而且“唤、焕”两字读零声母又应该是受匣母字“换”的读音类化影响所致，因此可以认为广州地区粤方言晓母合口字一般都读作 f 声母。

广州地区粤方言匣母合口字一般读作以 u 开头的零声母。例如：

广州市　禾 uɔ^{21} | 华 ua^{21} | 湖 u^{21} | 回 ui^{21} | 换 un^{22} | 魂 uɐn^{21} | 黄 uɔŋ^{21} | 横 uaŋ^{21}

读 f 声母的一般只有两个字。例如：

广州市　桓 fun^{21} | 晃 fɔŋ^{35}

由于这两个字也不是口语常用字，因此可以说广州地区粤方言匣母合口字一般都读作零声母。大体说来，广州地区粤方言晓母合口字读作 f 声母，匣母合口字读作以 u 开头的零声母，两者读音有别。

从我们调查的情况看，广州地区一些粤方言点晓、匣母合口字读音也存在相混的现象，主要表现为匣母合口字读作 f 声母的字较多，与晓母字混同，这在沙湾、大岗、新塘、荔城、石滩等方言点表现比较突出。例如：

沙湾　和 $fɔ^{42}$ | 禾 $fɔ^{42}$ | 祸 $fɔ^{22}$ | 胡 fu^{42} | 湖 fu^{42} | 狐 fu^{42} | 壶 fu^{42} | 葫 fu^{42} | 户 fu^{42} | 互 fu^{22} | 护 fu^{22} | 回 fui^{42} | 汇 fui^{22} | 换 fun^{42} | 黄 $fɔŋ^{42}$ | 皇 $fɔŋ^{42}$ | 簧 $fɔŋ^{42}$ | 镬 $fɔk^{2}$ | 获 $fɔk^{2}$

大岗　和 $fɔ^{42}$ | 禾 $fɔ^{42}$ | 胡 fu^{42} | 湖 fu^{42} | 狐 fu^{42} | 壶 fu^{42} | 葫 fu^{42} | 户 fu^{21} | 互 fu^{21} | 护 fu^{21} | 回 fui^{42} | 汇 fui^{21} | 换 fun^{21} | 缓 fun^{42} | 活 fut^{2} | 黄 $fɔŋ^{42}$ | 皇 $fɔŋ^{42}$ | 簧 $fɔŋ^{42}$ | 镬 $fɔk^{2}$ | 获 $fɔk^{2}$

新塘　胡 fu^{11} | 湖 fu^{11} | 狐 fu^{11} | 壶 fu^{11} | 葫 fu^{11} | 户 fu^{22} | 互 fu^{22} | 护 fu^{22}

荔城　胡 fu^{22} | 湖 fu^{22} | 狐 fu^{22} | 壶 fu^{22} | 葫 fu^{22} | 户 fu^{21} | 互 fu^{21} | 护 fu^{21}

石滩　胡 fu^{22} | 湖 fu^{22} | 狐 fu^{22} | 壶 fu^{22} | 葫 fu^{22} | 户 fu^{21} | 互 fu^{21} | 护 fu^{21}

此外，其他方言点读作零声母的四个晓母字“浒、毁、唤、焕”在上述地区也读作 f 声母。例如：

沙湾　唤 fun^{22} | 焕 fun^{22}　　大岗　唤 fun^{21} | 焕 fun^{21}

萝岗　浒 fu^{21}　　新塘　浒 fu^{11} | 唤 fun^{22}

荔城　浒 fu^{22} | 毁 fui^{35}　　石滩　浒 fu^{22}

沙湾等地也有部分匣母合口字读作零声母。例如：

沙湾　华 ua^{42} | 坏 uai^{21} | 滑 $uɛt^{2}$ | 横 $uaŋ^{42}$

大岗　华 ua^{42} | 坏 uai^{21} | 滑 uat^{2} | 横 $uaŋ^{42}$

荔城　华 ua^{22} | 坏 uai^{21} | 滑 $uaʔ^{2}$ | 横 $uaŋ^{22}$

石滩　华 ua^{22} | 坏 uai^{21} | 滑 uaʔ^{2} | 横 uaŋ^{22}

新塘　华 ua^{11} | 坏 uai^{22} | 滑 uak^{2} | 横 uaŋ^{11}

由此可见，沙湾、大岗、新塘、荔城、石滩等方言点晓、匣母合口字大致上是不分的。

总之，广州地区粤方言晓、匣母今读情况为：① 晓、匣母开口洪音字相混，都读作喉擦音 h 声母，晓、匣母开口细音字则多从分，晓母细音字读作喉擦音 h 声母，匣母细音字读作以 i 开头的零声母。沙湾和大岗两个方言点古晓、匣母细音字大致从合，今读为喉擦音 h 声母。② 晓、匣母合口字在广州市区等地，晓、匣母合口字大致从分，晓母字读作 f 声母，匣母字读作以 u 开头的零声母。但沙湾等地晓、匣母合口字大致从合，都读作 f 声母。

（二）广州地区粤方言晓、匣母的分合演变

高本汉把中古《切韵》音系晓母的读音拟为舌根清擦音 x，匣母的读音拟为舌根浊擦音 ɣ。此后，赵元任、王力、陆志韦、周法高、李荣等学者的拟音都与高氏相同。董同龢（2001）则认为“晓母与匣母中古读擦音是很明显的，不过是舌根擦音或喉擦音，就难以确定了”，[7] 因此他把晓母拟为 x 或 h，把匣母拟为 ɣ 或 ɦ。蒲立本、郑张尚芳、潘悟云都把晓母拟为 h，把匣母拟为 ɦ。我们采纳后一种构拟。

既然我们知道粤方言的浊音已经清化，那么晓、匣母开口洪音字读作 h 声母，无疑是从中古的擦音 h 和 ɦ 演变而来的，而匣母开口细音字读作零声母则是后来的发展。这种演变过程应该没有问题，因为我们还可以在溪母开口细音字中找到相同的演变路径。例如：

	广州	中山	台山	开平	鹤山	阳山	连县
丘	iɐu^{55}	iɐu^{55}	hiu^{33}	hɛu^{33}	iɔu^{33}	iɐu^{52}（hɐu^{52}）	k^{h}ɐu^{53}

钦　iɐm55　k^hɐm55　him33　hɛm33　im33　k^hɐm52　k^hɐm53

伍巍先生（1999）曾指出："广州话读作 j 的溪母字，有些粤语读 h，边远的阳山、连县粤语仍读 k^h，这证明粤语溪母字音变的先后次序是 k^h > h > j（按：本书把 j 看作以 i 开头的零声母），h 是溪母字发生音变的第一步。"[8]

对于 hi > j 的演变，伍巍先生解释得很清楚，"促成这一音变的关键是介音 i 的作用，过程是：k^hi > hi > ji。广州话的 i 也是一个带轻微摩擦的 i，现有的粤方言材料在齐齿呼零声母音节前亦大多记作 j。当溪母开口三等字由 k^hi 变作 hi 后，因为前位 i 的摩擦作用，必然要牵动 h 前移。当然，要使后位的 h 前移到 j 的位置是困难的。又因为深喉 h 的摩擦成分在听感上并不明显，而前位 j 的摩擦要相对地明显一些，为了发音的方便，就只能舍弃一端，因而 j 在听感上就逐渐获得了显性的位置，h 脱落。这一过程是：hj > ^{h}j > j"。[9] 匣母开口细音字 hi > ø 的演变当然也是遵循这一发展路径的。

至于为何匣母细音字变为零声母而晓母细音字保留读作 h 声母，这还得从匣母清化的过程进行解释。我们认为，广州地区多数粤方言的匣母在浊音清化过程中，曾经有一个清音浊流的阶段，即匣母开口细音字早期读作 ɦi，与晓母的清音 hi 保持着音位对立。由于 ɦi 中的浊流成分加强了元音 i 的摩擦，因而使 i 更容易获得显性位置。当 ɦ 继续清化为 h 之后，h 便容易脱落，最后变为零声母。相反，晓母的清音 hi 中 h 更容易获得显性位置，从而得以保留为 h 声母。

再来看晓、匣母合口字。hu > fu 是粤方言普遍存在的演变规律，晓、匣母合口字读作 f 声母正符合这一演变规律，所以晓、匣母合口字这个 f 声母其实是从 h 声母演变而来的。粤方言 hu > fu 的演变规律不仅涉及晓、匣母合口字，还涉及云母合口字，广州地区的沙湾等方言点就有一些云母字读作 f 声母。例如：

沙湾　芋云 fu^{42} | 王云 $fɔŋ^{42}$ | 往云 $fɔŋ^{13}$ | 旺云 $fɔŋ^{22}$
大岗　芋云 fu^{42} | 王云 $fɔŋ^{42}$ | 旺云 $fɔŋ^{21}$
萝岗　芋云 fu^{21}
新塘　芋云 fu^{11}
荔城　芋云 fu^{22}
石滩　芋云 fu^{22}

南海沙头话的“王、往、旺”三个字也读作 f 声母，彭小川先生（1995）在分析南海沙头话这三个字的读音时认为，“这些字的演变途径应是 huɔŋ > fɔŋ”，“云母合口字念 f 还是从 h 演变而来的，曲折地保留了‘喻三归匣’的痕迹”。[10]

hu > fu 的演变规律也使不少溪母合口字读作 f 声母。例如：

	广州	中山	台山	开平	鹤山	阳山	连县
科	$fɔ^{55}$	$fɔ^{55}$	$fuɔ^{33}$	fua^{33}	$fyɵ^{33}$	$k^huɔ^{52}$	k^hu^{53}
苦	fu^{35}	hu^{213}	fu^{55}	fu^{55}	fu^{33}	fu^{55}	k^hu^{55}
宽	fun^{55}	hun^{55}	$fuɔn^{33}$	$fuan^{33}$	fun^{33}	fun^{52}	k^hun^{53}
阔	fut^{3}	hut^{3}	$fuɔt^{3}$	$fuat^{3}$	fut^{3}	fut^{5}	k^hut^{5}

王力（1987）曾经指出，溪母开口字的音变为 k^h > h。合口字则更进一步，走了 k^h > h > f 的路子。[11] 李新魁（1963）认为，溪母绝大部分的字由 k^h演变成 h，少数保留 k^h，还有一部分“变读”为 f。[12] 他后来同意 k^h > h > f 的路子代表了溪母字在历史音变中由塞音演变为擦音的“擦化”倾向。[13] 董同龢（2001）也主张粤语的溪母合口音变 k^h > f 应该有个中间阶段 h。[14] 伍巍先生（1999）对 hu > fu 的演变解释得很清楚，他指出，由于广州粤方言的 u 是一个带摩擦的前位扁唇 u，在送气成分 h 的作用下，使

唇位的摩擦更加明显，实际上将 hu 发成 ɸu。在粤语的听感上，这两个音的音色十分相近，也不存在音位上的对立，因此人们在语言心理上可以接受这一音变。当溪母合口字由 hu 发展到 ɸu 时，即等于完成了由 hu 向 fu 的过渡，与 ɸu 相比，发 fu 更方便、省力。[15]

由于合口字带有 u 介音，而这个 u 介音正是 hu＞fu 演变的关键所在。除了合口呼字之外，我们还可以在开口呼字中找到 hu＞fu 演变的例子。例如在东莞（莞城）和香港（锦田），山摄开口一等溪、晓、匣母字无一例外地读作 f 声母。例如：

	看溪	渴溪	鼾晓	汉晓	寒匣	汗匣
东莞	fun^{32}	fut^{2}	fun^{21}	fun^{32}	fun^{21}	fun^{32}
香港	fʊŋ^{232}	$\text{fʊk}^{\underline{35}}$	fʊŋ^{21}	fʊŋ^{232}	fʊŋ^{21}	fʊŋ^{232}
宝安	fun^{24}	hɔ^{35}	fun^{21}	fun^{32}	fun^{21}	fun^{32}
广州	hɔn^{33}	hɔt^{3}	hɔn^{21}	hɔn^{33}	hɔn^{21}	hɔn^{22}
萝岗	hun^{33}	hut^{3}	hun^{21}	hun^{33}	hun^{21}	hun^{53}
新塘	huŋ^{33}	huk^{3}	huŋ^{11}	huŋ^{33}	huŋ^{11}	huŋ^{22}

东莞（莞城）和香港（锦田）这类开口字读作 f 声母正好说明了在 h 演变为 f 的过程之中，u 元音起了关键作用。在广州话中，这类字韵母的主要元音为 ɔ，而声母为 h。萝岗和新塘这类字韵母的主要元音高化为 u，声母为 h。东莞（莞城）和香港（锦田）这类字韵母的主要元音也高化为 u，声母则从 h 变为 f。由此可见，山摄开口呼字韵母的主要元音高化为 u 是声母变化的前提条件。因为当韵母的主要元音由 ɔ 高化为 u 之后，声母 h 与 u 元音的组合使其走上了 hu＞fu 演变的路子。宝安（沙井）的例子为我们提供了正反两面的证据。宝安（沙井）这类字读作 f 声

母的，其韵母的主要元音都已高化为 u。而保持读作 h 声母的字，其韵母的主要元音则仍然为 ɔ。正是因为山摄开口呼字韵母的主要元音高化为 u，为 hu > fu 的演变创造了条件，否则上述方言点的这些山摄开口字的 h 声母绝不会发生跟合口呼字一样的变化。

对于晓匣母合口呼字读作擦音声母 f 以及以 u 开头的零声母这两种读音形式，一些学者认为它们之间存在先后演变关系。刘镇发（2003）曾指出粤方言中匣母读作以 u 开头的零声母的字，如“回、湖、禾、横”等比较多，他认为“粤语保留匣母字的零声母字”是“古音的保留”，属于“唐代以前的读音”，比 f 声母更古老。[16] 而李新魁（1996）的观点正好相反，他结合溪母字的演变规律，认为粤语的溪母字中，k^h 属于古音，然后演化为 h 和 f，最后才变成零声母的，因此匣母字的 h 也比 f 和零声母古老。[17]

从 hu 演变为 fu 是经过多方验证的演变规律，如果说从以 u 开头的零声母变为擦音 f 的话，是难以解释得通的。而从发音机制来看，擦音 f 的发音较紧，不太容易脱落。因此我们也不赞成“fu > ø”的演变过程。

其实，广州地区粤方言匣母合口呼字变化的道理与开口呼字是一样的。匣母合口呼字早期曾经过清音浊流的阶段，即 ɦu，它与晓母的清音 hu 保持着音位对立。由于 ɦu 中的浊流成分加强了元音 u 的摩擦，因而使 u 更容易获得显性位置。当 ɦ 继续清化为 h 之后，h 便容易脱落，最后变为零声母。相反，晓母的清音 hu 中，h 更容易获得显性位置，从而得以保留为 h 声母。由于粤方言的 u 较为靠前，唇形稍展，使 hu 再变为 ɸu，最后变为 fu。

总之，广州地区多数粤方言晓、匣母的演变路径大致如下：

	早期粤方言	现代粤方言
晓（开口洪音字）	h	→ h
匣（开口洪音字）	*ɦ ↗	
晓（开口细音字）	hi	→ hi
匣（开口细音字）	*ɦi	→ ø（j）
晓（合口字）	hu	→ ɸu → fu
匣（合口字）	*ɦu	→ ø（ʋ）

至于沙湾、大岗等地古晓、匣母细音字以及合口字大致从合的情形，我们认为是匣母完全清化，与晓母字混同的结果，其演变路径为：

晓（开口细音字）	hi	→ hi
匣（开口细音字）	*ɦi ↗	
晓（合口字）	hu	→ hu → ɸu → fu
匣（合口字）	*ɦu ↗	

二、云、以母的变化

广州地区粤方言古云、以母开口字以及遇、蟹、山、梗、通等韵摄的云、以母合口字一般读作零声母。根据中国社科院《方言调查字表》统计，以广州话为代表的多数粤方言点除了“雄、熊”两个云母字读作 h 声母外，其余的“雨、宇、羽、邮、有、友、又、右、炎、圆、员、院、袁、园、远、越、粤”等 17 个云母字，以及“爷、野、夜、余、与、誉、预、愉、喻、裕、锐、移、易、已、以、异、姨、夷、摇、窑、谣、耀、油、游、诱、柚、盐、艳、焰、叶、页、淫、延、筵、演、缘、沿、铅、阅、悦、引、羊、洋、阳、养、样、药、蝇、翼、赢、译、液、营、疫、融、育、容、勇、用、欲、浴”等 61 个以母字都读作以 i/y 开头的零声母。在荔城和石滩，上述的云、以母字，除了“雄”读作 h 声母外，还有一个常用字“有”读作 h 声母，如荔城“有 hɒu^{13}”，石滩“有 hau^{13}”。其他方言点读作 h 声母的“熊”在荔城和石滩反而读作零声母，如荔城、石滩读作“熊 ieŋ^{22}”。

在沙湾和大岗两个方言点，绝大多数云、以母字都读作 h 声母，这在广州地区粤方言中显得较为特殊。沙湾古云、以母读作 h 声母的字最多，其中云母读作 h 声母的字有“雨、宇、羽、有（老派）、园、远、越、粤、雄、熊”等 10 个，以母读作 h 声母的字有“爷、野、余、与、誉、预、愉、喻、裕、移、易、已、以、异、盐、叶、页、延、筵、演、铅、阅、悦”等 23 个。其余的云、以母字跟其他方言点一样读作零声母。大岗古云母读作 h 声母的字有“雨、宇、羽、圆、员、远、雄、熊”等 8 个，以母字读作 h 声母的字有“爷、野、夜、誉、预、易、以、夷、耀、盐、叶、页、演、沿、铅”等 15 个。其余的云、以母字都读作零声母。这两个方言点古云、以母字今读分布情况见表3－6：

表 3－6　沙湾、大岗古云、以母字今读分布情况

方言点	沙湾				大岗			
古声母	云	以	云	以	云	以	云	以
今读 / 古韵摄	h		ø		h		ø	
假开三		爷野		夜		爷野夜		
遇合三	雨宇羽	余与誉预愉喻裕			雨宇羽	誉预		余与愉喻裕
蟹合三				锐				锐
止开三		移易已以异		姨夷		易以夷		移已异姨

（续上表）

方言点	沙湾				大岗			
古声母	云	以	云	以	云	以	云	以
今读 / 古韵摄	h		ø		h		ø	
效开三				摇窑谣耀		耀		摇窑谣
流开三	有（老派）		邮友又右	油游诱柚			有邮友又右	油游诱柚
咸开三		盐叶页	炎	艳焰		盐叶页	炎	艳焰
深开三				淫				淫
山开三		延筵演				演		延筵
山合三	园远越粤	铅阅悦	圆员院袁	缘沿	圆员远	沿铅	院袁园越粤	缘阅悦
臻开三				引				引
宕开三				羊洋阳养样药				羊洋阳养样药
曾开三				蝇翼				蝇翼
梗开三 梗合三				赢译液营疫				赢译液营疫
通合三	雄熊			融育容勇用欲浴	雄熊			融育容勇用欲浴

古云母字分布的韵摄包括遇摄、蟹摄合口、止摄开合口、流摄、咸摄开口、山摄开合口、臻摄合口、宕摄合口和通摄等。广州地区粤方言古云母字在蟹摄合口、止摄合口、臻摄合口、宕摄合口等韵摄中今读一般为以 u 开头的零声母或 f 声母，在遇摄、止摄开口、流摄、咸摄开口、山摄开合口和通摄之中今读一般为

以 i/y 开头的零声母。从表 3－6 我们可以看到，沙湾和大岗今读为 h 声母的古云母字分布在遇摄、流摄、山摄合口和通摄之中。由于止摄开口字只有一个“矣”字，山摄开口字只有一个“焉”字，都不属于口语常用字，我们未作调查。另外，咸摄开口韵只有一个“炎”字，在沙湾和大岗都读作以 i 开头的零声母。但根据彭小川（1995）的调查，南海沙头话上述三个字都读作 h 声母。我们综合沙湾、大岗和沙头三个方言点古云母读 h 声母的情况发现，古云母字在遇摄、止摄开口、流摄、咸摄开口、山摄开合口和通摄之中都有一些字读作 h 声母，由此可以推断，古云母字在沙湾、大岗、沙头等方言点中曾经都读作 h 声母。上述三地的古云母字读作 h 声母，读同清化后的匣母字，保留了“喻三归匣”的古音特点。而古云母字读作以 i/y 开头的零声母则是后来的变化，这种演变过程与上文讨论过的晓、匣母开口细音字“hi＞ø”的演变路径是一致的。荔城和石滩的“熊”字读作 ieŋ^{22}，正是 h 声母变为零声母的体现。

古云母流摄字除了“有”在沙湾的老派读音和荔城、石滩等方言点保留 h 声母外，一般都读作以 i/y 开头的零声母。而其他韵摄的古云母字在沙湾等方言点大都能保留 h 声母。可见，古云母流摄字较早混入以母字中。古以母字在沙湾、大岗和沙头等方言点都有读作 h 声母和以 i/y 开头的零声母的例子，沙湾和大岗两个方言点古以母读 h 声母的字涉及的韵摄包括假、遇、止、咸、山等韵摄，而沙头连宕摄字也读作 h 声母。

在早期粤方言文献中，已经有不少关于云、以母读作 h 声母的记载。其中比较明确的是 1986 年罗崧俊所著的《字谱通晓》。书中把云、以母字与晓、匣及部分溪母字放在“喉音”一类。如“轻溪、庆溪、牵溪、延以、匡溪、杭匣、痕匣、凶晓、红匣、虾晓、霞匣、希晓、夷以、许晓、雨云、气溪、异以”等。可见，《字谱通晓》中归于“喉音”一类的云、以母字应为 h 声母。另外，早于

1782 年出版的粤方言韵书《分韵撮要》之中，云、以母字有不少小韵与日、疑母字的小韵对立。例如：

“几纪记”韵部：
“耳”小韵　耳日尔日拟疑议疑迩日
“以”小韵　以以苡以已以矣云
“诸主著”韵部：
“语”小韵　语疑汝日乳日虞疑
“宇”小韵　宇云予以禹云与以羽云雨云

此外，还有以、匣母小韵与疑、日母小韵对立的。例如：

“先鲜线屑”韵部：
“言”小韵　言疑然日燃日妍疑研疑焉疑
“贤”小韵　贤匣延以筵以弦匣舷匣

据彭小川先生（1990）的分析，《分韵撮要》中与日、疑母字对立的云、以母字应读作 h 声母。[18]

音韵学界对中古切韵音系以母的拟音大体一致，王力、李方桂、李新魁、喻世长和张世禄等学者都拟作半元音 j，高本汉和董同龢则拟作零声母 ø。从谐声和异文来看，中古大多数的以母字与船、禅、邪母字不仅可以彼此互通，而且它们一起与定、澄母字相通，据此曾运乾就有“喻四古归定”一说。另外，也有少数的以母字与舌根塞音字谐声。也就是说，从以母字的谐声关系和异文上看不到它与 h 声母有丝毫的关系。另外，彭小川先生（1995）也否定了以母字读 h 声母是间接保留“喻四归定”，她所据的理由有二：第一，沙头话不存在 $t^h > h$ 的演变规律；第二，今读 h 声母的以母字在谐声关系上不独与定、澄纽字相通。[19] 因此，我们认为粤方言古以母字读作零声母是早期的读音形式，而

h 声母则是后来的变化。

那究竟是什么原因使得古以母字读作云母字呢？彭小川先生对此曾作过论述。她认为沙头话云母读作 h 声母无疑是保留了“喻三归匣”的古音特点，而以母读作 h 声母则是受云母字类化作用影响的结果。沙头话云、以母的变化走两条截然相反的路子，即以母 j > h（即 ø > h）以及云母 h > j（即 h > ø），两种演变是以韵摄为条件进行分化的，她总结说：“遇、止（开三）、咸、山、宕等韵摄，喻四向喻三靠，念 h；蟹、止（合三）、流、臻、梗等韵摄，则喻三向喻四靠，念 j。”[20] 笔者也赞同以母字读作 h 声母是受云母字的类化影响的说法，但还有可补充之处。一般来说，语音的类化作用通常是强势读音影响弱势读音，从上文我们看到，云母字的数量远比不上以母字，如果仅以少数云母字的力量，不足以影响数量多得多的以母字。细察之下，我们发现在云母字读作 h 声母的方言里，匣母细音字如“贤、弦、现、完、丸、玄、悬、县、穴”等也读作 h 声母，这样，云母字加上匣母细音字，其数量足以形成强势读音。其次，发生类化影响的关键条件是读音相同或相近，匣、云、以母字在粤方言今读都为阳调类，所以读作 h 声母的以母字基本都有一批读音相同或相近的匣、云母字。例如：

hy：雨宇羽（云）余与誉预愉喻裕（以）
him/p：嫌协（匣）盐叶页（以）
hin：贤弦现（匣）延筵演（以）
hyn/t：园远越粤（云）完丸玄悬县穴（匣）铅阅悦（以）

因此，沙湾、大岗等地的以母字正是在匣、云母字读作 h 声母的强大类推作用下，发生了 ø > h 的演变。匣、云母字读作 h 声母的类化作用以词汇扩散的形式对其他声类产生影响，其影响力不仅涉及以母字，而且还会波及其他今读零声母的阳调类字。

例如南海沙头的“儒日”、顺德大良和大岗的“业疑”都读作 h 声母。沙湾、大岗、顺德、南海沙头等地的影母字虽然也读作以 i/y 开头的零声母，但由于今读阴调类，所以一概不受影响。唯有沙湾的“怨影”读作 h 声母，“怨影”本属阴调，由于读同云母常用字“远”，当不算例外。在鹤山古劳话里（任民，1990），除了云、以母字之外，一些疑母细音字也读作 h 声母。例如：

（云母）员 hyn^{55}｜袁 hyn^{55}｜园 hyn^{55}｜辕 hyn^{55}｜猿 hyn^{55}｜远 hyn^{13}｜越 hyt^{2}

（以母）耀 hiu^{22}｜药 $hœk^{2}$｜缘 hyn^{55}｜养 $hœŋ^{13}$｜痒 $hœŋ^{13}$｜羊 $hœŋ^{55}$｜杨 $hœŋ^{55}$｜阎 him^{55}｜盐 him^{55}｜漾 $hœŋ^{22}$｜样 $hœŋ^{22}$｜夷 hi^{55}｜姨 hi^{55}｜叶 hip^{2}

（疑母）元 hyn^{55}｜原 hyn^{55}｜源 hyn^{55}｜愿 hyn^{22}｜月 hyt^{2}

再如粤西的广宁话（张晓山，1997），除了云、以母字读 h 声母之外，还有“如、儒、然、燃”等几个日母细音字也读 h 声母。

鹤山古劳话和广宁话读作 h 声母的疑、日母字都是今读阳调类的字，而且韵母与云、以母字相同。所以上述方言点的疑、日母细音字读作 h 声母的现象，也应该是受匣、云母的类化影响所导致的。

从汉语语音发展史看，云母经历了从匣母分出然后混入以母的演变过程。潘悟云（2000）提到，据曾运乾（1927）、葛毅卿（1939）、罗常培（1939）等人考证，中古云母就是三等匣母，后来受腭介音影响才变入以母。[21] 董同龢先生（2001）也指出，《切韵》前的语音材料，例如《经典释文》和原本《玉篇》的反切中，云母（喻三）字与匣母字是不分的。[22] 到了中古不是很晚的时期，云母开始从匣母分出而与以母（喻四）合流。因此，大部分音韵学家都把云母与匣母合并，一般都构拟为 ɦ。广州地区粤方言云母字的演变过程与中原汉语是一样的，多数方言点的云母字一般都与以母字合流。而沙湾和大岗等方言点的一些云母字还保留着 h 声母，应是 ɦ 清化后的读音，正是云母（喻三）归匣的明证。不过近年来由于受广州话的影响，两地云母字开始变读为零声母。

注释

［1］张双庆、万波：《知章庄组声母在闽语及周边方言里的今读类型考察》，见《闽语研究及其与周边方言的关系》，香港：中文大学出版社 2002 年版，第 112 页。

［2］熊正辉：《官话区方言分的类型》，载《方言》1990 年第 1 期。

［3］寻仲臣：《论中古船禅二母的分合演变》，载《古汉语研究》1994 年第 2 期。

［4］潘悟云：《汉语历史音韵学》，上海：上海教育出版社 2000 年版，第 53 页。

［5］王力：《汉语语音史》，北京：中国社会科学出版社 1985 年版，第 234 页。

［6］赵彤：《〈分韵撮要〉的声母问题》，载《语文研究》2007 年第 1 期。

［7］董同龢：《汉语音韵学》，北京：中华书局 2001 年版，第 151 页。

［8］伍巍：《广州话溪母字读音研究》，载《语文研究》1999 年第 4 期。

［9］伍巍：《广州话溪母字读音研究》，载《语文研究》1999 年第 4 期。

［10］彭小川：《南海沙头话古云、以母字今读初析》，见《粤语论稿》，广州：暨南大学出版社 2004 年版（原载《中国语

文》1995 年第 6 期)。
[11] 王力:《王力文集》(第十卷),山东:山东教育出版社 1987 年版,第 732 页。
[12] 李新穌:《上古音“晓匣”归“见溪群”说》,载《学术研究》1963 年第 3 期。
[13] 李新魁:《粤音与古音》,载《学术研究》1996 年第 8 期。
[14] 董同龢:《汉语音韵学》,北京:中华书局 2001 年版,第 50 页。
[15] 伍巍:《广州话溪母字读音研究》,载《语文研究》1999 年第 4 期。
[16] 刘镇发:《粤语与客语文白异读的比较》,见《第六届粤方言研讨会论文集》,澳门中国语文学会,2003 年。
[17] 李新魁:《粤音与古音》,载《学术研究》1996 年第 8 期。
[18] 彭小川:《粤语韵书〈分韵撮要〉及其声母系统》,广州:暨南大学出版社 1990 年版。见《粤语论稿》,广州:暨南大学出版社 2004 年版(原载《第二届国际粤方言研讨会论文集》,广州:暨南大学出版社 1990 年版)。
[19] 彭小川:《南海沙头话古云、以母字今读初析》,见《粤语论稿》,广州:暨南大学出版社 2004 年版(原载《中国语文》1995 年第 6 期)。
[20] 彭小川:《南海沙头话古云、以母字今读初析》,见《粤语论稿》,广州:暨南大学出版社 2004 年版(原载《中国语文》1995 年第 6 期)。
[21] 潘悟云:《汉语历史音韵学》,上海:上海教育出版社 2000 年版,第 53 页。
[22] 董同龢:《汉语音韵学》,北京:中华书局 2001 年版,294 页。

第四章　广州地区粤方言韵母的演变

本章主要讨论广州地区粤方言韵母的演变，包括元音的裂化、豪韵的变化与高元音裂变的关系、介音的变化、主元音高化演变、ɐ元音韵母的产生、阳声韵尾与入声韵尾的变化、合口韵舌齿音字的变化和一、三等韵的分合变化等几个问题。

第一节　元音的裂化

在广州地区粤方言之中，遇摄以及止摄开口字发生了从单元音韵母变为复合元音韵母的变化，原来的主要元音在后来的演变中变为韵尾，这种现象我们称之为“裂化演变”。这种变化主要包括三种类型：u > ou，i > ei，y > øy。

一、“u > ou”的变化

“u > ou”的变化主要体现在遇摄一等字及三等非组字之中。例如，遇摄一等字在江村等大多数方言点，除牙、喉音字（疑母除外）还保留读 u 韵母外，其他声类的字都读作 ou。非牙喉音字在蚌湖读作 ou 或 eu，而在赤坭则有 u、ou、ɐu、au 等多种音读形式。所有的遇摄一等字在文冲和神岗两地均保持着早期的 u 韵母。遇摄三等非、敷、奉母字各方言点均读作 u，微母字多数方言点读作 ou，而在文冲、神岗和赤坭都保留读 u。各方言点遇摄一等字及三等非组字的音读情况如下所示：

	一等					三等	
	帮组	端组泥来	精组	见晓组	影	非敷奉	微
	铺	土	租	姑	污	扶	雾
荔城	-ou	-ou	-ou	-u	-ou	-u	-ou
石滩	-ou	-ou	-ou	-u	-ou	-u	-ou
江村	-ou	-ou	-ou	-u	-u	-u	-ou
蚌湖	-ou	-eu	-eu	-u	-u	-u	-ou
神山	-ou	-ou	-ou	-u	-u	-u	-ou
石井	-ou	-ou	-ou	-u	-u	-u	-ou
太和	-ou	-ou	-ou	-u	-u	-u	-ou
钟落潭	-ou	-ou	-ou	-u	-u	-u	-ou
萝岗	-ou	-ou	-ou	-u	-u	-u	-ou
新塘	-ou	-ou	-ou	-u	-u	-u	-ou
太平	-ou	-ou	-ou	-u	-u	-u	-ou
沙湾	-ou	-ou	-ou	-u	-u	-u	-ou
大岗	-ou	-ou	-ou	-u	-u	-u	-ou
赤坭	-u	-ou/-ɐu	-ou/-au	-u	-u	-u	-u
神岗	-u	-u	-u	-u	-u	-u	-u
文冲	-u	-u	-u	-u	-u	-u	-u

从读音类型看，多数方言点裂变之后一般读 ou 韵母。蚌湖的读音较有特色，帮组字读作 ou 韵母，端组、精组和泥来母字读作 eu 韵母。赤坭裂变后的文读音为 ou，白读音为 ɐu 或 au。

从地区分布看，裂化最普遍是荔城、石滩两个点，不但帮组、端组、泥来母和精组字发生了裂变，甚至连影母字也发生了裂变，如“乌、污”两字在这两个方言点都读作 ou。江村等大多数方言点次之。最保守的要数文冲和神岗两个点，所有声类的字都未发生裂变。

从声母分布看，遇摄的裂化主要发生在帮组、端组、泥来母和精组，见组和非敷奉母均未裂化。

参考汉语语音史，在隋唐时期，一等模韵与三等虞韵已经合流，王力将其归为模部，一等字拟音为*u，三等字拟音为*i̯u。到晚唐五代时期，鱼韵也合并进来，模鱼虞共为鱼模部，王力将一等字读音拟为*u，三等字拟音为*i̯u。就总体而言，大部分粤方言的遇摄一等牙喉音字都能保留u这一读音，但不少方言点的唇音字及舌齿音字已经发生了裂化的演变。

在《分韵撮要》中，第十二韵“孤、古、故”韵内包括了所有遇摄一等字，例字包括：

平声　孤夫苏乌粗哺铺租无胡涂蒲符卢奴徂

上声　古睹祖甫补吐普素母鲁妇肚

去声　故素富蠹布数恶吐铺父路务户祚步度怒

可见当时遇摄一等字都读作单元音韵母u，还未发生裂变，这种情形正与文冲、神岗等地相同。据彭小川先生（1992）的研究，在《增辑字音分韵撮要》中，上述的字分列于“孤、古、故”韵和“高、缟、诰”韵，归入“高、缟、诰”韵的正是遇摄一等的帮组、端组和精组字，与效摄一等字共为一韵，[1]这种表现显示这些字已裂变为ou，情形与现代广州话及上述江村等地相同。

二、“i > ei”的变化

“i > ei”的变化出现在止摄开口字之中。具体来说，广州地区粤方言止摄开口字的读音形式并不复杂，主要有i、ei、ɐi、ɛ等形式，各方言点的音读情况如下所示：

	帮端泥来 皮	精庄 撕	知章 知	见溪群晓匣 记	日 二	疑 宜	影 椅	以 移
江村	-ei	-i	-i	-ei	-i	-i	-i	-i
蚌湖	-ei	-ei	-i	-ei	-i	-i	-i	-i
神山	-ei	-i	-i	-ei	-i	-i	-i	-i
石井	-ei	-i	-i	-i	-i	-i	-i	-i
太和	-ei	-i	-i	-ei	-i	-i	-i	-i
钟落潭	-ei	-y	-i	-ei	-i	-i	-i	-i
文冲	-i	-i	-i	-i	-i	-i	-i	-i
萝岗	-ei	-i	-i	-ei	-i	-i	-i	-i
新塘	-ɛ	-i/ɛ	-i	-ɛ	-ɛ	-i	-i	-i
太平	-ei	-i	-i	-i	-i	-i	-i	-i
神岗	-ɐi	-i	-i	-i	-i	-i	-i	-i
荔城	-ei	-ei	-i	-ei	-ei	-i/-ei	-ei	-i
石滩	-ei	-ei	-i	-ei	-ei	-i	-ei	-i
沙湾	-ei	-ei	-i	-ei	-i	-i	-i	-ei
大岗	-ei	-y	-i	-i	-i	-i	-i	-i
赤坭	-ɐi	-i	-i	-i	-i	-i	-i	-i

可见，帮组字、端组字、泥来母字在江村等大多数方言点都读作 ei，神岗、赤坭读作 ɐi，都发生了裂变。新塘虽然读作单元音 ɛ，但这个 ɛ 乃是由 ei 变来的，所以也可以看作是发生了裂变。而文冲读作 i，则保留了本来的读音。见、溪、群、晓、匣母字在江村、蚌湖、神山、太和、钟落潭、萝岗、荔城、石滩、沙湾等多数方言点读作 ei，也已经发生了裂变，但仍然保留读 i 的方言点也不少，计有石井、文冲、太平、神岗、大岗、赤坭等地。精、庄、知、章组字及日、疑、影、以母字保留读作 i 的方言点

很多，但也有的方言点发生了裂变，如精、庄组字在蚌湖、荔城、石滩、沙湾等地读作 ei，新塘读作 ε/i。钟落潭和大岗读作 y，这应该是由 i 变化而来的。知组字如“知”，荔城、石滩读作 tei^{55}，“池”蚌湖读作 $tʃ^{h}ei^{22}$，虽然只是个别例子，但都是口语用字。日母字荔城、石滩读作 ei，新塘读作 ε。荔城、石滩连影母字也读作 ei。荔城甚至有个别疑母字如“义、议”都读作 ei。以母字沙湾读作 ei。

就声类而言，裂变速度最快的要数帮、端、泥、来母字，其次是见、溪、群、晓、匣母字，精、庄、知、章组字和日、疑、影、以母字变化得最慢。就方言点而言，荔城、石滩读作 ei 的声类最多，裂变的速度最快，其次是沙湾、蚌湖，然后是江村等地，石井、文冲、太平、神岗、大岗、赤坭等地变化得较慢，除帮、端、泥、来母字发生了裂变外，其余声类的字都仍然读作 i。文冲最为保守，止摄开口字一律读作 i，完全未发生裂变。

可见，止摄开口字 i 元音韵母的裂变过程为：裂变先从帮、端、泥、来声母字开始，然后是见、溪、群、晓、匣母字，最后才是精、庄、知、章组字和日、疑、影、以母字。荔城、石滩、沙湾、蚌湖等方言点的情形预示着所有止摄开口字都会从原来的单元音韵母 i 演变为复合元音韵母 ei。

参考汉语语音史，在隋唐时期，支脂之三韵已经合流，《经典释文》和玄应《一切经音义》反切中就有大量互用的例子，王力认为《切韵》将支脂之三分，“只是存古性质”。[2] 到晚唐五代时期，微韵也合并进来，支脂之微韵共为脂微部，王力将其读音拟为 *i。总体而言，大部分粤方言的止摄开口舌齿音字都能保留 i 这一读音，但不少方言点的唇牙喉音字都发生了裂化的演变。但语言的发展是不平衡的，各个方言点的裂化演变速度不尽相同，有的发展得快些，有的发展得慢些，正是这种不平衡的演变差异让我们观察到裂变的发展过程。

在《分韵撮要》中，第三韵“几、纪、记”韵之下各小韵的字均为止摄开口三等字，例字包括：

平声 几诗希非卑知痴衣披崎其时儿离迷尼皮迟夷肥

上声 纪止始斐痞喜倚屎彼理美企耳以婢市你

去声 记骥气志意炽试贯譬技二是治利未异避泥地

“几、纪、记”韵的例字声母包括帮组、泥来母、知章组、见组、影母、喻母，可见当时止摄开口三等字除精、庄组字外都读作单元音韵母 i，还未发生裂变，情形与文冲几乎相同。

据彭小川先生（1992）的研究，在《增辑字音分韵撮要》中，止摄开口字已经分化为“之、止、志”韵及“姬、纪、寄”韵两个韵，其中知章组、疑母、影母、喻母字归“之、止、志”韵，读为 i，帮组、泥来母及见系字（疑除外）归“姬、纪、寄”韵，读为 ei，[3] 这种表现与现代广州话及上述江村等地相同。

三、“y > øy”的变化

“y > øy”的变化出现在遇摄三等字的泥来母、精组、见晓组和影、喻母字之中。泥来母字（庐、驴二字除外）和精组字在大多数方言点已经裂变为 øy，神山则读作与之较为接近的复合元音 oi，文冲仍然保留 y 读音，新塘、荔城、石滩则读作 œ，“女”在神岗白读音为 y^{35}。见晓组字（疑母除外）在江村、蚌湖、太和、钟落潭、新塘、萝岗、沙湾等方言点已经裂变为 øy，神山则读作 oi，荔城、石滩读作 œ，而石井、文冲、太平、神岗、大岗、赤坭等方言点仍然读作 y，未发生裂变。影、喻母字绝大多数方言点都读作 y，荔城、石滩读作 i，沙湾把影、喻母字都读作 øy 韵母，比较特别。各方言点遇摄三等字的音读情况如下所示：

	泥来 虑	精组 聚	知章组 厨	见晓组 区	疑 鱼	影喻 于
江村	-øy	-øy	-y	-øy	-y	-y
蚌湖	-øy	-øy	-y	-øy	-y	-y
神山	-oi	-oi	-y	-oi	-y	-y
石井	-øy	-øy	-y	-y	-y	-y
太和	-øy	-øy	-y	-øy	-y	-y
钟落潭	-øy	-øy	-y	-øy	-y	-y
文冲	-y	-y	-y	-y	-y	-y
萝岗	-øy	-øy	-y	-øy	-y	-y
新塘	-œ	-œ	-y	-øy/-œ	-y	-y
太平	-øy	-øy	-y	-y	-y	-y
神岗	-øy	-øy	-y	-y	-y	-y
荔城	-œ	-œ	-i	-œ	-i	-i
石滩	-œ	-œ	-i	-œ	-i	-i
沙湾	-øy	-øy	-y	-øy	-y	-øy
大岗	-øy	-øy	-y	-y	-y	-y
赤坭	-øy	-øy	-y	-y	-y	-y

从上面我们观察到，广州地区各个粤方言点 y 元音韵母的裂变进程有快有慢，裂变速度最快的要数沙湾，不仅跟大多数方言点一样，泥来母、精组、见晓组发生了裂变，而且影喻母字也发生了裂变。江村等地次之，石井、文冲、太平、神岗、大岗、赤坭等地较为保守，见晓组还未发生裂变。最保守的是文冲，所有遇摄三等字均保留读 y 韵母，完全未发生裂变。各方言点的读音差异显示了 y 元音韵母的裂变过程：泥来母和精组字最先发生裂变，然后是见晓组字（疑母除外），知章组、疑母、影喻母的裂

变最慢。

参考汉语语音发展史，到晚唐五代时期，遇摄三等韵鱼和虞已经合一，王力将其拟音为*i̯u。迟至明代，三等鱼虞的*iu才变为撮口呼y，与一等模分立。粤方言与共同语有着相同的演变路径，三等鱼虞韵的y也同样来自于*iu。总体而言，大部分粤方言的遇摄三等知章组字以及日、疑、影、喻母字还未发生裂变，一般读作y，其余声母字一般都已发生了裂变。

在《分韵撮要》中，第四韵“诸、主、著”韵之下各小韵的字均为遇摄三等字，例字包括：

平声　诸趋拘居舒胥虚於于闾徐鱼渠殊
上声　主许举暑咀处妪取宇吕语绪宁拒女
去声　著句庶饫娶去处谕具序如虑树住

“诸、主、著”韵的例字声母包括泥来母、精组、知章组、日母、见晓组以及影、喻母字，可见《分韵撮要》这些字读作y，还未发生裂变，情形与文冲相同。据彭小川先生（1992）的研究，在《增辑字音分韵撮要》中，泥来母、精组、见晓组字均已由“诸、主、著”韵分出，归入“虽、髓、岁”韵之中，[4]可见这些字已发生了裂变，情形与现代广州话及上述江村等地相同。

四、小结

广州地区粤方言高位元音裂化的地理差异反映了该地区粤方言高元音裂化的演变过程。各个方言点的裂化演变不尽相同，各声类的裂化演变也如此，有的变得快些，有的变得慢些，正是这种不平衡的演变差异让我们观察到裂化的进程。综合地理和声类的因素，我们可以看到，广州地区粤方言止摄、遇摄的裂变是一个连续体。总体而言，广州地区粤方言大都发生了高位元音裂化的现象，进程快慢不一。东部的荔城、石滩、新塘的裂化演变最快，中部的江村等多数方言点次之，北部的神岗、赤坭、太平，以及南部的大岗等方言点较为保守，东郊文冲完全未裂化，较为特殊，但从移民史看，文冲陆氏来自北部的太平，也可视为理所当然。裂化涉及 i、y、u 三个高位元音，主要表现为：i > ei；y > øy；u > ou。三者的裂化都是平行发展，齐头并进的，或者都不裂化，如保守型的文冲，或者都发生裂化，如变异型的荔城、新塘，这种表现与音系的平行对称性有关。裂化主要发生在帮组、端组、泥来母、精组以及见组，前高元音 i、y 的裂化最对称，后高元音 u 的见组不裂化，与前高元音的变化不合。总体来看，广州地区粤方言高位元音的裂化并不彻底，发生裂化的方言点都存在 i/ei（止摄）、u/ou（遇摄一等）、y/øy（遇摄三等）的对立。

第二节　豪韵的变化与高元音裂变的关系

以广州话为代表的粤方言止摄、遇摄高元音韵母裂化的原因是什么？对于这个问题，张琨（1990）认为这是受某些声母的影响导致的。[5] 如果只从止摄、遇摄的读音情况来分析确实如此，不过如果联系豪韵的读音变化来看，我们则更倾向于认为粤方言止摄、遇摄高元音韵母的裂化是由豪韵的高化演变导致的。

一、豪韵的演变

我们知道，广州话的前低元音 a 是比较稳定的，基本没有变化，例如，麻韵、皆佳韵、山删韵的主要元音仍然是 a。既然前低元音 a 没有高化，当然不会推动 i 和 y 裂化。① 此外，广州话齐

① 刘镇发先生（2001）曾探讨过广州话前元音的链移，不过从所举例子来看，多是介音的影响所致，而且这种变化都不会导致前高元音 i、y 裂化。

韵读ɐi，不像北方官话“齐韵开口字高化为*i，结果与止摄开口字发生冲突，后者因声母而发生分裂”。[6]因此广州话可以排除齐韵高化为i而迫使止摄分裂的可能。从语音的历史演变过程看，广州话的止摄、遇摄的高元音韵母i、y、u一直都很稳定，而豪韵的演变则很活跃。

根据清代韵书《分韵撮要》记录，在第十二韵“孤、古、故”韵内，就包括了模韵字和豪韵字，可见当时模、豪是合一的。举例如下（分号前为模韵，分号后为豪韵）：

平声　孤夫苏乌粗哺铺租无模胡涂蒲符卢奴徂；
　　　骚臊操褒煲遭糟高篙糕膏滔蒿毛桃逃牢曹豪毫号
上声　古睹祖甫补吐普素母鲁妇肚；
　　　倒岛早宝堡搞草懊好嫂脑老抱
去声　故素富蠹布数恶吐铺父路务户祚步度怒；
　　　报套靠糙澳灶帽造暴稻道傲

《分韵撮要》不仅证明了当时模豪同韵的事实，而且从古今的读音对比中我们还可以推断出当时的模豪韵应读为单元音韵母u，① 因为“孤、古、故”等模韵见组字今读仍然为u，而其余的字已经裂化为ou。模豪同韵还可以在屈大均的《广东新语》中找到片言的记录，《广东新语·文语·土言》曰：“广州语多与吴语趋相近，如须同苏，逃同徒，豪同涂，酒同走，毛同无，早同祖。”《广东新语》成书于屈大均（1630—1696）晚年，也就是说广州话豪模合流的时间至少可以追溯到17世纪。

从目前所掌握的方言材料看，现代粤方言中模豪韵不分且读作u的仍有文冲、西樵以及南宁等几个点。文冲位于广州东郊，西樵位于南海，两地方言均属粤方言广府片，南宁粤方言是一二

① 彭小川拟为u，刘镇发拟为o，笔者同意彭的观点，将其拟为u。

百年前广府移民带来的，这些点都保留了早期广府粤方言的语音面貌。广州白云区有个地名叫“江高”，是当地一个墟集，老派称之为“高塘墟” $ku^{55}t^{h}ɔŋ^{21}hœy^{55}$，“高”正是保留了早期豪韵的读音。

因此，广州话豪韵今读 ou 应是由早期的 u 裂化而来。

根据目前的文献资料，我们只能知道豪韵裂变前读作 u，至于之前的变化我们还未能找到更早的文献记录，不过我们可以通过方言比较来重构。我们先看看广州近郊粤方言豪韵的今读情况。

表 4－1 广州近郊粤方言豪韵今读情况

豪韵		方言点
老	告	
-ou	-ou	石井、太和、萝岗、新塘、荔城、石滩、沙湾、大岗
-ɔ	-ɔ	太平
-u	-u	文冲
-au	-au	神岗、赤坭
-au	-ou	江村、蚌湖、神山、钟落潭

由上表可见，广州近郊粤方言豪韵今读有四种：ɔ、u、ou、au，我们将这四种读音分为两大类：A. au；B. ɔ、u、ou。

A 类神岗、赤坭等方言点的 au 是由 *ɑu 演变而来的。B 类的 ɔ、u、ou 是直线发展的关系：ɔ > u > ou，这种链移符合汉语元音高化裂化的普遍发展规律。而且据族谱所载，太平陆氏与文冲陆氏乃同宗，文冲陆氏是几百年前从太平迁出的，太平豪韵今读 ɔ，文冲豪韵今读 u，移民的历史也证实了豪韵从 ɔ 到 u 的高化演变。据笔者手头掌握的材料，豪韵今读 ɔ 还有广东的开平赤坎和封开南丰，上述方言点都保留了豪韵的早期读音。因此，广州话豪韵应发生了“ɔ > u > ou”的演化。广州话豪韵字今读除了 ou 之外，还有“捞、靠、考、烤”等几个常用字读 au，这个读音与泰咍韵 ai、谈覃韵 am、寒韵 an 的层次对应，由原来的后元音 *ɑu 演变而来。

在汉语方言之中，豪韵读单元音 ɔ 要数闽语最具代表性，客家话也存在 ɔ 的读音表现。从粤方言看，豪韵今读单元音 ɔ/o 的方言点也有不少，而且如上文所述，广州话的 ou 实际上也来源于 ɔ。因此在南方方言中，豪韵读 ɔ 应该是一个重要的类型。在宋词用韵中，歌豪通押的情况也不少见。据刘晓南（2008）的统计，除福建词人外，四川诗词中歌豪通押达 26 例，江浙诗韵也有 3 例，而且“不能确定为吴音”[7]。宋代学者周必大在他的著作《二老堂诗话》中也指出除闽音外四川方音也有歌豪通押现象：

近世士大夫颇笑闽人作赋协韵云，天道如何，仰之弥高。殊不知苏子由蜀人也，《文集》第一卷严碑长韵：“磨讹高豪何曹荷戈”，亦相间而用云。

方言中豪韵 ɔ/o 的类型有可能是复元音单音化的结果。郑张尚芳（2002）在讨论上古幽部的读音时曾提及闽语豪韵的来源：“朝鲜（幽部）读 o 有两种可能，一是语音系统没有复元音 au，只能用近似的单元音替代，一是发生了 au > ɔ > o 单化过程，闽语从福州到厦门就有这一变化。”[8] 朱晓农（2004）曾经对广州文冲粤语豪韵的变化作如下解释：“豪韵字 au > *ɔ > *o > u，这就跟原来的模韵字发生了冲突。结果模韵字发生分裂：非喉牙音字与豪韵合流，而喉牙音字则被推出位 u > v。”[9] 朱先生演变链中的 *ɔ、*o只是拟构，而从粤语的情况看，我们有实际的材料作支持。

二、豪韵与止、遇摄的互动关系

据我们观察，在广府片及部分勾漏片粤方言之中，[①] 大部分的方言点模、鱼虞韵和止摄都已裂化，如高要、云浮、罗定、英德、韶关、曲江、仁化、乐昌、番禺、花都、增城、佛山、斗门等地。那些模韵不裂化的方言点通常止摄和鱼虞韵也不裂化，例如四会、广宁等地；也有模韵裂化而止摄和鱼虞韵不裂化的，如清远、南海等地；还有模韵、鱼虞韵裂化而止摄不裂化的，如阳山和连县。我们未发现鱼虞韵和止摄裂化而模韵不裂化的方言点。这种地理上的读音差别证明了粤方言模韵 u 的裂化要早于鱼虞韵 y 和止摄 i 的裂化。请看下列三类材料：

表 4-2　模、鱼虞韵和止摄都不裂化的方言点

	高明、中山、珠海、四会、德庆、广宁、连山、封开、新兴、郁南、从化、佛冈
模	u
鱼虞	y
止	i

表 4-3　模韵裂化，鱼虞韵和止摄不裂化的方言点

	清远、南海、顺德、三水、怀集
模	ou/ɔu
鱼虞	y
止	i

① 本书粤方言的分片据伍巍《粤语》，载《方言》2007 年第 2 期。

表 4－4　模、鱼虞韵裂化，止摄不裂化的方言点

	阳山	连县
模	ɐu	ɐu
鱼虞	ɔy	œy
止	i	i

从各地粤方言的豪韵与止摄、遇摄的表现看，我们发现不少方言点都有豪韵不裂化，止摄、遇摄也不裂化的表现，这说明了豪韵的裂化是导致止摄、遇摄裂化的诱因。这些方言点的 u、y、i 都未裂化，是因为豪韵没有发生裂化，豪韵不裂化，自然就不会推动模韵裂化，遇摄三等和止摄相应地也不裂化。

表 4－5　高位元音不裂化的粤方言豪韵、遇摄、止摄今读情况

豪韵	遇摄一等	遇摄三等	止摄	方言点
-ɔ	-u	-y	-i	封开
-o	-u	-y	-i	连南、连山、广宁
-u	-u	-y	-i	文冲、西樵、郁南、南宁
-au	-u	-y	-i	神岗、赤坭、佛冈、惠州

从广州话模豪韵的裂化表现看，虽然模豪韵今读都已裂化，但豪韵的裂化相对于模韵来说更彻底：豪韵今读为 ou，而模韵只有非见组字读为 ou，见组字仍然读 u。

种种迹象表明，广州话高位元音 i、y、u 的裂化不是声母跟韵母的拼合关系引起的，而是由豪韵 u > ou 的变化导致的。总而言之，广州话豪韵发生了系列高化链移，豪韵高化为 u 之后，与模韵合流，然后裂化为 ou。由于音系具有平衡对称性的特点，豪韵和模韵 u 的裂化很容易引发鱼虞韵和止摄的前元音 i、y 的裂

化，从而形成新的平衡格局：ou、ei、œy。整个变化过程大致可以分为以下几个阶段：① 豪韵 ɔ > u；② 豪韵 u > ou；③ 模韵 u > ou；遇摄三等 y > œy；止摄 i > ei。

三、裂化的类型分析

我们将视野扩展到整个广州地区的粤方言，对该地区的裂化情况进行分析。下面是广州地区粤方言豪韵、模韵的读音。

表 4 - 6　广州近郊粤方言豪韵、模韵今读情况

豪韵		模韵		方言点
老	告	铺	苦	
-ou	-ou	-ou	-u	石井、太和、萝岗、新塘、荔城、石滩、沙湾、大岗
-au	-ou	-ou	-u	江村、蚌湖、神山、钟落潭
-ɔ	-ou	-ou	-u	太平
-u	-u	-u	-u	文冲
-au	-au	-u	-u	神岗、赤坭

从表 4 - 6 可见，石井、太和等方言点读音情况与广州完全相同，我们认为这些方言点的豪模韵也如广州话一样发生了 u > ou 的变化。文冲、神岗和赤坭三地的模韵都不裂化，文冲豪韵读作 u，神岗和赤坭豪韵读作 au，这三地的情况说明模韵的裂化与豪韵的变化有关。由于这三个方言点的豪韵未发生 u > ou 的变化，所以模韵也不裂化。江村、蚌湖等地的模韵也已裂化，不过豪韵普遍存在 au/ou 两读的现象，读 au 的通常是口语用字，读 ou 的通常是书面用字，很明显，au 读音是本来的层次，而 ou 读音只是近年受广州话影响的结果。例如：

口语字读音：

帽 mau^{35}　刀 tau^{55}　倒 tau^{35}～水　桃 t^hau^{22}～仔（桃子）

早 $tʃau^{35}$　灶 $tʃau^{33}$～头　枣 $tʃ^hau^{35}$红～　扫 $ʃau^{33}$～把

嫂 $ʃau^{35}$阿～　高 kau^{55}　好 hau^{35}

书面字读音：

报 pou^{33}～纸　冒 mou^{21}～险　岛 tou^{35}～屿　套 t^hou^{33}圈～

道 tou^{21}～路　牢 lou^{22}～狱　遭 $tʃou^{55}$～受　告 kou^{33}～诉

豪 hou^{22}～气

若一字有两读，则是口语词读作 au，书面词读作 ou。例如：

倒 tau^{35}～水/tou^{35}颠～　老 lau^{11}好～/lou^{11}～师

早 $tʃau^{35-55}$　朝头～/$tʃou^{35}$～上

好 hau^{35}～啊（应允语）/hou^{35}三～学生

太平的情况与江村等地相若，模韵裂化，豪韵有两种读音，口语常用字多读 ɔ，其他字读作 ou。ɔ 读音是原来的层次，而 ou 读音是受广州话影响的结果。

根据豪韵的读音，我们大致上可以判断各方言点的裂化类型：豪韵裂化为 ou 且无其他读音层次的，应为自源性裂化；豪韵裂化为 ou 但有其他读音层次的，应为接触性裂化。我们将广州地区粤方言高元音的裂化演变分为三种类型：不裂化、自源性裂化和接触性裂化。不裂化保留了早期的语音特征，表现为豪韵、止摄和遇摄均不裂化，文冲属于这一类。自源性的裂化是自身音系调整所致，表现为豪韵完全裂化，止摄及遇摄普遍裂化，石井、太和等方言点属于这一类。接触性裂化主要是受广州话的影响，按程度深浅又分两类。深层接触裂化表现为豪韵有两个读音层次，止摄、遇摄已普遍裂化，江村、太平等方言点属于这一类。①表层接触裂化表现为豪韵读 au，模韵不裂化，止摄及遇摄三等韵部分裂化，神岗、赤坭等方言点属于这一类。

第三节　介音的变化

本节讨论广州地区粤方言 u、i、y 三种介音的变化，以 u、i、y 为首的零声母音节不在讨论范围之内。

一、u 介音的变化

（一）u 介音的分布

大致上，广州地区粤方言的 u 介音分布于中古果、假、蟹、止、山、臻、宕、曾、梗等 9 个摄的合口韵之中。除民乐一个点外，其余各方言点都存在 u 介音，大多数方言点的 u 介音只能与 k、k^h 声母拼合，这种现象比较普遍。广州地区粤方言的 u 介音跟 k、k^h 声母的组合关系见表 4－7。

表中列举了各方言点 u 介音的分布情况，包括了广州市区粤方言的 uɔ、ua、ui、uɐi、uai、un、uan、uɐn、uɔŋ、uaŋ 等 10 个系列的韵母，涉及中古果、假、蟹、止、山、臻、宕、曾、梗等 9 个摄的合口韵。从表中，我们可以清楚地看到，u 介音在各方言点的分布范围并不一致，组合能力也不相同，大致上各方言点的 u 介音跟声、韵的组合范围由左至右缩小。我们按照 u 介音的分布范围把各方言点分为以下几类：

---

① 不排除有些深层接触裂化的方言点受广州话影响过深，豪韵只有 ou 一个读音层次，而归入自源性裂化一类的可能性。

表 4－7　广州地区粤方言 u 介音跟 k、k^h 声母组合关系

声母＼方言点		蚌湖	文冲	神山	赤坭	广州市	石井	钟落潭	荔城	石滩	沙湾	太平	太和	江村	神岗	新塘	大岗	萝岗	民乐
k	过	-uɔ	-uɔ	-ɔ	-uɔ	-uɔ	-uɔ	-uɔ	-uɔ	-uɔ	-uɔ	-ɔ	-ɔ	-ɔ	-ɔ	-ɔ	-ɔ	-ɔ	-ɔ
	瓜	-ua	-ua	-ua	-ua	-ua	-ua	-ua	-ua	-ua	-ua	-ua	-ua	-ua	-ua	-ua	-ua	-ua	-a
	怪	-uai	-uai	-uai	-uai	-uai	-uai	-uai	-uai	+ uai	-uai	-uai	-uai	-uai	-uai	-uai	-uai	-uai	-ai
	龟	-uɐi	-uɐi	-uɐi	-ui	-uɐi	-uɐi	-uɐi	-uɒi	-uɒi	-uei	-uɐi	-uɐi	-uɐi	-uɐi	-uɐi	-uɐi	-uɐi	-ɐi
	官	-uɔn	-un	-un	-uɔn	-un	-un	-un	-un	-un	-un	-un	-un	-un	-un	-un	-un	-un	-un
k^h	关	-uan	-uaŋ	-uan	-uan	-uan	-uan	-uan	-uaŋ	-uaŋ	-uan	-uan	-uan	-uan	-uaŋ	-uaŋ	-uan	-uaŋ	-aŋ
	军	-uen	-uɐŋ	-uɐn	-un	-uɐn	-uɐn	-uɐn	-uɒŋ	-uɒŋ	-uɐn	-uɐn	-uɐn	-uɐn	-uɐn	-uɐŋ	-uɐn	-uɐŋ	-ɐn
	光	-uɔŋ	-uɔŋ	-uɔŋ	-uɔŋ	-uɔŋ	-uɔŋ	-uɔŋ	-uɔŋ	-uɔŋ	-uɔŋ	-uɔŋ	-uɔŋ	-ɔŋ	-ɔŋ	-ɔŋ	-ɔŋ	-ɔŋ	-ɔŋ
	逛	-uaŋ	-uaŋ	-uaŋ	-uaŋ	-uaŋ	-uaŋ	-uaŋ	-uaŋ	-uaŋ	-uaŋ	-uaŋ	-uaŋ	-uaŋ	-uaŋ	-uaŋ	-uaŋ	-uaŋ	-aŋ

说明：①各方言点均保留着以 u 为首的零声母，所以未列出。②广州市等方言点的 uɐŋ 韵只包括梗摄的“轰”一字，在文冲等方言点已混入到臻摄之中，而 ueŋ 韵只包括“迥”一个生僻字，所以都未列出。

1. 蚌湖

蚌湖的 k、k^h声母能够同 uɔ、ua、uai、uei、uɔn、uan、uen、uɔŋ、uaŋ 等 9 类韵母组合。

2. 广州、石井、钟落潭、荔城、石滩、沙湾、文冲

这些方言点的 k、k^h声母能跟 uɔn 韵母以外的 8 类韵母组合。

3. 神山、赤坭、太平、太和

神山、太平、太和的 k、k^h声母能跟 uɔ、uɔn 韵母以外的 7 类韵母组合；赤坭的 k、k^h声母能跟 uɐi、uɐn 韵母以外的 7 类韵母组合。

4. 江村、神岗、新塘、大岗、萝岗

这些方言点的 k、k^h声母能跟 uɔ、uɔn、uɔŋ 韵母以外的 6 类韵母组合。

5. 民乐

该点的 u 介音除了以零声母形式出现外，前面不能再出现其他声母，即使是 k、k^h声母，如关 kan^{55}、惯 kan^{33}、怪 kai^{33}、瓜 ka^{55}，这种现象在从化地区的粤方言中较为常见。同时，这种现象在四邑片的台山、恩平、开平等粤方言中也比较突出，还有珠海前山、郁南平台等粤方言也是如此。例如：

	关	惯	乖	怪	瓜	过
恩平牛江	kan^{33}	kan^{33}	kai^{33}	kai^{33}	ka^{33}	kua^{55}
开平赤坎	kan^{33}	kan^{33}	kai^{33}	kai^{33}	ka^{33}	kua^{33}
台山台城	kan^{33}	kan^{33}	kai^{33}	kai^{33}	/	$k^uɔ^{33}$
珠海前山	kan^{55}	kan^{33}	kai^{55}	kai^{33}	ka^{55}	$kɔ^{33}$
郁南平台	kan^{55}	kan^{42}	kai^{55}	kai^{42}	ka^{55}	$kɔ^{42}$

广州地区一些粤方言的 u 介音组合能力相当强，例如蚌湖、文冲、神山、赤坭等方言点的 u 介音除了能跟 k、k^h声母组合外，还能跟 p、p^h、m、f 声母甚至 l、tʃ、$tʃ^h$声母组合。如蚌湖的 p、p^h、m、f 声母同 ɔ、ɔi、ɔn、ɔŋ 韵母组合时以及 l、tʃ、$tʃ^h$声母同 ɔn 韵母组合时都会带上 u 介音。而文冲、神山、赤坭三地的 u 介音能跟 p、p^h、m、f 声母组合。其中文冲的 p、p^h、m、f 声母只能同 uɔ 韵母组合；神山的 p、p^h、m、f 声母只能同 uoi 韵母组合；赤坭的 p、p^h、m、f 声母只能同 uɔn 韵母组合。具体情况见表 4－8：

表 4－8　广州地区粤方言 u 介音与声母的组合情况

声母＼方言点		蚌湖	文冲	神山	赤坭	广州市	石井	钟落潭	荔城	石滩
p p^h m f	坡	-uɔ	-uɔ	-ɔ	-ɔ	-ɔ	-ɔ	-ɔ	-ɔ	-ɔ
	赔	-uɔi	-ui	-uoi	-ɔi	-ui	-ui	-ui	-ui	-ui
	搬	-uɔn	-un	-un	-uɔn	-un	-un	-un	-un	-un
	方	-uɔŋ	-ɔŋ	-ɔŋ	-ɔŋ	-ɔŋ	-ɔŋ	-ɔŋ	-ɔŋ	-ɔŋ
l tʃ $tʃ^h$	联	-uɔn	-yŋ	-yn	-yœn	-yn	-yn	-yn	-iŋ	-iŋ
	砖	-uɔn	-yŋ	-yn	-yœn	-yn	-yn	-yn	-iŋ	-iŋ
	全	-uɔn	-yŋ	-yn	-yœn	-yn	-yn	-yn	-iŋ	-iŋ

声母＼方言点		沙湾	太平	太和	江村	神岗	新塘	大岗	萝岗	民乐
p p^h m f	坡	-ɔ	-ɔ	-ɔ	-ɔ	-ɔ	-ɔ	-ɔ	-ɔ	-ɔ
	赔	-ui	-ui	-ui	-ui	-ui	-ui	-ui	-ui	-ui
	搬	-un	-un	-un	-un	-un	-un	-un	-un	-un
	方	-ɔŋ	-ɔŋ	-ɔŋ	-ɔŋ	-ɔŋ	-ɔŋ	-ɔŋ	-ɔŋ	-ɔŋ
l tʃ $tʃ^h$	联	-yn	-yn	-yn	-yn	-yn	-yŋ	-yn	-yŋ	-yn
	砖	-yn	-yn	-yn	-yn	-yn	-yŋ	-yn	-yŋ	-yn
	全	-yn	-yn	-yn	-yn	-yn	-yŋ	-yn	-yŋ	-yn

下面列举 u 介音表现突出的蚌湖等 4 个方言点的读音情况（以广州市为参照点）：

（果摄）	波	婆	磨	过	果	科	火
蚌湖	puɔ^{55}	p^{h}uɔ^{22}	muɔ^{22}	kuɔ^{33}	kuɔ^{35}	fuɔ^{55}	fuɔ^{35}
文冲	puɔ^{52}	p^{h}uɔ^{21}	muɔ^{21}	kuɔ^{33}	kuɔ^{35}	fuɔ^{55}	fuɔ^{35}
广州	pɔ^{55}	p^{h}ɔ^{21}	mɔ^{21}	kuɔ^{33}	kuɔ^{35}	fɔ^{55}	fɔ^{35}

（蟹合一）	杯	赔	梅	灰	刽
蚌湖	puɔi^{55}	p^{h}uɔi^{22}	muɔi^{22}	fuɔi^{55}	k^{h}uɔi^{35}
神山	puoi^{55}	p^{h}uoi^{22}	muoi^{22}	fuoi^{55}	k^{h}uoi^{35}
广州	pui^{55}	p^{h}ui^{21}	mui^{21}	fui^{55}	k^{h}ui^{35}

（山摄）	搬	满	官	欢	砖	联
蚌湖	puɔn^{52}	muɔn^{11}	kuɔn^{55}	fuɔn^{55}	tʃuɔn^{52}	luɔn^{22}
赤坭	puɔn^{33}	muɔn^{13}	kuɔn^{55}	fuɔn^{55}	tʃyœn^{52}	liɛn^{21}
广州	pun^{52}	mun^{13}	kun^{55}	fun^{55}	tʃyn^{52}	lyn^{21}

（宕摄）	光	荒	郭	方	狂
蚌湖	kuɔŋ^{55}	fuɔŋ^{55}	kuɔk^{3}	fuɔŋ^{55}	k^{h}uɔŋ^{22}
广州	kuɔŋ^{55}	fɔŋ^{55}	kuɔk^{3}	fɔŋ^{55}	k^{h}uɔŋ^{21}

在珠三角的五邑地区，u 介音的分布范围比广州地区的蚌湖等方言点更广，主要表现为 u 介音能与多种声母组合。例如（材料按《珠三角方言字音对照》原文引录）：

（果合一）	波	婆	磨	朵	螺	坐	锁	火	禾
斗门	p^{u}ɔ^{33}	p^{hu}ɔ^{22}	^{m}b^{u}ɔ^{22}	t^{u}ɔ^{55}	l^{u}ɔ^{35}	t^{hu}ɔ^{21}	ʃ^{u}ɔ^{55}	f^{u}ɔ^{55}	v^{u}ɔ^{22}

新会	p^{u}ɔ^{23}	p^{hu}ɔ^{22}	^{m}b^{u}ɔ^{22}	t^{u}ɔ^{45}	l^{u}ɔ^{22}	tʃ^{hu}ɔ^{21}	ʃ^{u}ɔ^{45}	f^{u}ɔ^{45}	v^{u}ɔ^{22}
台山	p^{u}ɔ^{33}	p^{hu}ɔ^{22}	^{m}b^{u}ɔ^{22}	^{u}ɔ^{55}	l^{u}ɔ^{35}	t^{hu}ɔ^{21}	ɬ^{u}ɔ^{55}	f^{u}ɔ^{55}	v^{u}ɔ^{22}
恩平	pua^{33}	p^{h}ua^{22}	^{m}bua^{22}	tua^{55}	lua^{35}	tʃua^{31}	ʃua^{55}	fua^{55}	vua^{22}

(遇合三)	阻	初	锄	蔬	梳
斗门	tʃ^{u}ɔ^{55}	t^{hu}ɔ^{33}	t^{hu}ɔ^{22}	ʃ^{u}ɔ^{33}	ʃ^{u}ɔ^{33}
新会	tʃ^{u}ɔ^{45}	tʃ^{hu}ɔ^{23}	tʃ^{hu}ɔ^{22}	ʃ^{u}ɔ^{33}	ʃ^{u}ɔ^{33}
台山	tʃ^{u}ɔ^{55}	tʃ^{hu}ɔ^{33}	tʃ^{hu}ɔ^{22}	ʃ^{u}ɔ^{33}	ʃ^{u}ɔ^{33}
恩平	tʃua^{55}	tʃ^{h}ua^{33}	tʃ^{h}ua^{33}	ʃua^{33}	ʃua^{33}

(蟹合一)	杯	煤	灰	贿	回	外
台山	p^{u}ɔi^{33}	^{m}b^{u}ɔi^{22}	f^{u}ɔi^{33}	h^{u}ɔi^{55}	v^{u}ɔi^{22}	^{ŋ}g^{u}ɔi^{31}
开平	v^{u}ɔi^{33}	^{m}b^{u}ɔi^{22}	f^{u}ɔi^{33}	h^{u}ɔi^{55}	v^{u}ɔi^{22}	^{ŋ}g^{u}ɔi^{31}
恩平	puai^{33}	^{m}buai^{22}	fuai^{33}	huai^{55}	vuai^{22}	^{ŋ}guai^{31}

(山合一)	搬	满	短	团	暖	乱	钻	官	欢
台山	p^{u}ɔn^{33}	^{m}b^{u}ɔn^{55}	^{u}ɔn^{55}	h^{u}ɔn^{22}	^{n}d^{u}ɔn^{21}	l^{u}ɔn^{31}	t^{u}ɔn^{35}	k^{u}ɔn^{33}	f^{u}ɔn^{33}
开平	vuan^{33}	^{m}buan^{55}	uan^{55}	huan^{22}	^{n}duan^{21}	luan^{31}	tuan^{33}	kuan^{33}	fuan^{33}
恩平	puan^{33}	^{m}buan^{55}	tuan^{55}	huan^{22}	^{n}duan^{21}	luan^{31}	tʃuan^{35}	kuan^{33}	fuan^{33}

(山合三)	转	砖	船	圆	县(臻合一)	本	门
台山	tʃ^{u}ɔn^{55}	tʃ^{u}ɔn^{33}	ʃ^{u}ɔn^{22}	z^{u}ɔn^{22}	z^{u}ɔn^{22}	p^{u}ɔn^{55}	^{m}b^{u}ɔn^{22}
开平	tʃuan^{55}	tʃuan^{33}	ʃuan^{22}	zuan^{22}	zuan^{22}	vuan^{55}	^{m}buan^{22}

五邑地区的 u 介音出现在多种声母之后，主要分布在果、遇、蟹、山等韵摄之中。同五邑地区相比，广州地区蚌湖等地果、蟹、山等韵摄中的 u 介音与声母结合的数量要少得多，也就

是说，广州地区蚌湖等地的 u 介音与五邑地区明显已经失落不少了。

（二）u 介音的演变

从 u 介音与声、韵组合关系的变化角度看，u 介音的消变方式主要有两种：

第一种：u 介音丢失，这种变化主要发生在果摄和宕摄合口韵之中。

果摄合口韵以 p、p^{h}、m、f 为声母的字在蚌湖、文冲皆带有 u 介音，其余多数方言点的 u 介音已经消失。果摄合口韵以 k、k^{h} 为声母的字，在蚌湖、文冲等方言点带有 u 介音，在江村、神山等方言点，u 介音已经消失。例如：

蚌湖、文冲　波 puɔ｜婆 p^{h}uɔ｜磨 muɔ｜火 fuɔ｜过 kuɔ｜果 kuɔ

江村、神山　波 pɔ｜婆 p^{h}ɔ｜磨 mɔ｜火 fɔ｜过 kɔ｜果 kɔ

在其他的粤方言材料中，我们也能找到果摄合口字带有 u 介音（流音）的现象，而且保留得相当完整，例如，斗门（斗门镇）、新会等方言点所有果摄合口字都保留着合口成分。例如（材料照《珠三角方言字音对照》原文引录）：

斗门　波 p^{u}ɔ｜婆 p^{hu}ɔ｜磨 ^{m}b^{u}ɔ｜火 f^{u}ɔ｜朵 t^{u}ɔ｜妥 h^{u}ɔ｜螺 l^{u}ɔ｜坐 t^{hu}ɔ｜锁 ʃ^{u}ɔ｜过 k^{u}ɔ｜果 k^{u}ɔ

新会　波 p^{u}ɔ｜婆 p^{hu}ɔ｜磨 ^{m}b^{u}ɔ｜火 f^{u}ɔ｜朵 t^{u}ɔ｜妥 h^{u}ɔ｜螺 l^{u}ɔ｜坐 tʃ^{hu}ɔ｜锁 ʃ^{u}ɔ｜过 k^{u}ɔ｜果 k^{u}ɔ

台山　波 p^{u}ɔ｜婆 p^{hu}ɔ｜磨 ^{m}b^{u}ɔ｜火 f^{u}ɔ｜朵 ^{u}ɔ｜妥 h^{u}ɔ｜螺 l^{u}ɔ｜坐 t^{hu}ɔ｜锁 ɬ^{u}ɔ｜过 k^{u}ɔ｜果 k^{u}ɔ

恩平　波 pua｜婆 p^{h}ua｜磨 ^{m}bua｜火 fua｜朵 tua｜妥 hua｜螺 lua｜坐 tʃua｜锁 ʃua｜过 kua｜果 kua

合口韵在中古时期都带有 u 介音，上述果摄合口字带有 u 介音的粤方言点还保留着早期的层次，而有些方言点的 u 介音已经失落。因此，广州地区粤方言果摄合口字 u 介音的变化路径为：

$uɔ > {}^{u}ɔ > ɔ$

宕摄合口韵 f 声母字在蚌湖带有 u 介音，其余多数方言点的 u 介音已经消失。宕摄合口韵以 k、k^h为声母的字，在蚌湖、文冲等方言点带有 u 介音，在江村、神岗等方言点，u 介音已经消失。例如：

蚌湖　方 $fuɔŋ^{55}$｜荒 $fuɔŋ^{55}$｜房 $fuɔŋ^{22}$｜光 $kuɔŋ^{55}$｜旷 $k^huɔŋ^{33}$｜狂 $k^huɔŋ^{22}$
江村　方 $fɔŋ^{55}$｜荒 $fɔŋ^{55}$｜房 $fɔŋ^{22}$｜光 $kɔŋ^{55}$｜旷 $k^hɔŋ^{33}$｜狂 $k^hɔŋ^{22}$

上述宕摄合口字带有 u 介音的粤方言点还保留着早期的层次，而有些方言点的 u 介音已经失落。因此，广州地区粤方言宕摄合口字 u 介音的变化路径为：

$uɔŋ > {}^{u}ɔŋ > ɔŋ$

第二种：u 介音带动舌位较低的主要元音高化，主要元音发展至最高点，与 u 介音合二为一，u 成为主要元音。这种变化主要发生在蟹摄和山摄合口韵之中。

蟹摄合口一等韵以 p、p^h、m、f 和 k、k^h为声母的字在蚌湖、神山带有 u 介音，其余多数方言点以 u 为主要元音。例如：

蚌湖　杯 $puɔi^{55}$｜赔 $p^huɔi^{22}$｜梅 $muɔi^{22}$｜灰 $fuɔi^{55}$｜刽 $k^huɔi^{35}$
神山　杯 $puoi^{55}$｜赔 p^huoi^{22}｜梅 $muoi^{22}$｜灰 $fuoi^{55}$｜刽 k^huoi^{35}
江村　杯 pui^{55}｜赔 p^hui^{22}｜梅 mui^{22}｜灰 fui^{55}｜刽 k^hui^{35}

在其他的粤方言材料中，我们也能找到蟹摄合口字带有 u 介音（流音）的现象。例如（材料照《珠三角方言字音对照》原文引录）：

台山　杯 p^{u}ɔi^{33} | 赔 p^{hu}ɔi^{22} | 梅 ^{m}b^{u}ɔi^{22} | 灰 f^{u}ɔi^{33} | 刽 k^{hu}ɔi^{33}
开平　赔 p^{hu}ɔi^{22} | 梅 ^{m}b^{u}ɔi^{22} | 灰 f^{u}ɔi^{33} | 刽 k^{hu}ɔi^{33}
恩平　杯 puai^{33} | 赔 p^{h}uai^{22} | 梅 ^{m}buai^{22} | 灰 fuai^{33} | 刽 k^{h}uai^{33}

蟹摄合口一等灰、泰韵与开口一等咍韵在《经典释文》和玄应《一切经音义》的反切中互用，在唐诗中也互押，王力将它们归为咍部，拟音为 * ɑi，合口一等韵拟作 * uɑi。我们认为早期粤方言蟹摄合口一等韵应为 uɑi，如今，个别粤方言蟹摄合口一等字读作 uai，正是早期读音形式的保留。在后来的发展中，主要元音发生高化演变，由 uɑi 变为 uɔi，最后主要元音发展至最高点，与 u 介音合而为一，u 成为主要元音。广州地区粤方言蟹摄合口一等字的变化路径应为：

* uɑi > uɔi > uoi > ui

山摄合口一等韵以 p、p^{h}、m、f 和 k、k^{h} 为声母的字在蚌湖、赤坭带有 u 介音，其余多数方言点以 u 为主要元音。例如：

蚌湖　搬 puɔn^{55} | 满 muɔn^{11} | 欢 fuɔn^{55} | 官 kuɔn^{55}
赤坭　搬 puɔn^{55} | 满 muɔn^{13} | 欢 fuɔn^{55} | 官 kuɔn^{55}
江村　搬 pun^{55} | 满 mun^{11} | 欢 fun^{55} | 官 kun^{55}

在其他的粤方言材料中，我们也能找到山摄合口字带有 u 介音（流音）的现象。例如：

台山　搬 p^{u}ɔn^{33} | 满 ^{m}b^{u}ɔn^{55} | 钻 t^{u}ɔn^{33} | 乱 l^{u}ɔn^{31} | 酸 ɬ^{u}ɔn^{33} |

欢 $f^{u}ɔn^{33}$ | 官 $k^{u}ɔn^{33}$

开平　满 $^{m}buan^{55}$ | 钻 $tuan^{33}$ | 乱 $luan^{31}$ | 酸 $ɬuan^{33}$ | 欢 $fuan^{33}$ | 官 $kuan^{33}$

恩平　搬 $puan^{33}$ | 满 $^{m}buan^{55}$ | 钻 $tʃuan^{33}$ | 乱 $luan^{31}$ | 酸 $ʃuan^{33}$ | 欢 $fuan^{33}$ | 官 $kuan^{33}$

山摄合口一等桓韵与开口一等寒韵在《经典释文》和玄应《一切经音义》的反切中互用，在唐诗中也互押，王力将它们归为寒部，拟音为 *ɑn，合口一等韵拟作 *uɑn。我们认为早期粤方言山摄合口一等应为 uɑn，如今，个别粤方言蟹摄合口一等字读作 uan，正是早期读音形式的保留。在后来的发展中，主要元音发生高化演变，由 uɑn 变为 uɔn，最后主要元音发展至最高点，与 u 介音合而为一，u 成为主要元音。广州地区粤方言山摄合口一等字的变化路径应为：

*uɑn > uɔn > un

（三）小结

综上所述，广州地区粤方言的 u 介音与声、韵的组合关系显示了 u 介音的消变过程：蚌湖、文冲等方言点的 u 介音较发达，而石井、江村等多数方言点的 u 介音呈弱化的趋势，从化民乐的 u 介音则完全消失。总体而言，广州地区粤方言的 u 介音以与 k、k^{h} 声母的组合为常，其次是与 p、p^{h}、m、f 声母的组合，而与 l、tʃ、$tʃ^{h}$ 声母的组合较少。而且在与声母的每一组组合中，u 介音同韵母的组合分布又不尽相同。从历史音韵的角度观察，这些 u 介音无一不在历史合口韵的范围内，完全反映了历史与现实音位系统的承接关系，上述的粤方言正印证了这一承接与发展。因此，广州地区粤方言 u 介音分布的这种地区差异正显示了古合口韵 u 介音在该地区的渐变消失过程。

二、i 介音的变化

（一）i 介音的分布

广州地区多数的粤方言点，包括广州市区在内都没有 i 介音，但也有一些方言点存在 i 介音。从地理分布看，存在 i 介音的方言点主要分布在广州北郊的蚌湖、人和、石井、钟落潭、赤坭，以及东郊的新塘、萝岗和南郊的沙湾。从韵类分布看，上述方言点的 i 介音主要在假、效、咸、山、宕、梗摄的开口三、四等韵里面出现。举例如下：

（假摄）	姐	写	斜	蔗	蛇	爷	夜
蚌湖	tʃiæ^{35}	ʃiæ^{35}	tʃʰiæ^{22}	tʃiæ^{11}	ʃiæ^{22}	iæ^{22}	iæ^{21}
石井	tʃia^{35}	ʃia^{35}	tʃʰia^{35}	tʃia^{33}	ʃia^{22}	ia^{22}	ia^{21}
新塘	tʃia^{35}	ʃia^{35}	tʃʰia^{35}	tʃia^{33}	ʃia^{11}	ia^{11}	ia^{22}
赤坭	tʃɐi^{55}	ʃiæ^{35}	tʃʰiæ^{35}	tʃiæ^{33}	ʃiæ^{21}	iæ^{55}	iæ^{22}

（效摄）	蕉	笑	超	照	跳	尿	晓
蚌湖	tʃiɛu^{55}	ʃiɛu^{33}	tʃʰiɛu^{55}	tʃiɛu^{33}	tiɛu^{33}	liɛu^{21}	hiɛu^{35}
石井	tʃiau^{55}	ʃiau^{33}	tʃʰiu^{55}	tʃiu^{33}	tiau^{33}	liau^{21}	hiu^{35}
赤坭	tʃiɛu^{55}	ʃiɛu^{33}	tʃʰiɛu^{55}	tʃiɛu^{33}	tiɛu^{33}	liɛu^{22}	hiɛu^{35}

（咸摄）	镰	尖	钳	添	碟	兼	腌
蚌湖	liɛm^{22}	tʃiɛm^{55}	kʰiɛm^{22}	tʰiɛm^{55}	tiɛp^{2}	kiɛm^{55}	iɛp^{3}
石井	liam^{22}	tʃiam^{55}	kʰim^{22}	tʰiam^{55}	tiap^{2}	kim^{55}	ip^{3}
赤坭	liɛm^{21}	tʃiɛm^{55}	kʰiɛm^{21}	tʰiɛm^{55}	tiɛp^{2}	kiɛm^{55}	iɛp^{3}

（山摄）	变	连	煎	热	电	先	烟
蚌湖	piɛn^{33}	liɛn^{22}	tʃiɛn^{52}	iɛt^{2}	tiɛn^{21}	ʃiɛn^{55}	iɛn^{55}
石井	pian^{33}	lian^{22}	tʃian^{52}	it^{2}	tian^{21}	ʃian^{55}	in^{55}
赤坭	piɛn^{33}	liɛn^{21}	tʃiɛn^{52}	iɛt^{2}	tiɛn^{22}	ʃiɛn^{55}	iɛn^{55}

（宕摄）	凉	抢	想	让	姜	香	药
蚌湖	luɔŋ^{22}	tʃ^{h}yɔŋ^{35}	ʃyɔŋ^{35}	yɔŋ^{21}	kuɔŋ^{55}	hyɔŋ^{55}	yɔk^{2}
石井	liɔŋ^{22}	tʃ^{h}iɔŋ^{35}	ʃiɔŋ^{35}	iɔŋ^{21}	kiɔŋ^{55}	hiɔŋ^{55}	iɔk^{2}
太和	liœŋ^{22}	tʃ^{h}iœŋ^{35}	ʃiœŋ^{35}	iœŋ^{21}	kiœŋ^{55}	hiœŋ^{55}	iœk^{2}
钟落潭	liœŋ^{22}	tʃ^{h}iœŋ^{35}	ʃiœŋ^{35}	iœŋ^{21}	kiœŋ^{55}	hiœŋ^{55}	iœk^{2}
萝岗	liœŋ^{21}	tʃ^{h}iœŋ^{35}	ʃiœŋ^{35}	iœŋ^{53}	kiœŋ^{55}	hiœŋ^{55}	iœk$^{\underline{53}}$
新塘	liœŋ^{11}	tʃ^{h}iœŋ^{35}	ʃiœŋ^{35}	iœŋ^{22}	kiœŋ^{55}	hiœŋ^{55}	iœk^{2}

（梗摄）	病	惊	剧	井	钉	腥	踢
蚌湖	piɛŋ^{21}	kiɛŋ^{52}	k^{h}iɛk^{2}	tʃiɛŋ^{35}	tiɛŋ^{55}	ʃiɛŋ^{55}	t^{h}iɛk^{3}
石井	piaŋ^{21}	kiaŋ^{52}	k^{h}iak^{2}	tʃiaŋ^{35}	tiaŋ^{55}	ʃiaŋ^{55}	t^{h}iak^{3}
太和	piæŋ^{21}	kiæŋ^{52}	k^{h}iæk^{2}	tʃiæŋ^{35}	tiæŋ^{55}	ʃiæŋ^{55}	t^{h}iæk^{3}
钟落潭	piæŋ^{21}	kiæŋ^{52}	k^{h}iæk^{2}	tʃiæŋ^{35}	tiæŋ^{55}	ʃiæŋ^{55}	t^{h}iæk^{3}
萝岗	piɛŋ^{53}	kiɛŋ^{55}	k^{h}iɛk^{2}	tʃiɛŋ^{35}	tiɛŋ^{55}	ʃiɛŋ^{55}	t^{h}iɛk^{3}
新塘	piæŋ^{22}	kiæŋ^{55}	k^{h}iæk$^{\underline{53}}$	tʃiæŋ^{35}	tiæŋ^{55}	ʃiæŋ^{55}	t^{h}iæk^{3}
沙湾	piæŋ^{22}	kiæŋ^{52}	k^{h}iæk^{2}	tʃiæŋ^{35}	tiæŋ^{55}	ʃiæŋ^{55}	t^{h}iæk^{3}
赤坭	piæŋ^{22}	kiæŋ^{55}	k^{h}iæk^{2}	tʃiæŋ^{35}	tiæŋ^{55}	ʃiæŋ^{55}	t^{h}iæk^{3}

上述方言点的 i 介音在广州市区已经消变为主要元音或者消失。例如：

广州市　蛇 ʃɛ²¹｜爷 iɛ²¹｜笑 ʃiu³³｜尿 liu²²｜尖 tʃim⁵⁵｜腌 ip³｜
煎 tʃin⁵²｜烟 in⁵⁵｜凉 lœŋ²¹｜香 hœŋ⁵⁵｜病 pɛŋ²²｜踢 tʰɛk³

除上述方言点外，广州地区其余的粤方言点也没有 i 介音，消变情形与广州市区大致相同。此外，在有 i 介音的方言点里，i 介音的韵类分布也不尽相同，譬如，石井的 i 介音能出现在假、效、咸、山、宕、梗摄之中，蚌湖和赤坭的 i 介音能出现在假、效、咸、山、梗摄之中。需要说明的是，蚌湖宕摄字中的 y 介音实际的音值为 iu，由于 i 和 u 的结合并不是十分紧密，因此我们也将其看作是有 i 介音。新塘的 i 介音出现在假、宕、梗摄之中，太和、钟落潭、萝岗等地的 i 介音出现在宕、梗摄之中，沙湾的 i 介音只出现在梗摄之中。总体观之，石井、蚌湖和赤坭等三个方言点的 i 介音表现最突出，所涉及的韵类范围最广。新塘、太和、钟落潭、萝岗、沙湾等方言点的 i 介音，韵类分布范围越来越小，其余的方言点，如江村等地，i 介音已经完全消失。

珠三角地区的一些方言点也存在 i 介音，其分布范围也主要是上述几个韵摄。其中在假、宕、梗三摄中存在 i 介音的方言点比较多，而在效、咸、山摄中存在 i 介音的方言点则较少。通过对《珠三角方言字音对照》中的 25 个粤方言点 i 介音的分布情况进行统计，结果如下：

假摄中存在 i 介音的方言点：

花都（花山）、三水（西南）、高明（明城）、江门（白沙）、新会（会城）、台山（台城）、开平（赤坎）、恩平（牛江）、鹤山（雅瑶）、宝安（沙井）

宕摄中存在 i 介音的方言点：

花都（花山）、三水（西南）、斗门、江门（白沙）、新会（会

城）、台山（台城）、开平（赤坎）、恩平（牛江）、宝安（沙井）

梗摄中存在i介音的方言点：

番禺（市桥）、花都（花山）、三水（西南）、高明（明城）、中山（石岐）、斗门（上横）、斗门（斗门镇）、新会（会城）、台山（台城）、开平（赤坎）、恩平（牛江）、宝安（沙井）

效摄中存在i介音的方言点：

台山（台城）

山摄中存在i介音的方言点：

恩平（牛江）

咸摄中存在i介音的方言点：

台山（台城）、恩平（牛江）

此外，粤西茂名地区的高州、茂名、信宜、化州、电白等方言点，一些效、咸、山摄字也带有i介音（邵慧君，2007）。

总体而言，广州地区粤方言的i介音主要存在于假、宕、梗三摄之中，而且具有这一特点的方言点还是比较多的，而效、咸、山摄中存在i介音的方言点则相对较少。其他地区的粤方言也大致如此。可见，粤方言效、咸、山摄中的i介音消失得快一些。相比之下，在客家方言里，效、咸、山摄中存在i介音是非常常见的现象。

（二）i介音的演变

广州地区粤方言的一些方言点，如上文提到的蚌湖、人和、石井、钟落潭、赤坭、新塘、萝岗、沙湾等地无疑都存在i介音，而其余的方言点，如江村、神山、太和、文冲、太平、神岗、荔城、石滩、大岗等地，i前面不能再接其他声母，成为以i开头的零声母音节。广州地区粤方言i介音的地理分布差异和韵类分布差异的情况表明，早期粤方言的i介音相当发达，只不过在后来的发展变化过程中，i介音在一些方言里还保留原来的面貌，而在另一些方言里则消变了，从而形成如今所见的面貌。

对于粤方言i介音的演变，不少前辈学者曾作过相关的研究，并对其类型进行过分类。施其生先生（1991）结合广州郊区粤方言的情况进行分析，认为i介音的演变有三种类型：① 主要元音舌位高化，最终与介音合二为一。如“消” iæu > ieu > iu；“先” ien > iɪn > in。② 介音弱化，舌位向主要元音靠拢，最终被“吸收”。如“借” iæ > iɛ > ^{e}ɛ > ɛ。③ 介音与主要元音互相影响，最后合二为一，变成一个新的主要元音。如“上” iuɔŋ > øɔŋ > øɛŋ > œŋ。[10]李新魁先生（1995）则把i介音的演变归纳为两种类型：①i介音的主元音化，如“消” iɛu > ieu > i^{e}u > iu；“先/屑” iɛn/t > ien/t > i^{e}n/t > in/t；“禅/摄” iɛm/p > iem/p > i^{e}m/p > im/p。②i介音的失落。如“借” ia > iæ > iɛ > ^{i}ɛ > ɛ；“上” iɔŋ > yɔŋ > ^{y}ɔŋ > œŋ。他认为，第一种变化是主元音高化的结果，第二种变化是i介音弱化的结果。对于前一种类型的发展，李先生的解释是“三、四等韵的i介音，促使后面的主元音发音逐渐高化，主元音的舌位与i介音逐渐接近，原来的主元音不断弱化，i介音不断加强，终于上升为主元音，原来的主元音被吞没”。对于后一种类型的发展，李先生的解释是“由于i介音的弱化以至消失，使主元音没能高化至i元音的地步，在ɛ、e（或ɔ、œ）元音的发音位置上停留下来”。[11]

侍建国（2002）对李新魁的解释提出异议，认为粤方言i介音在弱化演变的同时又存在强化演变，这两种截然对立的演变方式难以共存。他认为李新魁所说的第一种演变应解释为介音逐渐消失，“因为介音不是音节的必要成分。但韵腹（或者主元音）却是音节的必要成分，说这样的结构成分弱化并消失，在音理上无法解释”。他又采用开平 ɛu 与 iu 并存以及人和 iɛu 与 ɛu 并存的例子说明“介音失落情况跟主元音高化没有必然联系”。[12]

我们根据广州地区粤方言 i 介音的分布特点，结合其他地区粤方言的表现，把广州地区粤方言 i 介音的演变过程分为三种类型：

第一种：i 介音拉动主要元音舌位高化，主要元音发展至最高点，与 i 介音合二为一，i 成为主要元音。这种变化主要发生在效、咸、山摄之中。

效摄三、四等韵字在蚌湖、赤坭、石井等方言点皆带有 i 介音，其余多数方言点以 i 为主要元音。例如：

蚌湖、赤坭　表 piɛu^{55} | 苗 miɛu^{22} | 疗 liɛu^{22} | 蕉 tʃiɛu^{55} |
消 ʃiɛu^{55} | 桥 k^{h}iɛu^{22} | 钓 tiɛu^{33}

石井　表 piu^{55} | 苗 miu^{22} | 疗 liau^{22} | 蕉 tʃiau^{55} |
消 ʃiau^{55} | 桥 k^{h}iu^{22} | 钓 tiau^{33}

江村　表 piu^{55} | 苗 miu^{22} | 疗 liu^{22} | 蕉 tʃiu^{55} |
消 ʃiu^{55} | 桥 k^{h}iu^{22} | 钓 tiu^{33}

石井以声母为条件，分为两种读音，其中端组、泥来母和精组字读作 iau，其余声母字读作 iu。除此以外，在其他的粤方言材料中，我们也能找到效摄三、四等韵字带有 i 介音的现象。例如：

龙归　ieu（李新魁，1995）

江门、台山　iau

效摄三、四等韵在隋唐时期已经在反切中互用，在诗歌中通押，王力将两个韵合为萧宵部，拟音为 *iæu。个别粤方言效摄

三、四等韵保留 i 介音，主要元音开口度也比较大，应为早期读音形式的保留。在后来的发展中，开口度较大的主要元音在 i 介音的带动作用下，舌位逐渐提升，最后与 i 介音融为一体，i 成为主要元音。这种变化过程如下：

*iæu > iɛu > ieu > iu

咸摄三、四等韵字在蚌湖、赤坭、石井等方言点皆带有 i 介音，其余多数方言点以 i 为主要元音。例如：

蚌湖、赤坭	帘 liɛm^{22} | 尖 tʃiɛm^{55} | 占 tʃiɛm^{33} | 店 tiɛm^{33} | 碟 tiɛp^{2} | 钳 k^{h}iɛm^{22}
石井	帘 liam^{22} | 尖 tʃiam^{55} | 占 tʃim^{33} | 店 tiam^{33} | 碟 tiap^{2} | 钳 k^{h}im^{22}
江村	帘 lim^{22} | 尖 tʃim^{55} | 占 tʃim^{33} | 店 tim^{33} | 碟 tip^{2} | 钳 k^{h}im^{22}

石井以声母为条件，分为两种读音，其中端组、泥来母和精组字读作 iam，其余声母字读作 im。除此以外，在其他的粤方言材料中，我们也能找到咸摄三、四等韵字带有 i 介音的现象。例如：

龙归	iem（李新魁，1995）
江门、台山、恩平	iam

在晚唐五代时期，咸摄三、四等韵已经在反切中互用，王力将盐严添三韵合为严盐部，拟音为*iæm。个别粤方言咸摄三、四等韵保留 i 介音，主要元音开口度也比较大，应为早期读音形式的保留。在后来的发展中，开口度较大的主要元音在 i 介音的带动作用下，舌位逐渐提升，最后与 i 介音融为一体，i 成为主要元

音。这种变化过程如下：

*iæm > iɛm > iem > im

山摄三、四等韵字在蚌湖、赤坭、石井等方言点皆带有 i 介音，其余多数方言点以 i 为主要元音。例如：

蚌湖、赤坭　钱 tʃ^{h}iɛn^{22} | 战 tʃiɛn^{33} | 扁 piɛn^{35} | 见 kiɛn^{33} |
连 liɛn^{22} | 田 t^{h}iɛn^{22}

石井　钱 tʃ^{h}ian^{22} | 缠 tʃin^{33} | 扁 pian^{35} | 见 kin^{33} |
连 lian^{22} | 田 t^{h}ian^{22}

江村　钱 tʃ^{h}in^{22} | 战 tʃin^{33} | 扁 pin^{35} | 见 kin^{33} |
连 lin^{22} | 田 t^{h}in^{22}

石井以声母为条件，分为两种读音，其中帮组、端组、泥来母和精组字读作 iau，其余声母字读作 in。除此以外，在其他的粤方言材料中，我们也能找到山摄三、四等韵字带有 i 介音的现象。例如：

龙归 ien（李新魁，1995）　恩平　ian

在晚唐五代时期，山摄三、四等仙元先三韵已经在反切中互用，王力将它们合为元仙部，开口韵拟音为 *i̯æn。个别粤方言山摄三、四等韵保留 i 介音，主要元音开口度也比较大，应为早期读音形式的保留。在后来的发展中，开口度较大的主要元音在 i 介音的带动作用下舌位逐渐提升，最后与 i 介音融为一体，i 成为主要元音。这种变化过程如下：

*iæn > iɛn > ien > in

对于这种类型的演变，笔者认为，主要元音高化是重要的表现形式，而 i 介音则是主要元音发生高化的原动力。需要指出的是，“主元音弱化”的表述还不如“主要元音高化”来得恰当。此外，在整个演变过程之中，i 介音并没有“不断加强”的表现，那么演变的终极形式“iu、im、in”中的 i 就是 i 介音变化而来的解释就值得商榷了。相比之下，主要元音在整个演变过程中逐渐高化的轨迹反而是很清晰的，因此笔者更倾向于认为“iu、im、in”中的 i 是主要元音发展到最高点，与 i 介音合二为一的产物。

第二种：i 介音与舌位较低的主要元音相互作用，融合而成舌位较高的元音，i 介音消失。这种变化主要发生在假、梗摄之中。

假摄三等字在蚌湖、赤坭、石井、新塘等方言点皆带有 i 介音，其余多数方言点的 i 介音已经消失。例如：

石井、新塘　姐 tʃia｜蛇 ʃia｜车 tʃia
蚌湖、赤坭　姐 tʃiæ｜蛇 ʃiæ｜车 tʃiæ
江村　　　　姐 tʃɛ⁵⁵｜蛇 ʃɛ²²｜车 tʃɛ⁵⁵

在其他的粤方言材料中，我们也能找到假摄三等韵字带有 i 介音的现象。例如：

江门、新会、开平、恩平、宝安　ia
花都、三水、高明、台山　　　　iɛ

假摄三等韵在宋代《广韵》中拟为 ia，因其主要元音与一等韵的 a 相同，所以三等字与一等字在反切中可以互切，在宋诗中也可以互押，王力将它们归为“麻蛇”部。到元代的《中原音韵》，麻韵一分为二，二等韵发展为家麻韵，三等韵发展为车遮韵，王力将车遮韵拟为 æ。可见，中原汉语的假摄三等韵经历了 ia > æ 的演变过程。

粤方言的演变过程与中原汉语大致相同。早期粤方言假摄三等韵应读作 ia，其后高元音 i 对低元音 a 相互作用，a 的发音部位被提升，变为 ɛ，最后 i 介音被“吸收”。这种变化过程大概如下：

ia > iæ > iɛ > ^{i}ɛ > ɛ

梗摄开口三、四等字白读音在石井、太和、钟落潭、新塘、沙湾、赤坭、蚌湖、萝岗等方言点皆带有 i 介音，其余方言点的 i 介音已经消失。例如：

石井　　　　病 piaŋ^{21}｜井 tʃiaŋ^{35}｜腥 ʃiaŋ^{55}｜镜 kiaŋ^{33}
太和、钟落潭、新塘、沙湾、赤坭
　　　　　　病 piæŋ｜井 tʃiæŋ｜腥 ʃiæŋ｜镜 kiæŋ
蚌湖、萝岗　病 piɛŋ｜井 tʃiɛŋ｜腥 ʃiɛŋ｜镜 kiɛŋ
江村　　　　病 pɛŋ^{21}｜井 tʃɛŋ^{35}｜腥 ʃɛŋ^{55}｜镜 kɛŋ^{33}

在其他的粤方言材料中，我们也能找到梗摄三、四等韵白读音带有 i 介音的现象。例如：

花都、三水、中山、珠海、斗门、江门、
新会、台山、开平、恩平、宝安　　　　iaŋ
高明　　　　　　　　　　　　　　　　ieŋ

在粤北土话中，梗摄三、四等字的白读音以 iaŋ 最为常见（庄初升，2004）。李荣（1996）指出，在东南各省方言中，这种读音形式也是很普遍的。[13]

早期粤方言梗摄三、四等韵白读音应读作 iaŋ，其后，高元音 i 对低元音 a 相互作用，a 的发音部位被提升，变为 ɛ，最后 i 介音被“吸收”。这种变化过程大概如下：

iaŋ > iæŋ > iɛŋ > ^{i}ɛŋ > ɛŋ

这种类型的演变与第一种类似，都是由于 i 介音的作用使主要元音发生高化演变，只不过这种高化演变并未到达最高点。李新魁（1995）认为这是“由于 i 介音的弱化以至消失，使主元音没能高化至 i 元音”，[14] 侍建国（2002）则不同意此说，他认为“介音失落情况跟主元音高化没有必然联系”。[15] 笔者也认为主元音没能高化至 i 是失去了 i 介音的拉动作用所致。

第三种：i 介音带动主要元音舌位前移，主要元音变为新的元音，i 介音消失。这种变化主要发生在宕摄之中。

宕摄三等字在石井、太和、钟落潭、萝岗、新塘等方言点皆带有 i 介音，其余多数方言点的 i 介音已经消失。例如：

石井　想 ʃiɔŋ^{35}｜墙 tʃ^{h}iɔŋ^{22}｜唱 tʃ^{h}iɔŋ^{33}｜姜 kiɔŋ^{55}

太和、钟落潭、萝岗、新塘　想 ʃiœŋ｜墙 tʃ^{h}iœŋ｜唱 tʃ^{h}iœŋ｜姜 kiœŋ

在其他的粤方言材料中，我们也能找到宕摄开口三等字带有 i 介音的现象。例如：

花县、三水、斗门、新会、恩平、宝安	iɔŋ
江门	iœŋ
台山、开平	iaŋ
电白、化州	iaŋ（邵慧君，2007）

宕摄三等阳韵在隋唐时期读为 * i̯ɑŋ，到晚唐五代时期，三等阳韵变为 * i̯aŋ。我们认为，早期粤方言宕摄三等韵应为 iɑŋ，如今个别粤方言宕摄三等字读作 iaŋ，正是早期读音形式的保留。在后来的发展中，主要元音发展高化演变，由 iɑŋ 变为 iɔŋ，这种

变化跟效摄、蟹摄、山摄等韵摄的高化演变是平行的，这个问题将在下文进行论述。之后，主要元音在前高元音 i 的作用下，舌位前移变为 œ，最后 i 介音消失。这种演变过程如下：

*iɑŋ > iɔŋ > iœŋ > ^{i}œŋ > œŋ

上述三种演变类型都是由于三、四等韵的 i 介音的作用，带动后面的主要元音逐渐发生变化而导致的。总体来看，广州地区虽然还有部分粤方言保留着 i 介音，但总体的趋势是趋于消失。

三、y 介音的变化

（一）y 介音的分布

i 和 u 的组合极容易产生 y，因此存在 y 介音的方言点一般都同时存在 i 介音和 u 介音。在广州地区粤方言之中，除了蚌湖、新塘和赤坭存在 y 介音外，其余方言点都没有 y 介音。蚌湖等方言点的 y 介音主要分布在果、山两摄的合口韵之中。大致情况如下：果摄合口三等韵，如“靴”，蚌湖读作 hyɔ，新塘读作 hyœ。“靴”在珠三角的鹤山雅瑶读作 hyɵ，也带有 y 介音。山摄合口三、四等韵在蚌湖、赤坭两地读作 yœn，也带有 y 介音。例如：

	旋	传	拳	恋	劝
蚌湖	ʃyœn^{22}	tʃ^{h}yœn^{22}	k^{h}yœn^{22}	lyœn^{35}	hyœn^{33}
赤坭	ʃyœn^{21}	tʃ^{h}yœn^{21}	k^{h}yœn^{21}	lyœn^{35}	hyœn^{33}
江村	ʃyn^{21}	tʃ^{h}yn^{21}	k^{h}yn^{21}	lyn^{35}	hyn^{33}

珠三角地区这类字都不带 y 介音，有介音的方言点或者是带 u 介音，如台山读作 ^{u}ɔn，开平读作 uan，或者是带 i 介音，如恩平读作 ien，宝安读作 iɔŋ。

蚌湖等地的果摄，山摄三、四等字存在的 y 介音，实际为 i 和 u 的复合介音，其中的 u 发音较强。其实蚌湖等地果摄，山摄三、四等字出现 y 介音，可以从音理上作出合理解释。因为合口三、四等韵同时带有 i、u 介音，当 i、u 介音组合在一起的时候，很容易就会衍生出 y 介音。

（二）y 介音的演变

从 y 介音与声、韵组合关系的变化角度看，y 介音的消变方式主要有两种：

第一种：y 介音拉动主要元音舌位高化和前化，主要元音变为新的元音，y 介音消失。这种变化主要发生在果摄合口三等字之中。

果摄合口三等字只有“靴”字，“靴”的韵母在广州地区多数方言点读作 œ，不带 y 介音。蚌湖读作 yɔ，新塘读作 yœ，都带上 y 介音。中古果摄合口三等韵多数学者都拟为 *iuɑ。在五邑地区的新会、开平、恩平等地，“靴”读作 ia，主要元音还保留着早期的不圆唇元音，但介音已经发生了变化。果摄 y 介音的演变路径大致为：

*iuɑ > *iuɔ > yɔ > yœ > ^{y}œ > œ

第二种：y 介音与舌位较低的不圆唇元音相互作用，融合而成舌位较高的圆唇元音，最后主要元音发展至最高点，与 y 介音合而为一，y 成为主要元音。这种变化主要发生在山摄合口三、四等字之中。

山摄合口三、四等韵字在蚌湖、赤坭两地读作 yœn（œ 的实际发音接近 ø），其余地区大都读作 yn，y 成为主要元音。

在晚唐五代时期，山摄三、四等仙元先三韵已经在反切中互用，王力将它们合为元仙部，合口韵拟音为 *i̯uæn。我们认为，如今个别粤方言山摄合口三、四等韵字读作 yœn，属于早期的读音形式。在后来的发展中，主要元音逐渐高化，由 yœn 变为 yøn，最后主要元音发展至最高点，与 y 介音合而为一，y 成为主要元音。广州地区粤方言山摄合口三、四等字 y 介音的演变路径大致为：

*iuæn > yœn > yøn > yn

比照山摄开口三、四等字和合口三、四等字的变化，我们发现，山摄开口三、四等字主要元音在展唇位置上高化，而山摄合口三、四等字主要元音在圆唇位置上高化，两者形成平行对称的发展态势：

（山摄开口三、四等字）　*iæn > iɛn > ien > in
（山摄合口三、四等字）　*iuæn > yœn > yøn > yn

四、广州话介音与 kw、k^hw 声母的讨论

从上文可见，广州地区多数方言，包括广州话在内，都没有 i、y 介音，u 介音的组合能力也很弱。由于广州话的 -u 只能与 k、k^h 声母拼合，不少著述都设立 kw、k^hw 声母而跟 k、k^h 声母对立。kw、k^hw 声母的设立能节省大批韵母，使整个音系显得简单明了、整齐划一，但却牵涉到广州话有无介音的问题。黄家教先生（1964）最先提出广州话无介音。[16] 施其生（1991）则指出："从近郊到老市区，随着地理位置的渐移，语音是渐变的。每一个音是一条渐变的链，老市区的音系，只不过是从这些链中切出来的一些环的集合。从这些渐变的链看广州音，我们认为介音目前还未到达完全'无'的阶段，也就是说，广州方言还有介音。"[17] 而麦耘（1999）也认为广州话属于语音发展中"量变引起质变"的情况。"介音消亡（且不论是认为已经消亡还是正在消亡）是广州音系带有本质性的特点，或者说是发展的大趋势，而在归纳广州

话音位系统时，把其中相当于其他音系的介音的成分放到声母层面去处理（且不论是视为“介音转化为声母”还是“介音属声”）最能体现这一特点或趋势。”因此，他认为对广州话作“无介音的处理的确是最为整齐和最合音理的。[18] 2006年，伍巍先生著文《广州音系舌根声母 kw、k^hw 讨论》，从语音试验结果、历史音韵与现实音位系统的承接关系、舌根音的本质特征以及便利性等几个方面全面论述了 kw、k^hw 声母的实质就是 ku、k^hu。[19]

广州地区粤方言的 u 介音在地理分布上是一个连续体，在声韵的组合关系上则呈现出渐变的态势。广州市区、石井、钟落潭、荔城、石滩、沙湾等地粤方言 u 介音的分布情况只是粤方言 u 介音变化过程中的一个环节。既然我们承认广州地区粤方言 u 介音与声、韵的组合关系是处于发展演变当中，那么我们也应该承认广州市区的 u 介音由明显（发音稍长且与 k、k^h 的结合不太紧密）逐渐演变为不太明显（发音稍短且与 k、k^h 的结合很紧密）也是上述演变的一个伴随发展过程。这一事实是各家讨论时都认同的，例如，麦耘先生（1999）曾说：“笔者同意早期粤方言有介音并与中古汉语的介音系统有对应关系，后来的发展是介音趋于消失，而广州话是粤方言中介音消失得比较快的一支。”[20] 另一个共识就是：无论设立 k、k^h 一套舌根声母还是设立 k、k^h 和 kw、k^hw 两套舌根声母都只是音系处理的方法问题，无所谓对与错。施其生先生（1991）谈到：“归纳声韵系统，给音节标音，可以有不同的处理办法，无所谓唯一正确的答案。为着不同的目的，处理为有介音或无介音，都是可以的。”[21] 伍巍先生（2006）也有此看法，“就广州音系的形式而言，对舌根声母无论取‘一分法’还是‘两分法’都无原则的‘对’与‘错’的区分”。[22]

本着上面两个共识，我们认为，在处理广州话舌根音问题上不妨灵活一些，正如麦耘先生引用赵元任先生的话说：“‘音位分析可以有不同的方法，不能简单地说对错，只有适用于不同目的的优与劣。’拿广州话来说，如果要与中古音系、北京音系或粤方言中有完整介音系统的次方言、土语，如人和话作比较，把［j，w］算做介音而归在韵母里就比较方便。但如果不是为特别的目的，一般情况下，音位系统的设计应尽量反映该音系的特色、或本质特点、或发展的大趋势。”[23] 依笔者之见，诸如编著广州话教材、字典、词典，可以采用“二分法”，设立 k、k^h 与 kw、k^hw 两套舌根声母，这样做使得音系简洁整齐，方便教学和阅读。如果是专业论著，尤其是着眼于语音差异和音韵比较的，可以采用“一分法”，设立 k、k^h 一套舌根声母，便于进行比较和说明问题。本文正是出于这种考量而采用“一分法”的。

这里需要补充一点，无论是否设立 kw、k^hw 声母，都会碰到一个棘手的问题：遇到单元音韵母 u 如何处理？以“姑”为例，设立 kw、k^hw 声母的，如《广州话正音字典》（2002）标注为 gu（即 ku），《实用广州话分类词典》（1997）标注为 kwu；只设 k、k^h 声母的，如《广州方言词典》（1998）就别无选择，只能标注为 ku。究竟哪一种处理才正确呢？我们可以在文献中找到答案。《分韵撮要》中“歌—戈”“刚—光”“间—关”“溪—规”等小韵的对立，显示当时已有 kw、k^hw 声母（彭小川，1990）。此外还有一组非常重要的对立是彭先生未指出的，那就是“高—孤”的对立。《分韵撮要》把“高、糕”与“孤、姑”同列为“孤古故”韵，说明韵母是相同的，上文已经证明其韵母为单元音 u。不过却分立于两类，说明它们的声母是有区别的，按理只有“kw—k”之别。因此当时“孤、姑”应读作 kwu，“高、糕”应读作 ku。今天老派广州话依然把“孤、姑”读作 kwu，而“高、糕”已经裂化为 kou 了。上文已经述及广州话模豪韵发生了 u > ou 的演变，唯独模韵见组字未裂化。我们认为，正是因为“孤、姑”等模韵见组字的 kw、k^hw 声母，使其避免受 k、k^h 声母的“高、糕”等豪韵见组字的类化影响，所以未跟随 u 裂化为 ou。

今天的广州话“kwu—ku”的对立已经不存在，因此“孤、姑”等字可读为kwu，也可读为ku，成为自由变体。老派读音倾向于前一种，新派读音倾向于后一种。

《分韵撮要》中“kwu—ku”的对立，说明kw组声母跟舌根音k组声母的发音特征还是有所不同的，而且遗留到今天的广州话之中。李新魁取名为“圆唇舌根音”，李先生（1994）指出：“[kw]等的[w]则是辅音性的，发音很轻短，它基本上是结合在声母的发音上面，即发音开始时，声母成阻的过程，嘴唇便立即撮呈圆形。”[24]麦耘先生（1999）将其称为“唇—舌根音”，具有“w音色”。[25]广州话kw组声母的这种发音特征不应被忽略。因此，我们认为如果设立k、k^h一套舌根音声母，应对ku、k^hu组合的发音特征作出说明，如果设立kw、k^hw声母，则有必要对其来源作出说明。

第四节　主元音高化演变

广州地区粤方言部分韵摄一等韵主要元音存在着高化演变的规律，大致的发展路径为：ɑ > ɔ > o > u，这种变化主要发生在蟹摄和山摄之中。

一、蟹摄一等韵主要元音的高化

广州地区粤方言蟹摄开口一等韵主要有ɔi、oi、ui三种读音形式，唇音字读音如：

赤坭	贝 $pɔi^{33}$ | 沛 $p^hɔi^{33}$
荔城、石滩	贝 poi^{33} | 沛 p^hoi^{33}
江村	贝 pui^{33} | 沛 p^hui^{33}

非唇音声母字如：

江村	台 t^hɔi｜耐 nɔi｜菜 $tʃ^h$ɔi｜开 hɔi｜爱 ŋɔi
神山、神岗、荔城、石滩	台 t^hoi｜耐 noi｜菜 $tʃ^h$oi｜开 hoi｜爱(ŋ)oi
文冲、萝岗	台 t^hui｜耐 nui｜菜 $tʃ^h$ui｜开 hui｜爱 ui

在其他的粤方言中，蟹摄开口一等字主要有 uai、^{u}ɔi、oi、ui 等四种读音形式。例如：

恩平	-uai
台山、开平	-^{u}ɔi
花都、三水、高明	-oi
斗门、新会、宝安	-ui

蟹摄开口一等唇音字和非唇音字在广州地区粤方言中有的地区从分，有的地区从合。从分的方言点有江村、石井、太和、钟落潭、太平、神岗、沙湾、大岗等，具体分别情形如下：

	江村	石井	太和	钟落潭	太平	神岗	荔城	石滩	沙湾	大岗
唇音字“贝”	-ui	-ui	-ui	-ui	-ui	-ui	-ui	-ui	-ui	-ui
非唇音字“开”	-ɔi	-ɔi	-ɔi	-ɔi	-ɔi	-oi	-oi	-oi	-ɔi	-ɔi

从合的方言点有文冲、萝岗、新塘、赤坭等。蚌湖、神山两地唇音字带 u 介音，非唇音字不带 u 介音，也将其归为从合这一类。具体情形如下：

	蚌湖	神山	文冲	萝岗	新塘	赤坭
唇音字“贝”	-uɔi	-^{u}oi	-ui	-ui	-ue	-ɔi
非唇音字“开”	-ɔi	-oi	-ui	-ui	-ue	-ɔi

广州地区粤方言蟹摄合口一等字主要有（u）ɔi、（u）oi、ui和øy等几种读音形式，唇音字读音如：

蚌湖　杯 puɔi^{55} ｜配 p^{h}uɔi^{33} ｜梅 muɔi^{21} ｜灰 fuɔi^{55}

赤坭　杯 pɔi^{55} ｜配 p^{h}ɔi^{33} ｜梅 mɔi^{21} ｜灰 fɔi^{55}

神山　杯 p^{u}oi^{55} ｜配 p^{hu}oi^{33} ｜梅 m^{u}oi^{21} ｜灰 f^{u}oi^{55}

江村　杯 pui^{55} ｜配 p^{h}ui^{33} ｜梅 mui^{21} ｜灰 fui^{55}

舌齿音字如：

文冲、沙湾、大岗　堆 tui ｜退 t^{h}ui ｜催 tʃ^{h}ui ｜碎 ʃui

荔城、石滩　堆 toi ｜退 t^{h}oi ｜催 tʃ^{h}oi ｜碎 ʃoi

蚌湖、石井、太和、钟落潭、赤坭

堆 tɔi ｜退 t^{h}ɔi ｜催 tʃ^{h}ɔi ｜碎 ʃɔi

江村、太平　堆 tøy ｜退 t^{h}øy ｜催 tʃ^{h}øy ｜碎 ʃøy

有些方言点存在文白读音或新老派读音的差异，在日常口语词中多读作oi、ɔi、ue或ui，在书面词语中则读作øy或œ。如果按照两类字的分合情况来分类，我们可以将上述方言点分为两类：

第一类为唇音字和舌齿音字读音不分的，有蚌湖、神山、文冲、萝岗、新塘、沙湾、大岗、赤坭等方言点。具体情形如下：

	蚌湖	神山	文冲	萝岗	新塘	沙湾	大岗	赤坭
唇音字“杯”	-uɔi	-^{u}oi	-ui	-ui	-ue	-ui	-ui	-ɔi
舌齿音字“堆”	-ɔi	-oi	-ui	-ui	-ue	-ui	-ui	-ɔi

另一类为唇音字和舌齿音字读音有别的，有江村、石井、太和、钟落潭、太平、神岗、荔城、石滩等方言点。具体情形如下：

	江村	石井	太和	钟落潭	太平	神岗	荔城	石滩
唇音字“杯”	-ui	-ui	-ui	-ui	-ui	-ui	-ui	-ui
舌齿音字“堆”	-øy	-ɔi	-ɔi	-ɔi	-øy	-oi	-oi	-oi

从上面的分析我们可以看到，广州地区粤方言蟹摄开口一等字主要有三种读音形式：ɔi、oi、ui，其中又以 ɔi 为主。合口一等字主要有四种读音形式：ɔi、oi、ui、øy，其中唇音字以 ui 为主，舌齿音字以 ɔi 为主。

隋唐时期，《经典释文》和《一切经音义》中反切互用例和唐诗韵脚同用例都说明蟹摄一等咍泰韵已经合流，王力将它们归为咍部，开口字拟音为 *ɑi，合口字拟音为 *uɑi。李新魁（1986）曾经指出，“由于这个主要元音 ɑ 发音时开口度较大，而且略带圆唇趋势”。[26] 在粤方言中，这个主要元音 ɑ 的圆唇成分得到逐渐强化，主要元音趋向高化发展。

现代粤方言已没有 ɑi、ai 之分，但从一等字大都已经发生了高化演变，而二等字仍然保留读作 ai 的情形，早期粤方言一、二等字应该是有分别的。早期粤方言开口一等字应为 *ɑi，二等字应为 *ai。广州地区粤方言蟹摄开口一等韵普遍存在的 ɔi、oi、ui 的读音现象正显示了主要元音高化演变的过程，其演变路径为：

*ɑi > ɔi > oi > ui

在这种演变中，舌位较后的 ɑ 的圆唇趋势起关键作用。正是在圆唇发展的带动影响下，蟹摄一等韵主要元音发生后高化演变。至于“戴、态、贷、带、太、泰、赖”等舌齿音字，则在演变中“掉队”，转而读为 ai。蟹摄开口二等字读为舌位较前的 ai，与舌位较后的 ɑi 保持对立，因此没有随之发生变化。

广州地区粤方言蟹摄合口一等字（u）ɔi、（u）oi、ui 等读音形式的差异同样显示了主要元音高化演变的过程，某些方言点的

u 介音已经失落，其演变路径为：

*uɑi > uɔi > uoi > ui

五邑地区蟹摄开口一等字及合口一等唇音字存在 uai、ᵘɔi、ui 等读音形式的差异，可见其主要元音高化演变路径与广州地区是完全一致的。恩平蟹摄一等字读作 ai 或 uai，应是早期读音形式 *ɑi 或 *uɑi 的变化。

广州地区粤方言蟹摄一等韵主要元音的高化发展过程中，唇音字的演变普遍较快，多数方言点的唇音字读作 ui，已经走到了演变的极高点。非唇音字比唇音字普遍慢一拍，多数方言点读作 ɔi 或 oi。

二、山摄一等韵主要元音的高化

广州地区粤方言山摄开口一等见组字主要有 ɔn、un 两种读音形式。例如：

石井、钟落潭、太平、沙湾、大岗、赤坭 干 kɔn | 岸(ŋ)ɔn | 鼾 hɔn | 安(ŋ)ɔn

江村、神山、萝岗、神岗 干 kun | 岸(ŋ)un | 鼾 hun | 安(ŋ)un

广州地区粤方言山摄开口一等舌齿音字则主要有 an、aŋ 两种读音形式。例如：

江村、蚌湖、神山、石井、太和、钟落潭、太平、沙湾、大岗、赤坭 蛋 tan | 烂 lan | 散 ʃan

文冲、萝岗、新塘、神岗、荔城、石滩 蛋 taŋ | 烂 laŋ | 散 ʃaŋ

在其他的粤方言中，山摄开口一等舌齿音字多数方言点都读作 an，而见组字则主要有 uan、ᵘɔn、ɔn、un 等几种读音形式。

例如：

多数方言点	-ɔn
斗门、新会、东莞、宝安	-un
台山	-ᵘɔn
开平、恩平	-uan

总体观之，广州地区及珠三角地区各方言点山摄开口一等韵舌齿音字和牙喉音字均有分别。广州地区的分别情形如下：

	江村	蚌湖	神山	石井	太和	钟落潭	太平	沙湾	大岗	赤坭
舌齿音字“蛋”	-an	-an	-an	-an	-an	-an	-an	-an	-an	-an
牙喉音字“干”	-un	-œn	-un	-ɔn	-yn	-ɔn	-ɔn	-ɔn	-ɔn	-ɔn

	文冲	萝岗	新塘	神岗	荔城	石滩
舌齿音字“蛋”	-aŋ	-aŋ	-aŋ	-aŋ	-aŋ	-aŋ
牙喉音字“干”	-oŋ	-un	-uŋ/ɔŋ/yŋ	-un	-œŋ	-œŋ

五邑地区的分别情形如下：

	鹤山	新会	台山	开平	恩平
舌齿音字“蛋”	-ʌn	-an	-an	-an	-an
牙喉音字“干”	-ɔn	-un	-ᵘɔn	-uan	-uan

再来看合口字。广州地区粤方言山摄合口一等唇、牙、喉音字主要有uɔn、un、uŋ等读音形式。例如：

江村、神山、石井、太和、钟落潭、萝岗、太平、神岗、沙湾、大岗	搬 pun ｜满 mun ｜官 kun ｜欢 fun ｜碗 un

蚌湖、赤坭	搬 puɔn | 满 muɔn | 官 kuɔn | 欢 fuɔn | 碗 uɔn
新塘、荔城、石滩	搬 puŋ | 满 muŋ | 官 kuŋ | 欢 fuŋ | 碗 uŋ

广州地区粤方言山摄合口一等舌齿音字主要有 yn、yŋ、œŋ 等读音形式。例如：

江村、神山、石井、太和、钟落潭、太平、神岗、沙湾、大岗	短 tyn | 乱 lyn | 酸 ʃyn
文冲、萝岗、新塘	短 tyŋ | 乱 lyŋ | 酸 ʃyŋ
荔城、石滩	短 tœŋ | 乱 lœŋ | 酸 ʃœŋ

总体观之，广州地区各方言点山摄合口一等韵唇、牙、喉音字同舌齿音字均保持分立。具体情形如下：

	江村	神山	石井	太和	钟落潭	太平	神岗	沙湾	大岗
舌齿音字“短”	-yn	-yn	-yn	-yn	-yn	-yn	-yn	-yn	-yn
唇牙喉音字“官”	-un	-un	-un	-un	-un	-un	-un	-un	-un

	文冲	萝岗	新塘	荔城	石滩	蚌湖	赤坭
舌齿音字“短”	-yŋ	-yŋ	-yŋ	-œŋ	-œŋ	-œn/-yœn	-ɔn
唇牙喉音字“官”	-oŋ	-un	-uŋ	-uŋ	-uŋ	-uɔn	-uɔn

在其他的粤方言中，山摄合口一等舌齿音字主要读作 yn，而唇、牙、喉音字主要读作 un，分立情形跟广州地区基本一致。而五邑地区唇、牙、喉音字同舌齿音字则一般不分。具体情形如下：

	鹤山	新会	台山	开平	恩平
舌齿音字“短”	-ɔn/-œn	-un	-^{u}ɔn	-uan	-uan

唇牙喉音字“官”	-ɔn	-un	-^{u}ɔn	-uan	-uan

参照汉语语音发展史，在隋唐时期，反切互用和唐诗押韵都说明寒、桓韵合流，王力把两韵归为寒部，拟音为*ɑn，其中开口韵为*ɑn，合口韵为*uɑn。广州地区粤方言山摄开口一等韵见组字 ɔn、un 的读音差异显示了主要元音高化演变的过程，主要路径为：

*ɑn > ɔn > un

舌齿音字一般读作 an，乃是早期读音形式*ɑn 的变化，没有发生高化演变。山摄开口一等韵见组字和舌齿音字的变化差异说明，高化演变的主要动因除了舌位后元音 ɑ 的圆唇变化趋势之外，跟声母的影响也颇有关系。对照山摄开口一等字和蟹摄开口一等字的高化演变，我们发现，主要元音的高化演变过程，应是首先发生在见组声母中，然后才波及舌齿音声母。如上文所述，虽然蟹摄开口一等字已基本完成了高化演变，但仍有部分蟹摄开口一等舌音字保留读 ai，这就很能说明问题。

当然，也有些粤方言见组字是不发生高化演变的，例如，南海九江山摄开口一等见组字就读作 an，读同二等字，例如：肝 = 奸 kan^{45} | 汗 = 限 han^{12} | 案 = 晏 an^{34}，这正是保留早期读音形式的缘故。

广州地区粤方言山摄合口一等唇、牙、喉音字 uɔn、un 等读音形式的差异同样显示了主要元音高化演变的过程，演变的主要路径为：

*uɑn > uɔn > uon > un

山摄合口一等舌齿音字一般读作 yn，走了另外一条路子，下文再作讨论。在日常语词当中，个别山摄合口一等字仍然保留着早期的读音形式。例如，“鸡冠”在不少方言称作 kɐi⁵⁵ kuan⁵⁵，“玩”的白读音在不少方言点读作 uan³⁵，日常用字的读音较为保守，容易保留早期的读音形式。

第五节 ɐ 元音韵母的产生

一般认为粤方言存在长短元音 a－ɐ 的对立，带 ɐ 元音的韵母通常被视为粤方言的一个重要的语音特征，但大量材料显示 ɐ 元音并非粤方言的原有特征，而是后来演变的结果。ɐ 元音可以出现在蟹摄、止摄、流摄、咸摄、深摄、臻摄、曾摄、梗摄等韵摄之中，下面逐个进行分析。

一、蟹摄三、四等字 ɐ 元音韵母的产生

广州地区粤方言蟹摄开口三、四等字主要读作 ɐi，此外还有 ɒi、ai、ɛ 等读音形式。例如：

多数方言点	米 mɐi ｜底 tɐi ｜齐 tʃʰɐi ｜细 ʃɐi ｜计 kɐi ｜废 fɐi ｜桂 kuɐi
荔城、石滩	米 mɒi ｜底 tɒi ｜齐 tʃʰɒi ｜细 ʃɒi ｜计 kɒi ｜废 fɒi ｜桂 kuɒi
神岗	米 mɐi²³ ｜底 tɛ³⁵ ｜齐 tʃʰɐi²² ｜细 ʃɐi²³ ｜计 kɐi²³ ｜废 fɐi²³ ｜桂 kuɐi²³
赤坭	米 mɛ¹³ ｜底 tɛ³⁵ ｜齐 tʃʰɐi²¹ ｜细 ʃɐi³³ ｜计 kɐi³³ ｜废 fɐi³³ ｜桂 kuɐi³³
太平	米 mai¹³ ｜底 tai³⁵ ｜齐 tʃʰai²¹ ｜细 ʃai³³ ｜计 kai³³ ｜废 fai³³ ｜桂 kuai³³

神岗和赤坭读作 ɛ 的字均分布于帮组、端组和泥来母之中，而且多为口语日常用字。相较而言，赤坭读作 ɛ 的层次比神岗要完整。例如：

神岗　底 $tɛ^{35}$ | 泥 $nɛ^{22}$ | 剃 $t^hɛ^{23}$ | 睇 $t^hɛ^{35}$

赤坭　米 $mɛ^{13}$ | 低 $tɛ^{55}$ | 底 $tɛ^{35}$ | 抵 $tɛ^{35}$ | 帝 $tɛ^{33}$ | 体 $t^hɛ^{35}$ | 替 $t^hɛ^{33}$ | 剃 $t^hɛ^{33}$ | 睇 $t^hɛ^{35}$ | 啼 $t^hɛ^{21}$ | 蹄 $t^hɛ^{35}$ | 泥 $lɛ^{21}$ | 犁 $lɛ^{21}$

在其他材料中，我们也可找到相同的现象。例如，在南海官窑刘边等管理区（彭小川，2004），蟹摄开口三、四等字读作 ɛ 韵母。此外，蟹摄开口三、四等字读作 ai 的现象在四邑粤方言和广西粤方言比较常见，在番禺南沙（彭小川，2004）也有同样表现。

下面来讨论蟹摄开口三、四等字的演变。李新魁先生（1995）曾经指出："中古时三等韵祭韵本读为 iɛi，四等韵齐韵读为 ei。后来，四等韵产生了 i 介音，祭、齐韵遂合流读为 iei。在广州话中，iei 韵母中的 i 介音失去，变为 ei，这个 ei 中的主元音后来又进一步变为 ɐ，完成了从 ei > ɐi 的变化。" 据此，他认为江村、太和、新市等地"批、蔽"等字读作 ei 是"较早期的读音"。[27]

但是我们发现，ai 同 ɐi 的界线并非泾渭分明，而是互有牵扯的。在广州地区粤方言中，读 ai 的主要是蟹摄二等字，读 ɐi 的主要是蟹摄三、四等字。除了上文提到的太平、南沙等地三、四等字读二等 ai 之外，还有一些口语常用字，如"第、梯、洗、细、婿"等在许多方言点都读作 ai，读如二等字。例如：

蚌湖、神山、石井、太和、钟落潭、神岗　第 tai ~ 一 | 梯 t^hai 木 ~

石井、神岗、大岗、赤坭　洗 ʃai ~ 衫

赤坭　细 ʃai ~ 个 | 婿 ʃai 女 ~

反之，又有一些方言把一些口语常用的二等字读作 ɐi，读如三、四等字，例如：

钟落潭、萝岗　埋 mɐi ~ 葬
大多数方言点　筛 ʃɐi｜矮 ŋɐi

李先生提出的 ei > ɐi 的音变过程难以解释上述的 ɐi 与 ai 的纠葛，同时也没有对许多方言点把“第、梯、洗、细、婿”等三、四等口语常用字读如二等字 ai，以及太平、南沙等地三、四等字都读如二等字的现象进行解释。如果按照李先生的音变路径推导下去，那么可以认为 ai 的产生是 ei > ɐi > ai 的演变结果，这似乎可以解释三、四等字读如二等字的现象，但是却不能解释为何个别二等字，如“埋葬”的“埋”和“筛、矮”等，读如三、四等字，这种变化正好与 ei > ɐi > ai 的路径相矛盾。

此外，还有一些例子证明 ei > ɐi > ai 的演变不大符合粤方言的实际情况。如“哪里”在白云区各方言点一般读作“哪度”lai^{33}tou^{21}，在从化鳌头读作“哪度”nai^{22}tu^{31}。粤方言的某些果摄字，如“我、个、舵”等，读作 ai 是古音的遗留，“哪”也不例外。而神岗读作 nɐi^{22}tu^{31}，ai 已经变为 ɐi，可见 ɐi 是后来的变化。还有一个口语常用字“来”，广州话以及不少方言点读作 lɐi，俗写作“嚟”。“来”为蟹摄一等字，上文已经讨论过粤方言蟹摄一等韵本来读作 ɑi，后来转而读作 ai，再变化而为 ɐi。

上述情形都说明三、四等字变化的路径应该是 ai > ɐi，而不是 ɐi > ai。因此，我们有必要对李先生提出的演变过程进行修正。多数学者都把中古蟹摄三等韵的主要元音拟为 ɛ，把中古四等韵的主要元音拟为 e。也有学者如董同龢、周法高把中古三等韵的主要元音拟为 æ 或 a，把中古四等韵的主要元音拟为 e，开口度更大。王力将三、四等祭废齐合为一部，即祭部，拟音为 *æi，其中三等为 *i̯æi，四等为 *iæi。我们认为，粤方言蟹摄三、四等字合流之初，曾有过读 ai 的阶段，这个 ai 来自于 * iæi。蟹摄三、四等字从 iæi 变为 ai，势必同二等韵相混，从而产生大量的 ai 韵字，对原来的语音系统造成冲击，给交际带来负面影响。因此，在二等韵的“抵挡”之下，三、四等字只好转而读作相近的 ɐi 韵母，至此即完成了整个的演变。整个演变的路径应为：

* iæi > æi > ai > ɐi

据此，我们就可以对上述的语音现象进行较为合理的解释：首先，蟹摄三、四等韵的“第、梯、洗、细、婿”等口语常用字在许多方言点都读作 ai，在太平、番禺南沙三、四等字都读作 ai，这些都属于语音演变的滞后现象。其次，某些方言点把蟹摄二等字，如“埋、筛、矮”等读作 ɐi，以及“哪、来”等本来读作 ai 的字，今读为 ɐi，是受 ai > ɐi 演变规律影响的结果。

二、止摄字 ɐ 元音韵母的产生

广州地区粤方言止摄合口字也大多读作 ɐi 韵母，主要分布在合口韵的唇、牙、喉音字之中。例如：

多数方言点	柜 kuɐi｜贵 kuɐi｜威 uɐi｜挥 fɐi｜辉 fɐi
蚌湖	柜 kuei｜贵 kuei｜威 uei｜挥 fei｜辉 fei
赤坭	柜 kui｜贵 kui｜威 ui｜挥 fui｜辉 fui

止摄开口字只有神岗和赤坭两个点存在 ɐi 韵母，分布于帮组、端组和泥来母之中。例如：

多数方言点	比 pei｜屁 p^hei｜美 mei｜地 tei｜梨 lei｜鲤 lei
神岗、赤坭	比 pɐi｜屁 $p^hɐi$｜美 mɐi｜地 tɐi｜梨 lɐi｜鲤 lɐi
文冲	比 pi｜屁 p^hi｜美 mi｜地 ti｜梨 li｜鲤 li

参考汉语语音发展史，在隋唐时期，止摄支脂之韵已经合为一部，而且开口韵与合口韵在反切中可以互用，在唐诗中也可通押，王力将其归为脂部，拟音为 i。至晚唐五代时期，微韵也合并进来，王力将其归为脂微部，其中开口韵为 *i，合口韵为 *i̯ui。

广州地区粤方言止摄开口字的读音形式比较简单，文冲的 i 韵母保留了早期的读音形式，其余方言点读作 ei 或 ɐi，都是由 i 韵母裂变而来的（止摄的裂变，将在下文进行讨论）。因此，止摄开口字演变的路径应当为：

i > ei/ɐi

赤坭止摄合口字读作 ui，保留了早期的层次，其他方言点的 uɐi 或 uei 则是由 ui 裂变而来的。因此，止摄合口字演变的路径为：

ui > uɐi/uei

三、流摄字 ɐ 元音韵母的产生

广州地区多数粤方言流摄一、三等字不分，一般读作 ɐu 韵母。例如：

广州市区　偷 t^hɐu | 楼 lɐu | 狗 kɐu | 喉 hɐu | 流 lɐu | 酒 tʃɐu | 牛 ŋɐu | 油 iɐu

但也有如蚌湖和赤坭两个方言点一、三等字大致上还保持着分立。蚌湖一等字读作 ɐu，三等字基本读作 eu，极少数字读作 ɐu；赤坭一等字读作 ɐu，三等口语常用字读作 iu，书面用字则读作 ɐu。例如：

	一等	三等
蚌湖	偷 t^hɐu｜楼 lɐu｜狗 kɐu｜喉 hɐu	流 leu｜酒 tʃeu｜九 keu｜油 ieu
赤坭	偷 t^hɐu｜楼 lɐu｜狗 kɐu｜喉 hɐu	流 lɐu｜酒 tʃiu｜九 kiu｜油 iu

其他粤方言材料显示，流摄一、三等字多数方言点都不分，一般读作 ɐu。也有一些方言点一、三等字还保持着分别。大致上，一等字主要元音开口度大些，三等字主要元音开口度小些。例如：

	一等 楼	三等 流
江门	-ou	-eu
台山	-eu	-iu
开平	-au	-ɛu 或 -iu

流摄唇音字读音有些特别，李新魁先生（1995）曾经指出，侯韵字中古本读作 ou，广州话对其唇音字“母、戊”等所读的 ou，正是它较早的读音。而其他声母字在多数方言点读作 ɐu，则是从 ou 变来的。三等尤韵字本都带有 i 介音，读为 iou，后来 i 介音失去，从 ou 变成了 ɐu。[28] 但是我们发现，在多数粤方言中，侯、尤韵唇音字并非都读作 ou。例如：

广州市区　某 mɐu｜亩 mɐu｜茂 mɐu｜贸 mɐu｜否 fɐu｜浮（文读）fɐu｜谋 mɐu｜富 fu｜副 fu｜妇 fu｜负 fu

广州地区粤方言“浮（白读）、母、拇”三字有的方言点读作 u，有的读作 ou，都读同遇摄一等模韵字。例如：

文冲、神岗、赤坭　母 mu｜拇 mu｜浮（白读）p^hu

多数方言点　　　　母 mou｜拇 mou｜浮（白读）p^hou

三等的“富、副、妇、负”等字所有方言点都读作 u，读同遇摄一等模韵字，从而与其他三等字的 ɐu 保持对立。

众所周知，文读音和白读音是两个不同的读音层次，它们之间是叠置关系，而非直线发展演变的关系。粤方言“浮”字文读音一般为 ɐu，白读音一般为 u/ou，显示 ɐu 跟 u/ou 是两种不同的读音层次。从汉语语音史看，在晚唐五代时期，侯韵以及尤韵的唇音字已从尤侯部分出，合并进了鱼模部，一等字读音拟为 *u，三等字拟音为 *i̯u，因而侯尤韵唇音字的变化是跟随鱼模部演变的。粤方言鱼模部的 u 一般都裂变为 ou，从而造成侯尤韵唇音字存在 u/ou 两种读音。基于上述理由，我们不认为广州话对“母、戊”等字所读的 ou 是保留了中古的读音层次，对“ou > ɐu”的演变路径也表示怀疑。

参考汉语语音发展史，在隋唐时期，流摄侯尤幽韵合为侯部，一等拟音为 *ou，三等拟音为 *i̯ou/iou。晚唐五代时期，流摄侯尤幽韵合为尤侯部，一等拟音为 *əu，三等拟音为 *i̯əu。

广州地区多数粤方言流摄一、三等字已经混同，都读作 ɐu，三等字混同于一等字。我们认为粤方言流摄一等字的 ɐu 来自于中古 *əu，而三等字的 ɐu 则来源于中古 *iəu，其发展路径应为：

（一等）*əu > ɐu　　（三等）*iəu > ^{i}əu > əu > ɐu

蚌湖流摄三等字读作 eu，赤坭流摄三等字读作 iu，显示了 *iəu高化演变的发展路径。从发音机制看，主要元音 ə 在前后高元音的“夹击”下，极易向高位发展，其发展路径应为：

（三等）*iəu > ieu > iu

四、咸摄字和深摄字 ɐ 元音韵母的产生

（一）咸摄字 ɐ 元音韵母的产生

广州地区粤方言咸摄开口一等见组字多读作 ɐm 韵母。例如：

多数方言点　感 kɐm｜甘 kɐm｜敢 kɐm｜｜含 hɐm｜
暗 ɐm｜揞 ɐm

沙湾、大岗　感 kom｜甘 kom｜敢 kom｜｜含 hom｜
暗 om｜揞 om

值得注意的是，虽然广州地区多数粤方言咸摄开口一等见组字读同深摄，但也有部分粤方言两者读音有别。例如：

	咸摄开口一等“甘”	深摄开口三等“今”
赤坭	ɐm	im
蚌湖	ɐm	em
沙湾、大岗	om	ɐm

在《分韵撮要》中，这两组字分别归入第十七韵“金锦禁急”和第三十一韵“甘敢绀蛤”，显示当时咸摄开口一等见组字跟深摄字也是有别的。

参考汉语语音发展史，在隋唐时期，咸摄开口一等字与二等字是分立的，一等字归入覃部，拟音为 *ɑm，二等字归入咸部，拟音为 *am。粤方言咸摄一、二等字大多已混同，都读作 am，但在牙、喉音字里还保持着对立，一等牙、喉音字一般读作 ɐm/om，二等牙、喉音字一般读作 am。显然，粤方言咸摄开口一等牙喉音字的 ɐm 来源于 *ɑm，本韵的舌齿音字读作 am，则是由 *ɑm转变而来的。咸摄开口一等牙喉音字变化路径应为：

* ɑm > am > ɐm

这种变化更影响到个别咸摄二等字，例如，咸摄二等字在包括广州话在内的多数方言里都读作 am/p，但“陷、狭、峡、洽”等字却读作 ɐm/p。咸摄字 am 跟 ɐm 的牵扯跟上文我们曾谈到的蟹摄字 ai 同 ɐi 的牵扯都同属一种现象，可见这种现象在广州地区粤方言中具有普遍性。

沙湾、大岗等地的 om/ɔm 也来源于* ɑm，这种变化的路径是：

* ɑm > ɔm > om

很明显，这种演变路径跟蟹摄、效摄字的演变是平行的，它们的主要元音都发生了高化的演变。李新魁指出，一等覃谈韵中古时本读为 ɑm，但它们的喉、牙音字发生了变化，佛山等地的 om 是由 ɑm 变化而来的，这没有问题。但他认为佛山等地的 om 韵母进一步变读为广州等地的 ɐm 韵母，说“这个主元音 ɐ 就是由圆唇元音 o 变来的”。[29] 但从上文的分析看，这种变化似乎就值得我们怀疑了。

（二）深摄字 ɐ 元音韵母的产生

广州地区粤方言深摄开口三等侵韵字主要读作 ɐm 韵母，也有读作 em 和 im 的。例如：

多数方言点	浸 tʃɐm | 心 ʃɐm | 沉 $tʃ^h$ɐm | 针 tʃɐm | 今 kɐm | 音 iɐm
蚌湖	浸 tʃem | 心 ʃem | 沉 $tʃ^h$em | 针 tʃem | 今 kem | 音 iem
赤坭	浸 tʃim | 心 ʃim | 沉 $tʃ^h$im | 针 tʃim | 今 kim | 音 im

参考汉语语音发展史，在隋唐时期，深摄侵韵字独自为一部，拟音为 *im，至晚唐五代时期，深摄三等侵韵字仍为一部，拟音为 *i̯əm。

广州地区多数粤方言深摄开口三等字读作 ɐm，混入洪音，我们认为这个 ɐm 来自于 *iəm，其发展路径应为：

（三等）*iəm > ^{i}əm > əm > ɐm

蚌湖深摄三等字读作 em，赤坭深摄三等字读作 im，显示了 *iəm高化演变的发展路径。主要元音 ə 在高元音 i 的带动下向高位发展，其发展路径应为：

（三等）*iəm > iem > im

五、臻摄字 ɐ 元音韵母的产生

广州地区粤方言臻摄开口字主要读作 ɐn 韵母，也有读作 en 和 in 的。例如：

多数方言点	民 mɐn｜亲 tʃ^{h}ɐn｜珍 tʃɐn｜神 ʃɐn｜人 iɐn｜巾 kɐn
蚌湖	民 men｜亲 tʃ^{h}en｜珍 tʃen｜神 ʃen｜人 ien｜巾 ken
赤坭	民 min｜亲 tʃ^{h}in｜珍 tʃin｜神 ʃin｜人 in｜巾 kin

广州地区粤方言臻摄合口字主要读作（u）ɐn 韵母，也有读作（u）en 和 un 的。例如：

多数方言点	滚 kuɐn｜婚 fɐn｜温 uɐn｜分 fɐn｜文 mɐn｜裙 k^{h}uɐn｜云 uɐn
蚌湖	滚 kuen｜婚 fen｜温 uen｜分 fen｜文 men｜裙 k^{h}uen｜云 uen

赤坭　　滚 kun｜婚 fun｜温 un｜分 fun｜文 mun｜
　　　　裙 k^hun｜云 un

参考汉语语音发展史，在隋唐时期，臻摄开口一等痕韵归入元部，拟音为 * ɐn，合口韵为 * uɐn。三等真欣韵归为真部，拟音为 * in，合口韵为 * i̯uin。迟至晚唐五代时期，臻摄开口一等魂韵与三等真欣韵还是分立的，一等归入魂痕部，拟音为 * ɐn，合口韵为 * uɐn。三等归入真文部，拟音为 * i̯ən，合口韵为 * i̯uən。到宋代，除了合口三等文韵轻唇音合并入一等痕韵，读作 * ɐn 外，其余的三等字仍然读作 * i̯ən，合口韵为 * i̯uən，与一等字保持对立。汉语语音发展史表明，臻摄开口三等字有逐渐并入开口一等字的趋势。

粤方言的发展趋势与中原汉语是一致的，如今大部分粤方言臻摄一、三等字已混同，一般读作（u）ɐn。但也有个别方言还保留着一、三等字分立的痕迹。例如：

	开口一等 根	开口三等 斤	合口一等 棍	合口三等 军
赤坭	-ɐn	-in	-uɔn	-un
台山	-an	-in	-uɔn	-un
开平	-an	-en	-uan	-un

根据汉语语音发展史以及粤方言的表现，我们认为广州地区多数粤方言臻摄一等字的 ɐn 来自于 * ɐn，而三等字的 ɐn 则来源于 * iən，其发展路径应为：

（一等）* ɐn > ɐn　　（三等）* iən > ^{i}ən > ən > ɐn

蚌湖臻摄三等字读作 en，赤坭臻摄三等字读作 in，显示了

*iən 高化演变的过程，主要元音 ə 在高元音 i 的带动下向高位发展，其发展路径应为：

（三等）*iən > ien > in

广州地区多数粤方言臻摄合口一等字的 uɐn 来自于 *uɐn，而三等字的 uɐn 则来源于 *iuən。其发展路径应为：

（一等）*uɐn > uɐn　　（三等）*iuən > ⁱuən > uən > uɐn

蚌湖三等字读作 uen，赤坭三等字读作 un，显示了 *iuən 高化演变的过程。其发展路径应为：

（三等）*iuən > ⁱuen > uen > un

李新魁先生（1995）曾经指出，臻摄字在中古读作 ien，后来失去 i 介音，变为 en，之后进而变为 ɐn。[30] 他说蚌湖读作 en，保留了较早时期的读音形式，这没有问题，不过说 en 变为 ɐn，我们不大认同这种说法。

至于为何蚌湖和赤坭两地流、深、臻摄三等韵的演变路径与其他粤方言不同，我们将在本章第七节进行论述。

六、曾摄字和梗摄字 ɐ 元音韵母的产生

（一）曾摄字 ɐ 元音韵母的产生

广州地区粤方言曾摄开口一等字主要读作 ɐŋ 韵母，也有读作 eŋ 的。例如：

多数方言点	朋 pʰɐŋ｜灯 tɐŋ｜憎 tʃɐŋ｜肯 hɐŋ
钟落潭、太平、神岗	朋 pʰeŋ｜灯 teŋ｜憎 tʃeŋ｜肯 heŋ

广州地区粤方言曾摄开口三等字主要读作 eŋ 韵母，也有读作 ɐŋ 的。例如：

多数方言点　冰 peŋ | 蒸 tʃeŋ | 兴 heŋ | 蝇 ieŋ

江村、蚌湖、神山、太和、文冲、新塘　冰 pɐŋ | 蒸 tʃɐŋ | 兴 hɐŋ | 蝇 iɐŋ

总体上，广州地区多数粤方言一、三等字读音有别，一等字一般读作 ɐŋ，三等字读作 eŋ。也有部分方言点一、三等字读音不分，例如钟落潭等地都读作 eŋ，又如江村等地都读作 ɐŋ。

参考汉语语音发展史，曾摄一等登韵与三等蒸韵在魏晋南北朝时期是分立的，一等登韵拟音为 *ɐŋ，三等蒸韵拟音为 *i̯əŋ。到隋唐时期，曾摄一等登韵拟音为 *əŋ，三等蒸韵拟音为 *i̯əŋ，一直到晚唐，以至宋代都是如此。

广州地区多数粤方言一、三等字还保持着对立，一等字读作 ɐŋ，三等字读作 eŋ，演变路径应为：

（一等）*əŋ > ɐŋ　（三等）*iəŋ > ieŋ > ^{i}eŋ > eŋ

至于一、三等不分的方言点，则表现为不同的合并变化：

（1）一、三等字都读作 eŋ 的方言点，如钟落潭等地，一等字混同于三等字，演变路径为：

（一等）*əŋ > eŋ　（三等）*iəŋ > ieŋ > ^{i}eŋ > eŋ

（2）一、三等字都读作 ɐŋ 的方言点，如江村等地，三等字混同于一等字，演变路径为：

（一等）*əŋ > ɐŋ　（三等）*iəŋ > ^{i}əŋ > əŋ > ɐŋ

（二）梗摄字 ɐ 元音韵母的产生

广州地区粤方言梗摄二等文读音均读同于曾摄一等，主要读作 ɐŋ 韵母，也有读作 eŋ 的。例如：

多数方言点　　　　　生 ʃɐŋ | 争 tʃɐŋ | 更 kɐŋ | 幸 hɐŋ
钟落潭、神岗、太平　生 ʃeŋ | 争 tʃeŋ | 更 keŋ | 幸 heŋ

广州地区粤方言梗摄三、四等字文读音均读同于曾摄三等字，主要读作 eŋ 韵母，也有读作 ɐŋ 的。例如：

多数方言点　名 meŋ | 精 tʃeŋ | 星 ʃeŋ | 轻 heŋ | 婴 ieŋ
江村、蚌湖、神山、太和、文冲、新塘
　　　　　　名 mɐŋ | 精 tʃɐŋ | 星 ʃɐŋ | 轻 hɐŋ | 婴 iɐŋ

参考汉语语音发展史，在隋唐时期，梗摄二等庚耕韵于三等庚清韵已合并为庚部，二等字拟音为 * ɐŋ，三等字拟音为 * i̯ɐŋ。晚唐五代时期，四等青韵也合并进来，归入庚青部，二等字拟音为 * ɐŋ，三、四等字拟音为 * i̯ɐŋ。至宋代，二等庚耕韵与三、四等庚清青韵分立，二等韵归入庚生部，拟音为 * ɐŋ，三、四等字归入京青部，拟音为 * iŋ。

广州地区多数粤方言梗摄二等字与三、四等字文读音还保持着对立，二等字读作 ɐŋ，三、四等字读作 eŋ，演变路径应为：

（二等）* ɐŋ > ɐŋ　　（三、四等）* iɐŋ > ieŋ > ⁱeŋ > eŋ

至于二等与三、四等不分的方言点，则表现为不同的合并变化：

（1）二等和三、四等字都读作 eŋ 的方言点，如钟落潭等地，二等字混同于三、四等字，演变路径应为：

（二等）*ɐŋ > eŋ　（三、四等）*iɐŋ > ieŋ > ^{i}eŋ > eŋ

（2）二等和三、四等字都读作 ɐŋ 的方言点，如江村等地，三、四等字混同于一等字，演变路径应为：

（二等）*ɐŋ > ɐŋ　（三、四等）*iɐŋ > ^{i}ɐŋ > ɐŋ

第六节　阳声韵尾与入声韵尾的变化

广州地区多数粤方言点都保留着阳声韵尾 -m、-n、-ŋ 和入声韵尾 -p、-t、-k，而且两组韵尾基本相配。其中咸（合口韵除外）、深二摄收 -m/p 韵尾；山、臻二摄收 -n/t 韵尾；宕、江、曾、梗、通五摄收 -ŋ/k 韵尾。但也有相当数量的方言点的阳声韵尾和入声韵尾发生变化。

一、阳声韵尾的变化

广州地区粤方言阳声韵尾的变化主要包括三种："-n > -ŋ"、"-ŋ > -n" 和 "-m > -ŋ"。其中，不少方言点都存在着 -n 韵尾变为 -ŋ 韵尾的现象，而 -ŋ 韵尾变为 -n 韵尾以及 -m 韵尾变为 -ŋ 韵尾的现象只在个别方言点中存在。

（一）-n 韵尾向 -ŋ 韵尾演变

广州地区不少方言点都存在 -n 韵尾变为 -ŋ 韵尾的现象。例如，山摄开口一等舌齿音字和开合口二等字在文冲、萝岗、新塘、神岗、石滩、荔城等方言点读作 aŋ/uaŋ。这些字在江村、蚌湖、神山、石井、太和、钟落潭、太平、沙湾、大岗、赤坭等方言点读作 an/uan，仍然保持着 -n 韵尾。例如：

文冲等方言点 单 taŋ｜散 ʃaŋ｜班 paŋ｜山 ʃaŋ｜间 kaŋ｜限 haŋ｜关 kuaŋ｜湾 uaŋ

江村等方言点 单 tan｜散 ʃan｜班 pan｜山 ʃan｜间 kan｜限 han｜关 kuan｜湾 uan

又如“干、看、鼾、安”等山摄开口一等牙喉音字，以及合口一等唇、牙、喉音字如“搬、满、官、宽、欢、碗”等在文冲、新塘、荔城、石滩等方言点也都变为 -ŋ 韵尾，其余的方言点则保持读作 -n 韵尾。例如：

	江村	蚌湖	神山	石井	太和	钟落潭
干	kun^{55}	kœn^{55}	kun^{55}	kɔn^{55}	kyn^{55}	kɔn^{55}
岸	ŋun^{21}	ŋœn^{21}	ŋun^{21}	ŋɔn^{21}	ŋyn^{21}	ŋɔn^{21}
官	kun^{55}	kuɔn^{55}	kun^{55}	kun^{55}	kun^{55}	kun^{55}
欢	fun^{55}	fuɔn^{55}	fun^{55}	fun^{55}	fun^{55}	fun^{55}

	萝岗	太平	神岗	沙湾	大岗	赤坭
干	kun^{55}	kɔn^{55}	kun^{55}	kɔn^{55}	kɔn^{55}	kɔn^{55}
岸	un^{53}	ŋɔn^{53}	ŋun^{21}	ɔn^{22}	ɔn^{21}	ŋɔn^{22}
官	kun^{55}	kun^{55}	kun^{55}	kun^{55}	kun^{55}	kuɔn^{55}
欢	fun^{55}	fun^{55}	fun^{55}	fun^{55}	fun^{55}	fuɔn^{55}

	文冲	新塘	荔城	石滩
干	koŋ^{55}	kuŋ^{55}	kœŋ^{55}	kœŋ^{55}
岸	oŋ^{22}	ɔŋ^{22}	ŋœŋ^{21}	ŋœŋ^{21}
官	kuoŋ^{55}	kuŋ^{55}	kuŋ^{55}	kuŋ^{55}
欢	foŋ^{55}	fuŋ^{55}	fuŋ^{55}	fuŋ^{55}

山摄开口三、四等字如“面、煎、扇、肩、现、烟”等以及合口一等舌齿音字和合口三、四等字如“端、暖、酸、全、旋、

专、圈、元、犬、县”等多数方言点读作 -n 韵尾，文冲、萝岗、新塘、荔城、石滩都读作 -ŋ 韵尾。例如：

	江村	蚌湖	神山	石井	太和	钟落潭
面	min^{21}	$miɛn^{21}$	min^{21}	$mian^{21}$	min^{21}	min^{21}
烟	in^{55}	$iɛn^{55}$	in^{55}	ian^{55}	in^{55}	in^{55}
酸	$ʃyn^{55}$	$ʃyœn^{55}$	$ʃyn^{55}$	$ʃyn^{55}$	$ʃyn^{55}$	$ʃyn^{55}$
圈	hyn^{55}	$hyœn^{55}$	hyn^{55}	hyn^{55}	hyn^{55}	hyn^{55}

	太平	神岗	沙湾	大岗	赤坭
面	min^{53}	min^{21}	min^{22}	min^{21}	$miɛn^{22}$
烟	in^{55}	in^{55}	in^{55}	in^{55}	$iɛn^{55}$
酸	$ʃyn^{55}$	$ʃyn^{55}$	$ʃyn^{55}$	$ʃyn^{55}$	$ʃɔn^{55}$
圈	hyn^{55}	hyn^{55}	hyn^{55}	hyn^{55}	$hyœn^{55}$

	文冲	萝岗	新塘	荔城	石滩
面	$miŋ^{22}$	$miŋ^{53}$	$miŋ^{22}$	$miŋ^{21}$	$miŋ^{21}$
烟	$iŋ^{55}$	$iŋ^{55}$	$iŋ^{55}$	$iŋ^{55}$	$iŋ^{55}$
酸	$ʃyŋ^{55}$	$ʃyŋ^{55}$	$ʃyŋ^{55}$	$ʃœŋ^{55}$	$ʃœŋ^{55}$
圈	$hyŋ^{55}$	$hyŋ^{55}$	$hyŋ^{55}$	$hœŋ^{55}$	$hœŋ^{55}$

再如臻摄开口字在文冲、萝岗、新塘、荔城、石滩等方言点变为 -ŋ 韵尾，其余方言点保留读作 -n 韵尾。臻摄合口字在文冲、新塘、荔城、石滩等方言点变为 -ŋ 韵尾，萝岗 un 韵母的字保留读作 -n 韵尾，而 ɐŋ、yŋ 韵母的字变为 -ŋ 韵尾，其余方言点保留读作 -n 韵尾。例如：

	江村	蚌湖	神山	石井	太和	钟落潭
亲	$tʃ^hɐn^{55}$	$tʃ^hen^{55}$	$tʃ^hɐn^{55}$	$tʃ^hɐn^{55}$	$tʃ^hɐn^{55}$	$tʃ^hɐn^{55}$

津	tʃɐn^{55}	tʃøn^{55}	tʃɐn^{55}	tʃøn^{55}	tʃøn^{55}	tʃɐn^{55}
门	mun^{22}	men^{22}	mun^{22}	mun^{22}	mun^{22}	mun^{22}
村	tʃʰyn^{55}	tʃʰøn^{55}	tʃʰyn^{55}	tʃʰyn^{55}	tʃʰyn^{55}/tʃʰøn^{55}	tʃʰyn^{55}
蚊	mɐn^{55}	men^{55}	mɐn^{55}	mɐn^{55}	mɐn^{55}	mɐn^{55}

	太平	神岗	沙湾	大岗	赤坭
亲	tʃʰɐn^{55}	tʃʰɐn^{55}	tʃʰɐn^{55}	tʃʰɐn^{55}	tʃʰin^{55}
津	tʃøn^{55}	tʃɐn^{55}	tʃøn^{55}	tʃøn^{55}	tʃøn^{55}
门	mun^{21}	mun^{22}	mun^{42}	mun^{42}	muɔn^{21}
村	tʃʰyn^{55}	tʃʰyn^{55}	tʃʰyn^{55}	tʃʰyn^{55}	tʃʰøn^{55}
蚊	mɐn^{55}	mɐn^{55}	mɐn^{55}	mɐn^{55}	mun^{55}

	文冲	萝岗	新塘	荔城	石滩
亲	tʃʰɐŋ^{55}	tʃʰɐŋ^{55}	tʃʰɐŋ^{55}	tʃʰɒŋ^{55}	tʃʰɒŋ^{55}
津	tʃɐŋ^{55}	tʃɐŋ^{55}	tʃɐŋ^{55}	tʃɒŋ^{55}	tʃɒŋ^{55}
门	moŋ^{21}	mun^{21}	muŋ^{11}	mœŋ^{22}	mœŋ^{22}
村	tʃʰyŋ^{55}	tʃʰyŋ^{55}	tʃʰyŋ^{55}	tʃʰœŋ^{55}	tʃʰœŋ^{55}
蚊	mɐŋ^{55}	mɐŋ^{55}	mɐŋ^{55}	mɒŋ^{55}	mɒŋ^{55}

-n 韵尾向 -ŋ 韵尾的变化主要集中在广州东部地区，除了上述方言点外，远至东莞、宝安、新界，近至广州东郊的东圃黄村都存在这种现象，可以说这是广州以东地区粤方言片的一个普遍特征。这种变化遍及山、臻二摄各个韵类，无论是开口度较大的 a、ɒ、ɐ、œ 等元音，或是开口度较小的 i、y、o、u 等元音都能跟 -ŋ 韵尾搭配。因此，这种变化涉及的广度和深度都是非常彻底的。

广州地区粤方言 -n 韵尾向 -ŋ 韵尾的变化与主要元音的影响不无关系。为了弄清楚整个变化的动因和过程，我们需要对神岗等几个方言点山、臻二摄 -ŋ 韵尾的分布情况进行归纳，具体情况如下：

神岗	aŋ					
文冲	aŋ	ɐŋ		oŋ	iŋ	yŋ
萝岗	aŋ	ɐŋ			iŋ	yŋ
新塘	aŋ	ɐŋ		uŋ	iŋ	yŋ
荔城	aŋ	ɒŋ	œŋ		iŋ	
石滩	aŋ	ɒŋ	œŋ		iŋ	

由上可见，-ŋ 韵尾与低元音和后元音的搭配最为普遍，其中神岗只有 aŋ 一类韵母，文冲等地的变化很彻底，-ŋ 韵尾还能与前、高元音搭配。山、臻二摄 -ŋ 韵尾分布的地区差异给我们展示了“-n > -ŋ”的变化过程：变化最先从舌位最低的 a 发生，然后逐渐向高、向前元音蔓延。从发音机制上说，开口度较大的元音与后鼻音 ŋ 韵尾的发音部位比较接近，因而更容易取得和谐，而低元音 a 与发音部位较前较高的 n 韵尾则存在一定矛盾。从低元音 a 到舌位较高的 n 之间存在相当大的动程，n 韵尾很容易在低元音 a 的拉动下发音部位向后移动，于是变为 -ŋ 韵尾。当“-n > -ŋ”的变化成为强势之后，就容易向其他的元音韵母扩散开去。

（二）-ŋ 韵尾向 -n 韵尾演变

总体来说，广州地区粤方言的 -ŋ 韵尾是较为稳定的，变化不大，例如，宕摄、江摄和通摄字各方言点均读作 -ŋ 韵尾，并无变化。广州地区粤方言 -ŋ 韵尾变为 -n 韵尾的现象集中在曾摄和梗摄字之中，而且在番禺区的沙湾和大岗两地较为常见，这也是番禺粤方言的一个特点。

曾摄一等字各方言点均读作 -ŋ 韵尾，并无变化，但曾摄三等字在沙湾和大岗变为 -n 韵尾，其余方言点保留读作 -ŋ 韵尾。例如：

	江村	蚌湖	神山	石井	太和	钟落潭
灯	tɐŋ^{55}	tɐŋ^{55}	tɐŋ^{55}	tɐŋ^{55}	tɐŋ^{55}	teŋ^{55}
憎	tʃɐŋ^{55}	tʃɐŋ^{55}	tʃɐŋ^{55}	tʃɐŋ^{55}	tʃɐŋ^{55}	tʃeŋ^{55}
蒸	tʃɐŋ^{55}	tʃɐŋ^{55}	tʃɐŋ^{55}	tʃeŋ^{55}	tʃɐŋ^{55}	tʃeŋ^{55}
绳	ʃɐŋ^{22}	ʃɐŋ^{22}	ʃɐŋ^{22}	ʃeŋ^{22}	ʃɐŋ^{22}	ʃeŋ^{22}

	太平	神岗	沙湾	大岗	赤坭
灯	teŋ^{55}	teŋ^{55}	tɐŋ^{55}	tɐŋ^{55}	tɐŋ^{55}
憎	tʃeŋ^{55}	tʃeŋ^{55}	tʃɐŋ^{55}	tʃɐŋ^{55}	tʃɐŋ^{55}
蒸	tʃeŋ^{55}	tʃeŋ^{55}	tʃen^{55}	tʃen^{55}	tʃeŋ^{55}
绳	ʃeŋ^{21}	ʃeŋ^{22}	tʃʰen^{42}	tʃʰen^{42}	ʃeŋ^{21}

	文冲	萝岗	新塘	荔城	石滩
灯	tɐŋ^{55}	tɐŋ^{55}	tɐŋ^{55}	tɒŋ^{55}	tɒŋ^{55}
憎	tʃɐŋ^{55}	tʃɐŋ^{55}	tʃɐŋ^{55}	tʃɒŋ^{55}	tʃɒŋ^{55}
蒸	tʃɐŋ^{55}	tʃeŋ^{55}	tʃɐŋ^{55}	tʃeŋ^{55}	tʃeŋ^{55}
绳	ʃɐŋ^{21}	ʃeŋ^{21}	ʃɐŋ^{11}	ʃeŋ^{22}	ʃeŋ^{22}

梗摄二等字不论文读音还是白读音，各方言点均读作 -ŋ 韵尾，并无变化。梗摄三、四等字文读音在沙湾和大岗变为 -n 韵尾，但白读音仍然保留着 -ŋ 韵尾。其余方言点文读音和白读音都读作 -ŋ 韵尾，并无变化。例如：

	江村	蚌湖	神山	石井	太和	钟落潭
更（文）	kɐŋ^{33}	kɐŋ^{33}	kɐŋ^{33}	kɐŋ^{33}	kɐŋ^{33}	keŋ^{33}
硬（白）	ŋaŋ^{21}	ŋaŋ^{21}	ŋaŋ^{21}	ŋaŋ^{21}	ŋaŋ^{21}	ŋaŋ^{21}
柄（白）	pɛŋ^{33}	piɛŋ^{33}	pɛŋ^{33}	piaŋ^{33}	piæŋ^{33}	piæŋ^{33}
经（文）	kɐŋ^{55}	kɐŋ^{55}	kɐŋ^{55}	keŋ^{55}	kɐŋ^{55}	keŋ^{55}
兄（文）	hɐŋ^{55}	hɐŋ^{55}	hɐŋ^{55}	heŋ^{55}	hɐŋ^{55}	heŋ^{55}

	太平	神岗	沙湾	大岗	赤坭
更（文）	keŋ^{33}	keŋ^{33}	kɐŋ^{33}	kɐŋ^{42}	kɐŋ^{33}
硬（白）	ŋɛŋ^{53}	ŋaŋ^{21}	aŋ^{22}	aŋ^{21}	ŋaŋ^{22}
柄（白）	pɛŋ^{33}	pɛŋ^{33}	piæŋ^{33}	pɛŋ^{42}	piæŋ^{33}
经（文）	keŋ^{55}	keŋ^{55}	ken^{55}	ken^{55}	keŋ^{55}
兄（文）	heŋ^{55}	heŋ^{55}	hen^{55}	hen^{55}	heŋ^{55}

	文冲	萝岗	新塘	荔城	石滩
更（文）	kɐŋ^{33}	kɐŋ^{33}	kɐŋ^{33}	kɒŋ^{33}	kɒŋ^{33}
硬（白）	aŋ^{22}	aŋ^{53}	aŋ^{22}	ŋaŋ^{21}	ŋaŋ^{21}
柄（白）	pɛŋ^{33}	piɛŋ^{33}	piæŋ^{33}	pɛŋ^{42}	pɛŋ^{33}
经（文）	kɐŋ^{55}	keŋ^{55}	kɐŋ^{55}	keŋ^{55}	keŋ^{55}
兄（文）	hɐŋ^{55}	heŋ^{55}	hɐŋ^{55}	heŋ^{55}	heŋ^{55}

沙湾和大岗两地的 -n 韵尾分布于曾、梗摄的三、四等韵中。沙湾和大岗曾摄一等字读作 ɐŋ，三等字读作 en。梗摄二等摄字文读音为 ɐŋ，白读音为 aŋ，三、四等字白读音为 iæŋ 或 ɛŋ，文读音为 en。由此可见，沙湾和大岗 -ŋ 韵尾向 -n 韵尾的变化是很有规律的。当主要元音为 ɐ、a、æ、ɛ 等开口度较大的元音时，保留 -ŋ 韵尾。当主要元音为前半高元音 e 时，则变为 -n 韵尾。从发音机制上说，开口度较大的元音与后鼻音 -ŋ 韵尾的发音部位比较接近，因而也更容易取得和谐，而前半高元音 e 与发音部位较后较低的 -ŋ 韵尾则存在一定矛盾。从前半高元音 e 到后低辅音 ŋ 之间存在相当大的动程，-ŋ 韵尾很容易在前半高元音 e 的拉动下发音部位向前移动，于是变为 -n 韵尾。因此，沙湾和大岗两地曾、梗摄字 -ŋ 韵尾向 -n 韵尾的变化是受前半高元音 e 的影响所致的。

（三）-m 韵尾向 -ŋ 韵尾演变

广州地区多数方言点的咸摄开口字都读作 -m 韵尾，-m 韵尾

向 -ŋ 韵尾的变化只在石滩和新塘两个点出现。石滩除个别一等字如“含、撼、憾、庵、揞、暗”等保留 -m 韵尾，读作 ɐm 之外，其余的咸摄字都变为 -ŋ 韵尾。新塘一、二等字读作 -m 韵尾，三、四等字也一般读作 -m 韵尾，但部分口语常用字如“占~卜、蟾、钳、炎、盐、艳、欠、点、添、甜”等变为 -ŋ 韵尾。例如：

	江村	蚌湖	神山	石井	太和	钟落潭
男	lam^{22}	nam^{22}	lam^{22}	lam^{22}	nam^{22}	nam^{22}
含	ham^{22}	hɐm^{22}	hɐm^{22}	hɐm^{22}	hɐm^{22}	hɐm^{22}
尖	tʃim^{55}	tʃiɛm^{55}	tʃim^{55}	tʃiam^{55}	tʃim^{55}	tʃim^{55}
盐	im^{22}	iɛm^{22}	im^{22}	iam^{22}	im^{22}	im^{22}

	太平	神岗	沙湾	大岗	赤坭
男	lam^{21}	nam^{22}	lam^{42}	lam^{42}	lam^{21}
含	hɐm^{21}	hɐm^{22}	hom^{42}	hom^{42}	hɐm^{21}
尖	tʃim^{55}	tʃim^{55}	tʃim^{55}	tʃim^{55}	tʃiɛm^{55}
盐	im^{21}	im^{22}	im^{42}	im^{42}	iɛm^{21}

	文冲	萝岗	新塘	荔城	石滩
男	lam^{21}	lam^{22}	lam^{11}	nam^{22}	laŋ^{22}
含	hɐm^{21}	hɐm^{21}	hɐm^{11}	hɐm^{22}	hɐm^{22}
尖	tʃim^{55}	tʃim^{55}	tʃim^{55}	tʃim^{55}	tʃiŋ^{55}
盐	im^{21}	im^{21}	iŋ^{11}	im^{22}	iŋ^{22}

广州地区各方言点对深摄字均读作 -m 韵尾，并无变化。

-m 韵尾向 -ŋ 韵尾的变化除了广州东部增城市的石滩和新塘外，远至东莞和宝安也存在这种变化。值得注意的是，这四个方言点咸、深二摄的变化一般都与山、臻二摄的变化达成一致。例如：

	新塘	石滩	东莞	宝安
男咸	lam^{11}	laŋ^{22}	naŋ^{21}	naŋ^{21}
蛋山	taŋ^{35}	taŋ^{35}	tɛŋ^{32}	tæŋ^{32}
含咸	hɐm^{11}	hɐm^{22}	hɐm^{21}	hɐŋ^{21}
针深	tʃɐm^{55}	tʃɐm^{55}	tʃɐm^{213}	tʃɐŋ^{55}
蚊臻	mɐŋ^{55}	mɒŋ^{55}	mɐn^{213}	mɐŋ^{55}
盐咸	iŋ^{11}	iŋ^{22}	zin^{21}	iŋ^{21}
烟山	iŋ^{55}	iŋ^{55}	zin^{213}	iŋ^{55}

从上表可以看到，新塘、石滩、宝安“盐 iŋ = 烟 iŋ”，东莞“盐 in = 烟 in”，石滩“男 aŋ = 蛋 aŋ”，宝安“含 ɐŋ = 针 ɐŋ = 蚊 ɐŋ”。也就是说，各方言点咸、深二摄的变化基本上是跟随着山、臻二摄变化的，从而咸、深二摄与山、臻二摄混同。虽然东莞“男 aŋ ≠ 蛋 ɛŋ”，宝安“男 aŋ ≠ 蛋 æŋ”，不过这是因为山摄主要元音后来发生高化演变，咸、深摄没有跟随的缘故，不影响咸、深与山、臻混同的大趋势。因此我们认为，新塘等方言点咸、深二摄 -m 韵尾向 -ŋ 韵尾的变化并非一步到位，而是要先经过 -m 韵尾向 -n 韵尾的阶段，然后受山、臻二摄变化的影响再从 -n 韵尾变为 -ŋ 韵尾。东莞咸摄一、二等字已经变为 -ŋ 韵尾，而三、四等字却变为 -n 韵尾，正好展示了这种演变过程。此外，咸、深二摄本来收 -m 韵尾的唇音字如“贬、凡、帆、范、泛、品”等，多数方言点已经变为了 -n 韵尾，但新塘等方言点则进一步变为 -ŋ 韵尾，也证实了上述的演变过程。因此，新塘等方言点咸、深摄的 -m 韵尾的变化路径应为：-m ＞ -n ＞ -ŋ。

（四）广州地区粤方言阳声韵尾变化的特点

大致说来，广州地区粤方言阳声韵尾的变化具有以下特点：

①从地理分布看。-m 韵尾向 -ŋ 韵尾的变化主要发生在广州

东部增城市的新塘、石滩两个方言点；-n 韵尾向 -ŋ 韵尾的变化主要集中在广州东部的文冲、萝岗，增城市的新塘、荔城、石滩以及广州东北部从化市的神岗等地；-ŋ 韵尾向 -n 韵尾的变化主要集中在广州南部番禺区的沙湾和大岗两个方言点；而广州北郊的白云区和花都区各方言点的 -m、-n、-ŋ 三个阳声韵尾均与中古《切韵》音系保持整齐对应（咸摄合口字除外），并无变化，这与广州市区是一致的。

②从韵摄的分布看。山摄和臻摄的 -n 韵尾向 -ŋ 韵尾的变化最普遍，涉及的范围最广。咸摄 -m 韵尾向 -ŋ 韵尾的变化和曾、梗两摄的 -ŋ 韵尾向 -n 韵尾的变化属于个别现象，都只分别涉及两个方言点。而深、宕、江、通摄的阳声韵尾均未发生变化。

③从阳声韵尾的稳定性看。若以变化所涉及的方言点和韵摄的范围为准，广州地区粤方言的 -n 韵尾最容易发生变化，-ŋ 韵尾最稳定，-m 韵尾则介于两者之间。

陈晓锦先生（2001）曾经指出，鼻音韵尾的演变途径是“-m > -n > -ŋ > ø”，并把韵尾依照这种途径的变化称之为“顺势变化”。[31] 从上文的分析我们看到，整体说来，广州地区粤方言阳声韵尾变化的情形是符合“-m > -n > -ŋ”变化规律的，不过目前还未发现鼻音声母完全脱落的现象。而沙湾和大岗阳声韵尾变化的方式是“-ŋ > -n”，采取了逆向变化方式。

二、入声韵尾的变化

广州地区粤方言入声韵尾的变化主要包括三种：“-t > -k/-ʔ”、“-k > -t/-ʔ”和“-p > -k/-ʔ”。其中，不少方言点都存在 -t 韵尾变为 -k 韵尾的现象，而 -k 韵尾变为 -t 韵尾以及 -p 韵尾变为 -k 韵尾的现象只在个别方言点中存在。入声韵尾 -p、-t、-k 在荔城和石滩都已经消变为喉塞韵尾 -ʔ。

（一）-t 韵尾的演变

广州地区粤方言 -t 韵尾的变化较为普遍，这同阳声韵 -n 韵尾的变化是基本平行的。例如，山摄开口一等舌齿音字和开合口二等字在江村、蚌湖、神山、石井、太和、钟落潭、太平、沙湾、大岗、赤坭等方言点读作 at/uat，并无变化。而在文冲、萝岗、新塘、神岗等方言点读作 ak/uak，在石滩和荔城读作 aʔ/uaʔ，-t 韵尾均发生了变化。

文冲等方言点　达 tak｜辣 lak｜擦 $tʃ^h$ak｜滑 uak｜刮 kuak
荔城、石滩　达 taʔ｜辣 laʔ｜擦 $tʃ^h$aʔ｜滑 uaʔ｜刮 kuaʔ
江村等方言点　达 tat｜辣 lat｜擦 $tʃ^h$at｜滑 uat｜刮 kuat

山摄开口一等牙、喉音字，如“割、渴、喝”等，和合口一等唇、牙、喉音字，如“拨、泼、末、括、阔、活”等，在文冲和新塘变为 -k 韵尾，在荔城和石滩变为 -ʔ 韵尾，其余方言点保留 -t 韵尾。例如：

	江村	蚌湖	神山	石井	太和	钟落潭
割	kut^3	$kœt^3$	kut^3	$kɔt^3$	kyt^3	$kɔt^3$
泼	p^hut^3	$p^huɔt^3$	p^hut^3	p^hut^3	p^hut^3	p^hut^3
阔	fut^3	$fuɔt^3$	fut^3	fut^3	fut^3	fut^3
	萝岗	太平	神岗	沙湾	大岗	赤坭
割	kut^3	$kɔt^3$	kut^3	$kɔt^3$	$kɔt^3$	$kɔt^3$
泼	p^hut^3	p^hut^3	p^hut^3	p^hut^3	p^hut^3	$p^huɔt^3$
阔	fut^3	fut^3	fut^3	fut^3	fut^3	$fuɔt^3$
	文冲	新塘	荔城	石滩		
割	kok^3	kuk^3	$kœʔ^3$	$kœʔ^3$		
泼	p^hok^3	p^huk^3	$p^hœʔ^3$	$p^hœʔ^3$		

阔	fok^{3}	fuk^{3}	fuʔ^{3}	fuʔ^{3}

山摄开口三、四等字，如“热、杰、揭、篾、铁、节”等，以及合口一等舌齿音字和合口三、四等字，如“绝、雪、悦、阅、月、粤、缺、血”等，在文冲、萝岗、新塘等方言点变为 -k 韵尾，在荔城和石滩变为 -ʔ 韵尾，其余方言点保留 -t 韵尾。例如：

	江村	蚌湖	神山	石井	太和	钟落潭
篾	mit^{2}	miɛt^{2}	mit^{2}	miat^{2}	mit^{2}	mit^{2}
热	it^{2}	iɛt^{2}	it^{2}	iat^{2}	it^{2}	it^{2}
雪	ʃyt^{3}	ʃyœt^{3}	ʃyt^{3}	ʃyt^{3}	ʃyt^{3}	ʃyt^{3}
血	hyt^{3}	hyœt^{3}	hyt^{3}	hyt^{3}	hyt^{3}	hyt^{3}

	太平	神岗	沙湾	大岗	赤坭
篾	mit^{53}	mit^{2}	mit^{2}	mit^{2}	miɛt^{2}
热	it^{53}	it^{2}	it^{2}	it^{2}	iɛt^{2}
雪	ʃyt^{3}	ʃyt^{3}	ʃyt^{3}	ʃyt^{3}	ʃyœt^{3}
血	hyt^{3}	hyt^{3}	hyt^{3}	hyt^{3}	hyœt^{3}

	文冲	萝岗	新塘	荔城	石滩
篾	mik^{2}	mik^{53}	mik^{2}	miʔ^{2}	miʔ^{2}
热	ik^{2}	ik^{53}	ik^{2}	iʔ^{2}	iʔ^{2}
雪	ʃyk^{3}	ʃyk^{3}	ʃyk^{3}	ʃœʔ^{3}	ʃœʔ^{3}
血	hyk^{3}	hyk^{3}	hyk^{3}	hœʔ^{3}	hœʔ^{3}

臻摄开口字在文冲、萝岗和新塘变为 -k 韵尾，神岗读 ak 韵母的字变为 -k 韵尾，读 ɐt 韵母的字则保留 -t 韵尾。荔城和石滩

变为 -ʔ 韵尾，其余方言点保留 -t 韵尾。合口字在文冲和新塘变为 -k 韵尾，在荔城和石滩变为 -ʔ 韵尾。萝岗读 ut 韵母的字保留 -t 韵尾，而读 ɐk、yk 韵母的字变为 -k 韵尾，其余方言点保留 -t 韵尾。例如：

	江村	蚌湖	神山	石井	太和	钟落潭
吉	kɐt^{5}	ket^{5}	kɐt^{5}	kɐt^{5}	kɐt^{5}	kɐt^{5}
七	tʃ^{h}ɐt^{5}	tʃ^{h}ɐt^{5}	tʃ^{h}ɐt^{5}	tʃ^{h}ɐt^{5}	tʃ^{h}ɐt^{5}	tʃ^{h}at^{5}
卒	tʃɐt^{5}	tʃøt^{5}	tʃɐt^{5}	tʃøt^{5}	tʃøt^{5}	tʃɐt^{5}
没	mut^{2}	muɔt^{2}	mut^{2}	mut^{2}	mut^{2}	mut^{2}
出	tʃ^{h}ɐt^{5}	tʃ^{h}øt^{5}	tʃ^{h}ɐt^{5}	tʃ^{h}øt^{5}	tʃ^{h}øt^{5}	tʃ^{h}ɐt^{5}

	太平	神岗	沙湾	大岗	赤坭
吉	kɐt^{5}	kɐt^{3}	kɐt^{5}	kɐt^{5}	kɐt^{5}
七	tʃ^{h}ɐt^{5}	tʃ^{h}ak^{3}	tʃ^{h}ɐt^{5}	tʃ^{h}ɐt^{5}	tʃ^{h}ɐt^{5}
卒	tʃøt^{5}	tʃɐt^{3}	tʃyt^{5}	tʃøt^{5}	tʃøt^{5}
没	mut$^{\underline{53}}$	mut^{2}	mut^{2}	mut^{2}	muɔt^{2}
出	tʃ^{h}øt^{5}	tʃ^{h}ɐt^{5}	tʃ^{h}yt^{5}	tʃ^{h}øt^{5}	tʃ^{h}øt^{5}

	文冲	萝岗	新塘	荔城	石滩
吉	kɐk^{5}	kɐk^{5}	kɐk^{5}	kɒʔ^{5}	kɒʔ^{5}
七	tʃ^{h}ɐk^{5}	tʃ^{h}ɐk^{5}	tʃ^{h}ɐk^{5}	tʃ^{h}ɒʔ^{5}	tʃ^{h}ɒʔ^{5}
卒	tʃɐk^{5}	tʃɐk^{5}	tʃɐk^{5}	tʃɒʔ^{5}	tʃɒʔ^{5}
没	mok^{2}	mut^{2}	muk^{2}	mœʔ^{2}	mœʔ^{2}
出	tʃ^{h}yk^{5}	tʃ^{h}yk^{5}	tʃ^{h}ok^{5}	tʃ^{h}œʔ^{5}	tʃ^{h}œʔ^{5}

（二）-k 韵尾的演变

广州地区粤方言的 -k 韵尾较为稳定，变化只发生在增城市的荔城、石滩，番禺区的沙湾和大岗等几个方言点之中。例如，宕摄和江摄字，如“博、落、作、各、恶、削、着、脚、药、镬、驳、浊、捉、角、学”等，在荔城和石滩变为 -ʔ 韵尾，其余方言点都读作 -k 韵尾。例如：

	江村	蚌湖	神山	石井	太和	钟落潭
落	lɔk^{2}	lok^{2}	lɔk^{2}	lɔk^{2}	lɔk^{2}	lɔk^{2}
脚	kœk^{3}	kuɔk^{3}	kœk^{3}	kiɔk^{3}	kiœk^{3}	kiœk^{3}
浊	tʃok^{2}	tʃɔk^{2}	tʃok^{2}	tʃok^{2}	tʃok^{2}	tʃok^{2}
角	kɔk^{3}	kok^{3}	kɔk^{3}	kɔk^{3}	kɔk^{3}	kɔk^{3}

	太平	神岗	沙湾	大岗	赤坭
落	lœk$^{\underline{53}}$	lɔk^{2}	lɔk^{2}	lɔk^{2}	lɔk^{2}
脚	kœk^{3}	kœk^{3}	kœk^{3}	kœk^{3}	kœk^{3}
浊	tʃok$^{\underline{53}}$	tʃok^{2}	tʃok^{2}	tʃok^{2}	tʃok^{2}
角	kœk^{3}	kɔk^{3}	kɔk^{3}	kɔk^{3}	kɔk^{3}

	文冲	萝岗	新塘	荔城	石滩
落	lɔk^{2}	lɔk$^{\underline{53}}$	lɔk^{2}	lɔʔ^{2}	lɔʔ^{2}
脚	kɔk^{3}	kiœk^{3}	kiœk^{3}	kœʔ^{3}	kœʔ^{3}
浊	tʃok^{2}	tʃok$^{\underline{53}}$	tʃok^{2}	tʃoʔ^{2}	tʃoʔ^{2}
角	kɔk^{3}	kɔk^{3}	kɔk^{3}	kɔʔ^{3}	kɔʔ^{3}

曾摄一等字在荔城和石滩变为 -ʔ 韵尾，其余方言点保留 -k 韵尾。曾摄三等字在沙湾和大岗变为 -t 韵尾，在荔城和石滩变为 -ʔ 韵尾，其余方言点保留读作 -k 韵尾。例如：

	江村	蚌湖	神山	石井	太和	钟落潭
北	pɐk^{5}	pɐk^{5}	pɐk^{5}	pɐk^{5}	pɐk^{5}	pɐk^{5}
力	lɐk^{2}	lɐk^{2}	lɐk^{2}	lek^{2}	lɐk^{2}	lek^{2}

	太平	神岗	沙湾	大岗	赤坭
北	pek^{5}	pek^{3}	pak^{5}	pak^{5}	pɐk^{5}
力	lek$^{\underline{53}}$	lek^{2}	let^{2}	let^{2}	lek^{2}

	文冲	萝岗	新塘	荔城	石滩
北	pɐk^{5}	pɐk^{5}	pɐk^{5}	pɒʔ^{5}	pɒʔ^{5}
力	lɐk^{2}	lek$^{\underline{53}}$	lɐk^{2}	leʔ^{2}	leʔ^{2}

梗摄二等字文读音和白读音在荔城、石滩变为 -ʔ 韵尾，其余方言点保留读作 -k 韵尾。梗摄三、四等字文读音和白读音在荔城、石滩变为 -ʔ 韵尾，沙湾和大岗三、四等字的文读音变为 -t 韵尾，白读音保留读作 -k 韵尾，其余方言点保留 -k 韵尾。例如：

	江村	蚌湖	神山	石井	太和	钟落潭
脉（文）	mɐk^{2}	mɐk^{2}	mɐk^{2}	mɐk^{2}	mɐk^{2}	mɐk^{2}
白（白）	pak^{2}	pak^{2}	pak^{2}	pak^{2}	pak^{2}	pak^{2}
石（白）	ʃɛk^{2}	ʃiɛk^{2}	ʃɛk^{3}	ʃiak^{2}	ʃiæk^{2}	ʃiæk^{2}
敌（文）	tɐk^{2}	tɐk^{2}	tɐk^{2}	tek^{2}	tɐk^{2}	tek^{2}

	太平	神岗	沙湾	大岗	赤坭
脉（文）	mek$^{\underline{53}}$	mek^{2}	mak^{2}	mak^{2}	mɐk^{2}
白（白）	pɛk$^{\underline{53}}$	pak^{2}	pak^{2}	pak^{2}	pak^{2}
石（白）	ʃɛk$^{\underline{53}}$	ʃɛk^{2}	ʃiæk^{2}	ʃɛk^{2}	ʃiæk^{2}
敌（文）	tek$^{\underline{53}}$	tek^{2}	tet^{2}	tet^{2}	tek^{2}

	文冲	萝岗	新塘	荔城	石滩
脉（文）	mɐk^{2}	mɐk$^{\underline{53}}$	mɐk^{2}	mɒʔ^{2}	mɒʔ^{2}
白（白）	pak^{2}	pak$^{\underline{53}}$	pak^{2}	paʔ^{2}	paʔ^{2}

石（白）	ʃɛk²	ʃiɛk²	ʃiæk²	ʃɛʔ²	ʃɛʔ²
敌（文）	tɐk²	tek$^{\underline{53}}$	tɐk²	teʔ²	teʔ²

通摄字在荔城和石滩变为 -ʔ 韵尾，其余方言点保留 -k 韵尾。例如：

	江村	蚌湖	神山	石井	太和	钟落潭
木	mok²	mɔk²	mok²	mok²	mok²	mok²
绿	lok²	lok²	lok²	lok²	lok²	lok²

	太平	神岗	沙湾	大岗	赤坭
木	mok$^{\underline{53}}$	mok²	mok²	mok²	mok²
绿	lok$^{\underline{53}}$	lok²	lok²	lok²	lok²

	文冲	萝岗	新塘	荔城	石滩
木	mok²	mok$^{\underline{53}}$	mok²	moʔ²	moʔ²
绿	lok²	lok$^{\underline{53}}$	lok²	loʔ²	loʔ²

（三）-p 韵尾的演变

广州地区粤方言的 -p 韵尾比较稳定，变化只发生在广州东部增城市的荔城、石滩和新塘三个方言点之中。例如，咸、深摄字在荔城和石滩两个方言点变为喉塞韵尾 -ʔ，新塘咸、深摄字一般读作 -p 韵尾，但有部分三、四等字如“涉、怯、胁、跌、帖、碟、蝶、歉、协”等变为 -k 韵尾，其余方言点保留读作 -p 韵尾。例如：

	江村	蚌湖	神山	石井	太和	钟落潭
杂	tʃap²	tʃap²	tʃap²	tʃap²	tʃap²	tʃap²

合	hap^{2}	hɐp^{2}	hɐp^{2}	hɐp^{2}	hɐp^{2}	hɐp^{2}
贴	t^{h}ip^{3}	t^{h}iɛp^{3}	t^{h}ip^{3}	t^{h}iap^{3}	t^{h}ip^{3}	t^{h}ip^{3}
粒	lɐp^{5}	lep^{5}	nɐp^{5}	lɐp^{5}	nɐp^{5}	nɐp^{5}

	太平	神岗	沙湾	大岗	赤坭
杂	tʃap $^{\underline{53}}$	tʃap^{2}	tʃap^{2}	tʃap^{2}	tʃap^{2}
合	hɐp $^{\underline{53}}$	hap^{2}	hop^{2}	hop^{2}	hap^{2}
贴	t^{h}ip^{3}	t^{h}ip^{3}	t^{h}ip^{3}	t^{h}iap^{3}	t^{h}iɛp^{3}
粒	lɐp^{5}	nɐp^{3}	lɐp^{5}	lɐp^{5}	lɐp^{5}

	文冲	萝岗	新塘	荔城	石滩
杂	tʃap^{2}	tʃap^{2}	tʃɐp^{2}	tʃaʔ^{2}	tʃaʔ^{2}
合	hɐp^{2}	hɐp $^{\underline{53}}$	hɐp^{2}	haʔ^{2}	haʔ^{2}
贴	t^{h}ip^{3}	t^{h}ip^{3}	t^{h}ik^{3}	t^{h}iʔ^{3}	t^{h}iʔ^{3}
粒	lɐp^{5}	lɐp^{5}	lɐp^{5}	lɒʔ^{5}	lɐʔ^{5}

（四）广州地区粤方言入声韵尾变化的特点

总而观之，广州地区粤方言入声韵尾的变化不是太复杂，除荔城和石滩两个方言点三种入声韵尾 -p、-t、-k 都消变为喉塞韵尾 -ʔ 之外，其余各方言点入声韵尾的变化均与阳声韵尾的变化相对应。例如，新塘咸、深摄三、四等字一般读作 -m/p 韵尾，部分字变为 -ŋ/k 韵尾；文冲、萝岗、新塘、神岗等方言点山摄、臻摄字变为 -ŋ/k 韵尾；沙湾和大岗曾、梗摄部分字变为 -n/t 韵尾。因此，大致上广州地区粤方言入声韵的变化是与阳声韵的变化平行的，但也有如荔城和石滩等地入声韵尾都消变为喉塞韵尾 -ʔ，超前于阳声韵尾发展的现象。

喉塞韵尾 -ʔ 在语流中很容易失落，变读为舒声，例如，石滩就有一些入声字读为舒声字，如山摄：葛 kœ^{33} 沙～、哲 tʃi^{33} 、浙 tʃi^{33} ；宕摄：昨 tʃ^{h}ɔ^{21} ～日；江摄：朴 p^{h}ɔ^{33} ～素、捉 tʃo^{55} ；通摄：鹿

lo^{35} ~茸、碌（柚子）lo^{55} 等。入声舒化现象在东莞、宝安等地也很普遍，石滩位于增城南部，隔东江与东莞毗邻，在方言地理特征的分布上跟粤方言莞宝片连成一片。

陈晓锦先生（2001）指出，入声韵尾的"顺势变化"途径为" -p > -t > -k > -ʔ > ø"。[32] 广州地区粤方言入声韵尾的变化大致上是沿这一演变路径发展的，而沙湾和大岗的演变路径则采取了"逆势变化"。

第七节　合口韵舌齿音字的变化

广州地区粤方言不少韵摄的合口舌齿音字与本韵的唇、牙、喉音字读音有别，这种情形主要体现在果摄、蟹摄、止摄、臻摄、山摄等韵摄之中，下面就来讨论这些韵摄合口舌齿音字的变化。

一、果摄合口舌齿音字的变化

广州地区粤方言果摄合口字主要元音一般读作 ɔ，但在一些方言点之中，存在着 œ 的读音层次，而且这种读音层次存在于口语用字当中，值得我们关注。果摄合口字读作 œ 的现象在文冲、萝岗、新塘、荔城、石滩、沙湾等方言点表现尤为突出。例如：

文冲　朵 $tœ^{35}$ | 糯 $lœ^{22}$ | 螺 $lœ^{35}$

萝岗　躲 $tœ^{35}$ | 螺 $lœ^{55}$

新塘　糯 $lyœ^{22}$ | 螺 $lyœ^{35}$

荔城　糯 $nœ^{21}$ | 螺 $lœ^{35}$

石滩　搓 $tʃ^hœ^{55}$ | 糯 $lœ^{21}$ | 螺 $lœ^{35}$

沙湾　朵 $tœ^{35}$ | 糯 $lœ^{22}$ | 螺 $lœ^{35}$

大岗　螺 $lœ^{13}$

这些读 œ 的果摄字与其他读 ɔ 的果摄合口字形成对立。在珠三角地区，果摄字读作 œ 或 ø 的现象也很普遍。例如：

新界　螺 $lœ^{21}$ | 脶 $lœ^{21}$
中山　螺 $lœ^{51}$ | 脶 $lœ^{51}$
珠海　螺 $lœ^{21}$
佛山　糯 $lœ^{42}$ | 坐 $tʃ^hœ^{13}$
南海沙头　朵 $tœ^{35}$ | 惰 $tœ^{22}$ | 脶 $lœ^{44}$ | 坐 $tʃ^hœ^{13}$ | 糯 $nœ^{22}$ | 螺 $lœ^{44}$ | 锁 $ʃœ^{35}$
东莞　唾 $tø^{32}$ | 螺 $ŋø^{21}$ | 脶 $ŋø^{21}$

在广西玉林（陈晓锦，2000），也有不少果摄合口字读作 œ。例如：

坐 tœ | 朵 tœ | 螺 lœ | 糯 nœ | 妥 $t^hœ$

综合各地的情况，我们发现果摄合口字读 œ 的分布很有规律，即变读为 œ 的均为舌齿音字，而唇、牙、喉音字则保留读作 ɔ。可见，在一些粤方言中，果摄合口一等舌齿音字发生了如下的变化：

uɔ > yɔ > yœ > ^{y}œ > œ

二、蟹摄、止摄合口舌齿音字的变化

（一）蟹摄合口舌齿音字的变化

蟹摄合口一等舌齿音字，如“推、雷、罪、碎”等，广州市区读作 øy，而在广州地区各个方言点中，除江村和太平读作 øy，与广州相同外，其余大多数方言点都存在两读的情形，读 øy 韵母的通常是书面语用字，其余的读音如 ɔi、oi、ui、ue 等则一般出现在口语常用字之中。例如：

广州市区、江村、太平

队 tøy｜推 tʰøy｜雷 løy｜罪 tʃøy｜碎 ʃøy

蚌湖、石井、太和、钟落潭、赤坭

队 tɔi｜推 tʰɔi｜雷 lɔi｜罪 tʃɔi｜碎 ʃɔi

神岗、神山、荔城、石滩

队 toi｜推 tʰoi｜雷 loi｜罪 tʃoi｜碎 ʃoi

文冲、萝岗、沙湾、大岗

队 tui｜推 tʰui｜雷 lui｜罪 tʃui｜碎 ʃui

新塘　队 tue｜推 tʰue｜雷 lue｜罪 tʃue｜碎 ʃue

因此，不少方言点蟹摄合口舌齿音字白读音与唇音字及牙喉音字是不分的。例如：

蚌湖	杯 -uɔi = 退 -ɔi = 灰 -uɔi
赤坭	杯 -ɔi = 退 -ɔi = 灰 -ɔi
神山	杯 -ᵘoi = 退 -oi = 灰 -ᵘoi
新塘	杯 -ue = 退 -ue = 灰 -ue
文冲、萝岗、沙湾、大岗	杯 -ui = 退 -ui = 灰 -ui

在珠三角地区，舌齿音字与唇音字不分的现象也非常普遍，例如，佛山、三水、高明、中山、斗门、江门、新会、宝安等方言点舌齿音字与唇音字和牙喉音字皆读作 ui。

那些舌齿音字白读音与唇音字和牙喉音字从分的方言点，一般来说，舌齿音字的主要元音比唇音字和牙喉音字的主要元音开口度大些，但都保留 i 韵尾。例如：

石井、太和、钟落潭　杯 = 灰 -ui ≠ 退 -ɔi
神岗、荔城、石滩　　杯 = 灰 -ui ≠ 退 -oi

唯有江村、太平两个方言点舌齿音字跟唇音字以 øy、ui 来区别。例如：

杯 = 灰 -ui ≠ 退 -øy

由此可见，广州地区多数粤方言蟹摄合口一等舌齿音字与唇音字和牙喉音字走的是同一条演变的路径，即“uɑi >（u）ɔi >（u）oi > ui”。

在这条演变路子上，部分粤方言舌齿音字与唇音字和牙喉音字演变的步调一致，因而两者读音不分；而部分方言点舌齿音字比唇音字和牙喉音字演变的步子要慢一些，因而两者读音有别。

唇音字和牙喉音字和比舌齿音字普遍演变要快一些，究其原因，大概是因为唇音声母发音时双唇需要闭合，在与开口度较大的元音拼合时，带动了主要元音进一步向高位发展。而牙喉音日常用字今读为唇齿音声母 f 或以 u 开头的零声母，也容易使主要元音进一步向高位发展。但语言演变的情形多种多样，也不能一概而论。在珠三角地区，也有如台山、开平、恩平等方言点唇音字比舌齿音字演变得更慢的情形。例如：

	唇音字“杯”	舌齿音字“退”
台山、开平	-uɔi	-ui
恩平	-uai	-ui

对于广州市区、江村和太平等方言点的舌齿音字读作 øy 韵母，我们认为这是蟹摄合口一等字“uɑi >（u）ɔi >（u）oi > ui”这一语音演变链条上产生的“副产品”，由于 ui 中的 u 发音位置

稍前，唇形稍展，加上 ui 受舌齿音声母的影响，于是转变为 øy，即 ui > øi > øy。

至于那些存在两读现象的方言点书面用字，读作 øy，应该是近年来受广州话的强势扩散影响形成的层次。

（二）止摄合口舌齿音字的变化

止摄合口舌齿音字在江村、石井、太和、钟落潭、太平、神岗、沙湾、大岗等方言点都读作 øy。也有一些方言的口语用字读作 ɔi、oi、ui、ue 等，但均与蟹摄合口舌齿音字相同的，而与本摄的唇、牙、喉音字保持对立。例如：

	舌齿音字	唇、牙、喉音字
江村等方言点	嘴 tʃøy｜吹 $tʃ^h$øy｜泪 løy｜水 ʃøy	肥 fei｜贵 kuɐi｜围 uɐi
赤坭	嘴 tʃɔi｜吹 $tʃ^h$ɔi｜泪 lɔi｜水 ʃɔi	肥 fui｜贵 kui｜围 ui
神山	嘴 tʃoi｜吹 $tʃ^h$oi｜泪 loi｜水 ʃoi	肥 fei｜贵 kuɐi｜围 uɐi
荔城、石滩	嘴 tʃoi｜吹 $tʃ^h$oi｜泪 loi｜水 ʃoi	肥 fei｜贵 kuɒi｜围 uɒi
文冲	嘴 tʃui｜吹 $tʃ^h$ui｜泪 lui｜水 ʃui	肥 fi｜贵 kuɐi｜围 uɐi
文冲、萝岗	嘴 tʃui｜吹 $tʃ^h$ui｜泪 lui｜水 ʃui	肥 fei｜贵 kuɐi｜围 uɐi
新塘	嘴 tʃue｜吹 $tʃ^h$ue｜泪 lue｜水 ʃue	肥 fɛ｜贵 kuɐi｜围 uɐi

在珠三角地区，止摄合口舌齿音字不少方言点都读作 øy，也有不少方言点如斗门、江门、新会、台山、开平、恩平、鹤山、东莞、宝安等读作 ui，均与蟹摄合口舌齿音字相同。

上文已经讨论过止摄合口唇音字和牙喉音字发生了裂变，乃是由最初的 ui 裂变为 uei 或 uɐi。但合口舌齿音字走了不同的变化路子，一些方言点还保留读作 ui，例如文冲、萝岗等地。一些方言点则读作开口度稍大的 oi 或 ɔi，例如神山、荔城、石滩、赤坭等地。一些方言点则读作 øy，例如江村等地。江村等地的 øy 也是来源于 ui，其演变路径与蟹摄合口舌齿音字相同，即 ui > øi > øy。

三、山摄合口舌齿音字的变化

广州地区粤方言山摄合口一等韵舌齿音字一般读作 yn、yŋ、ɔn、œn、œŋ 等几种形式。例如：

江村、神山、石井、太和、钟落潭、太平、神岗、沙湾、大岗 短 tyn｜乱 lyn｜酸 ʃyn
文冲、萝岗、新塘 短 tyŋ｜乱 lyŋ｜酸 ʃyŋ
蚌湖 短 tœn｜乱 lœn｜酸 ʃyœn
赤坭 短 tɔn｜乱 lɔn｜酸 ʃɔn
荔城、石滩 短 tœŋ｜乱 lœŋ｜酸 ʃœŋ

广州地区粤方言山摄合口一等唇、牙、喉音字一般读作 un，有些方言点读作 uŋ、oŋ 或 uɔn。例如：

江村、神山、石井、太和、钟落潭、萝岗、太平、神岗、沙湾、大岗 搬 pun｜官 kun｜欢 fun
蚌湖、赤坭 搬 puɔn｜官 kuɔn｜欢 fuɔn
新塘、荔城、石滩 搬 puŋ｜官 kuŋ｜欢 fuŋ
文冲 搬 poŋ｜官 kuoŋ｜欢 foŋ

可见，广州地区粤方言山摄合口一等舌齿音字与唇牙喉音字均保持对立。例如：

	江村	神山	石井	太和	钟落潭	太平	神岗	沙湾	大岗
舌齿音字	-yn	-yn	-yn	-yn	-yn	-yn	-yn	-yn	-yn
唇牙喉音字	-un	-un	-un	-un	-un	-un	-un	-un	-un

	文冲	萝岗	新塘	荔城	石滩	蚌湖	赤坭
舌齿音字	-yŋ	-yŋ	-yŋ	-œŋ	-œŋ	-œn/-yœn	-ɔn
唇牙喉音字	-oŋ	-un	-uŋ	-uŋ	-uŋ	-uɔn	-uɔn

上文已经讨论过山摄合口一等字的变化途径为“*uɑn > uɔn > un”，可见赤坭舌齿音字读作 ɔn，保留着早期的读音面貌，至于其余地区的 œn、yn 等读音形式都是因为舌齿音声母的影响变化而来的。由于 uɔn 中的 u 发音位置稍前，唇形稍展，加上 uɔn 受舌齿音声母的影响，于是转变为 œn 或 yn。其演变路径为：

uɔn > yœn > yøn > yn

文冲、萝岗、新塘等方言点的 yŋ 和荔城、石滩的 œŋ 等读音形式都是 œn、yn 的衍生形式，变化只在于前阳声韵尾变成了后阳声韵尾。

四、臻摄合口舌齿音字的变化

广州地区粤方言臻摄合口一、三等字已经混同，其中牙喉音字各点读音为：

	多数方言点	文冲、萝岗、新塘	蚌湖	赤坭	荔城、石滩
均	-uɐn	-uɐŋ	-uen	-un	-uɒŋ

合口舌齿音字都已失落了 u 介音，大致可分两类，一类为“墩”类字，一类为“嫩”类字。“墩”类字读音如：

蚌湖、石井、太和、太平、沙湾、大岗、赤坭

墩 tøn｜轮 løn｜准 tʃøn｜蠢 tʃʰøn｜纯 ʃøn｜润 iøn

江村、神山、钟落潭、神岗

墩 tɐn｜轮 lɐn｜准 tʃɐn｜蠢 tʃʰɐn｜纯 ʃɐn｜润 iɐn

文冲、萝岗、新塘

墩 tɐŋ｜轮 lɐŋ｜准 tʃɐŋ｜蠢 $tʃ^h$ɐŋ｜纯 ʃɐŋ｜润 iɐŋ

荔城、石滩

墩 tɒŋ｜轮 lɒŋ｜准 tʃɒŋ｜蠢 $tʃ^h$ɒŋ｜纯 ʃɒŋ｜润 iɒŋ

"嫩"类字读音如：

江村、神山、石井、太和、钟落潭、太平、神岗、沙湾、大岗	嫩 nyn｜村 $tʃ^h$yn｜孙 ʃyn｜损 ʃyn｜遵 tʃyn
文冲、萝岗、新塘	嫩 nyŋ｜村 $tʃ^h$yŋ｜孙 ʃyŋ｜损 ʃyŋ｜遵 tʃyŋ
蚌湖、赤坭	嫩 nøn｜村 $tʃ^h$øn｜孙 ʃøn｜损 ʃøn｜遵 tʃøn
荔城、石滩	嫩 nœŋ｜村 $tʃ^h$œŋ｜孙 ʃœŋ｜损 ʃœŋ｜遵 tʃœŋ

不过，也有一些方言点"墩"类字跟"嫩"类字存在相混的情况，例如，蚌湖、赤坭两类字都读作 øn，沙湾、文冲、萝岗有部分"墩"类字读如"嫩"类字的现象。又如，沙湾"墩"类字一般读作 øn，也有个别入声字如"卒、恤、出、术"等读作 yt，读如"嫩"类字。我们把上述两类合口舌齿音字跟牙喉音字的读音进行比较，情形如下：

	合口舌齿音字"墩"	合口牙喉音字"均"
蚌湖等方言点	-øn	-uɐn
江村等方言点	-ɐn	-uɐn
文冲等方言点	-ɐŋ	-uɐŋ
荔城、石滩	-ɒŋ	-uɒŋ
	合口舌齿音字"嫩"	合口牙喉音字"均"
江村等方言点	-yn	-uɐn
文冲等方言点	-yŋ	-uɐŋ
蚌湖、赤坭	-øn	-uɐn
荔城、石滩	-œŋ	-uɒŋ

由上可见，蚌湖等方言点"墩"类字与牙喉音字韵母的主要元音有别，江村、文冲、荔城等方言点"墩"类字与牙喉音字韵母的主要元音相同，而各方言点的"嫩"类字均与牙喉音字韵母的主要元音有别。

在珠三角地区，不少方言点的"墩"类字都是与牙喉音字不分的，例如，花都、中山、珠海、斗门、江门、东莞等地都读作ɐn。在四邑地区，不仅"墩"类字和"嫩"类字相混，而且都与牙喉音字不分，例如，新会都读作æn，台山、开平、恩平都读作un。

上述情况表明，那些"墩"类字、"嫩"类字与牙喉音字读音不分的粤方言，舌齿音字与牙喉音字的演变路径相同。而那些"墩"类字、"嫩"类字与牙喉音字读音有别的粤方言，舌齿音字的读音发生了变化。

广州地区粤方言"墩"类字一般读作øn，"嫩"类字一般读作yn，可见合口舌齿音字的主要元音存在高化发展的趋势。由于uɐn中的u发音位置稍前，唇形稍展，加上uɐn受舌齿音声母的影响，于是转变为øn或yn。其演变路径为：

uɐn > yœn > yøn > yn

一些方言点两类字存在相混的情况，说明了这种高化的演变正处于活跃期。

由于臻摄合口舌齿音字已失落u介音，混入开口字当中，所以合口舌齿音字的演变也影响到部分开口舌齿音字。例如：

江村、神山、钟落潭、神岗

邻 lɐn | 津 tʃɐn | 尽 tʃɐn | 秦 $tʃ^h$ɐn | 信 ʃɐn

亲 $tʃ^h$ɐn | 新 ʃɐn | 辛 ʃɐn

文冲、萝岗、新塘

邻 lɐŋ｜津 tʃɐŋ｜尽 tʃɐŋ｜秦 tʃʰɐŋ｜信 ʃɐŋ

亲 tʃʰɐŋ｜新 ʃɐŋ｜辛 ʃɐŋ

荔城、石滩

邻 lɒŋ｜津 tʃɒŋ｜尽 tʃɒŋ｜秦 tʃʰɒŋ｜信 ʃɒŋ

亲 tʃʰɒŋ｜新 ʃɒŋ｜辛 ʃɒŋ

蚌湖、石井、太和、太平、沙湾、大岗、赤坭

邻 løn｜津 tʃøn｜尽 tʃøn｜秦 tʃʰøn｜信 ʃøn

亲 tʃʰɐn｜新 ʃɐn｜辛 ʃɐn

"邻"类字在不少方言点之中，与"亲"类字的读音是不分的，而在蚌湖、石井、太和、太平、沙湾、大岗、赤坭等方言点，"邻"类字读作 øn，而"亲"类字读作 ɐn，两者读音有别。蚌湖等地开口韵 øn 的读音只分布于泥、来母以及精组字之中，而其余的舌齿音字都读作本韵的 ɐn。另外，øn 的读音分布也非常零散，而且多为书面用字，找不到音变的语音条件，正是受合口舌齿音字扩散影响的典型表现。

总而观之，广州地区粤方言果摄等韵摄的合口韵舌齿音字一般发生了如下变化：

果摄	uɔ > yɔ > yœ > ^{y}œ > œ
蟹摄、止摄	ui > øi > øy
山摄	uɔn > yœn > yøn > yn
臻摄	uɐn > yœn > yøn > yn

我们认为，这些合口韵舌齿音字的变化都是由于声母以及合口介音的影响所导致的。从发音机制来看，舌齿音声母的发音位置比较靠前，而粤方言合口 u 介音的发音位置比较前，唇形较展，在它们的共同作用下，原来发音位置较后、较低的主要元音容易向前、向高发展。

第八节　一、三等韵的分合变化

广州地区粤方言流摄、臻摄、宕摄、曾摄和通摄的一、三等韵有的从分，有的从合，下面就来讨论广州地区粤方言一、三等韵的分合变化。

一、以合为主的韵摄

广州地区粤方言一、三等韵以合为主的韵摄包括通摄、流摄、臻摄。

（一）通摄一、三等韵的分合

通摄一、三等字所有方言点今读已经混同，大多数方言点都读作 oŋ，荔城、石滩读作 eŋ。例如：

多数方言点　葱 = 冲 $tʃ^{h}oŋ^{55}$ | 公 = 供 $koŋ^{55}$
荔城、石滩　葱 = 冲 $tʃ^{h}eŋ^{55}$ | 公 = 供 $keŋ^{55}$

可见，广州地区粤方言通摄一、三等字已经混同，三等字混同于一等字。

（二）流摄一、三等韵的分合

流摄一、三等字绝大多数方言点今读已经混同，大多数方言点都读作 ɐu 韵母。唯有蚌湖和赤坭两个方言点流摄一、三等字还存在分立的表现。例如：

多数方言点　狗 kɐu = 九 kɐu | 楼 lɐu = 刘 lɐu
蚌湖　狗 $kɐu^{35}$ ≠ 九 keu^{35} | 楼 $lɐu^{22}$ ≠ 刘 leu^{22}
赤坭　狗 $kɐu^{35}$ ≠ 九 kiu^{35} | 走 $tʃɐu^{35}$ ≠ 刘 $tʃiu^{35}$

就整体而言，广州地区多数粤方言流摄一、三等字已经混同，三等字混同于一等字。

（三）臻摄开口一、三韵的分合

臻摄开口一、三等字绝大多数方言点今读已经混同，大多数方言点都读作 ɐn。唯有赤坭还保留着一、三等字分立的情况。例如：

多数方言点　根 kɐn = 斤 kɐn｜恩 iɐn = 因 iɐn
蚌湖　根 ken = 斤 ken｜恩 ien = 因 ien
赤坭　根 kɐn ≠ 斤 kin｜恩 iɐn ≠ 因 in

就整体而言，广州地区多数粤方言臻摄一、三等字已经混同，三等字混同于一等字。

二、有分有合的韵摄

曾摄一、三等字有些方言点今读从分，有些方言点今读从合。从分的方言点有石井、萝岗、沙湾、大岗、赤坭、荔城、石滩等。一、三等韵的分别在于主要元音的不同，一等字韵母一般以 ɐ 为主要元音，三等字韵母一般以 e 为主要元音。例如：

石井、萝岗、沙湾、大岗、赤坭
憎 tʃɐŋ^{55} ≠ 征 tʃeŋ^{55}｜崩 pɐŋ^{55} ≠ 冰 peŋ^{55}
荔城、石滩　憎 tʃɒŋ^{55} ≠ 征 tʃeŋ^{55}｜崩 pɒŋ^{55} ≠ 冰 peŋ^{55}

曾摄开口一、三等字从合的方言点可分为两种类型，一种是三等混入一等的，如江村、蚌湖、神山、太和、文冲、新塘等地，三等读同一等的 ɐŋ。另一种是一等混入三等的，如神岗、太平、钟落潭，一等读同三等的 eŋ。例如：

江村、蚌湖、神山、太和、文冲、新塘
憎 = 征 tʃɐŋ^{55} | 崩 = 冰 pɐŋ^{55}

神岗、太平、钟落潭　憎 = 征 tʃeŋ^{55} | 崩 = 冰 peŋ^{55}

可见，广州地区粤方言曾摄一、三等字也有混同的趋势，其中又以三等字混同于一等字为主。

三、以分为主的韵摄

宕摄开口一、三等字多数方言点今读从分，只有太平和文冲两地今读从合。从分的方式有三种：

第一种是以主要元音的不同来区分。多数方言点开口一等字一般读作 ɔŋ，开口三等字一般读作 œŋ。例如：

多数方言点　岗 kɔŋ^{55} ≠ 姜 kœŋ^{55} | 仓 tʃʰɔŋ^{55} ≠ 枪 tʃʰœŋ^{55}

第二种是以有无介音来区分。例如，蚌湖开口一等字读作 ɔŋ 或 oŋ，开口三等字主要元音与一等相同，只多了介音 u 或 y。石井开口一等字读作 ɔŋ，开口三等字主要元音与一等相同，只多了介音 i。例如：

蚌湖　岗 koŋ^{55} ≠ 姜 kuɔŋ^{55} | 仓 tʃʰɔŋ^{55} ≠ 枪 tʃʰyɔŋ^{55}

石井　岗 kɔŋ^{55} ≠ 姜 kiɔŋ^{55} | 仓 tʃʰɔŋ^{55} ≠ 枪 tʃʰiɔŋ^{55}

第三种是以有无介音和主要元音不同来区分。例如，太和、钟落潭、萝岗、新塘等地开口一等字韵母读作 ɔŋ，开口三等字读作 iœŋ。例如：

太和等方言点　岗 kɔŋ^{55} ≠ 姜 kiœŋ^{55} | 仓 tʃʰɔŋ^{55} ≠ 枪 tʃʰiœŋ^{55}

太平和文冲两地宕摄开口一、三等字已经混同，太平都读作 œŋ，文冲都读作 ɔŋ。例如：

太平　岗 = 姜 $k\text{œ}ŋ^{55}$ | 仓 = 枪 $tʃ^{h}\text{œ}ŋ^{55}$

文冲　岗 = 姜 $kɔŋ^{55}$ | 仓 = 枪 $tʃ^{h}ɔŋ^{55}$

值得注意的是，那些宕摄开口一、三等字今读从分的方言点，宕摄开口三等庄组字都读作 ɔŋ，与一等字混同。而江摄开口二等字基本读同宕摄开口一等字，但也有部分知、庄组字混入宕摄开口三等字。例如：

江村　疮 = 仓 $tʃ^{h}ɔŋ^{55}$ ≠ 枪 $tʃ^{h}\text{œ}ŋ^{55}$ | 床 = 藏 $tʃ^{h}ɔŋ^{22}$ ≠ 长 $tʃ^{h}\text{œ}ŋ^{22}$

　　　窗 = 枪 $tʃ^{h}\text{œ}ŋ^{55}$ ≠ 仓 $tʃ^{h}ɔŋ^{55}$ | 双 = 商 $ʃ\text{œ}ŋ^{55}$ ≠ 桑 $ʃɔŋ^{55}$

可见，广州地区粤方言宕摄一、三等字虽然以分立为主，但太平和文冲一、三等字混同以及各地知、庄组字混同的表现正显示宕摄一、三等字也有走向混同的趋势。

综上所述，广州地区粤方言一、三等韵的总体表现是混同，混同得最彻底的是通摄，其次是臻摄和流摄。曾摄一、三等混同的方言点有 9 个，一、三等从分的方言点有 7 个，可见还是以合为主。宕摄一、三等韵虽然以分为主，但也有从合的表现。整体而言，广州地区粤方言的一、三等韵的发展趋势是走向混同。

广州地区粤方言的一、三等韵的合流是以三等字混同于一等字为主的，例如上述的通摄、流摄和臻摄都是如此，曾摄也有不少方言点走三等字混同于一等字的道路。广州地区粤方言的一、三等韵走这条合流道路并非偶然，而是有其内在原因的：

第一，音位的制约。如前文所述，广州市区等多数粤方言流摄三等字走了“*iəu > *əu > ɐu”的演变路子。这里有一个问题无法回避：上述粤方言流摄三等字为什么不能走蚌湖、赤坭“* iəu > ieu > iu”主元音高化的道路，而要与一等韵合并？这个问题只在流摄范围内是找不到答案的，如果联系相近的效摄韵母的格局，这个问题就不难解释。例如，广州市区效摄韵母今分为ou（一等，如“早”）、au（二等，如“吵”）、iu（三、四等，如“小、萧”）三个韵母，不难推测，广州市区今天的效摄一等韵ou中的主元音应该经历了“ɑu > ɔu > ou”的历时高化过程；二等韵au基本仍是中古音的原形，三、四等韵iu的主元音应该经历了“iɛu > ieu > iu”的高化过程，今天已走到高化的极致。从低到高，广州市区的效摄早已将主元音正常变化的空间占满了，留给流摄三等韵的变化空间实在不多，也就是说，已有的音位格局决定了流摄三等的主元音已不能走高化的道路，那么就只能“偏安”于舌位偏央的ɐ。如此逐渐失落i介音，混同于与一等韵，其发展路径为“* iəu > ⁱəu > əu > ɐu”。

至于广州市区等多数粤方言臻摄为什么不走与蚌湖、赤坭一样的元音高化道路，在解释了流摄与效摄音韵格局关系后，这一问题也不难回答。广州市区等粤方言的山摄各韵事先占据了主元音高化的空间，迫使臻摄三等韵的主元音同样走上偏央的道路，最后失落i介音而洪化。同样，这种音位的制约关系也使得广州市区等粤方言深摄三等字走了洪化的道路。

第二，介音的脱落。介音脱落是广州地区粤方言的普遍发展规律，这个问题前文已经作了论述。由于三等韵i介音的脱落，也使三等韵混同于一等韵。例如，通摄三等韵脱落了i介音，演变路径为“ioŋ > ⁱoŋ > oŋ”。又如江村等地粤方言曾摄三等韵脱落了i介音，演变路径为“* iəŋ > ⁱəŋ > əŋ > ɐŋ”。再如文冲宕摄三等韵脱落了i介音，演变路径为“* iɑŋ > iɔŋ > ⁱɔŋ > ɔŋ”。

注释

[1] 彭小川：《粤语韵书〈分韵撮要〉的韵母系统》，见《粤语论稿》，广州：暨南大学出版社 2004 年版（原载《暨南学报》1992 年第 4 期）。

[2] 王力：《汉语语音史》，北京：中国社会科学出版社 1985 年版，第 216 页。

[3] 彭小川：《粤语韵书〈分韵撮要〉的韵母系统》，见《粤语论稿》，广州：暨南大学出版社 2004 年版（原载《暨南学报》1992 年第 4 期）。

[4] 彭小川：《粤语韵书〈分韵撮要〉的韵母系统》，见《粤语论稿》，广州：暨南大学出版社 2004 年版（原载《暨南学报》1992 年第 4 期）。

[5] 张琨：《切韵止摄遇摄字在现代粤方言中的演变》，见《中研院历史语言研究所集刊论文类编》（语言文字编·方言卷），北京：中华书局 2009 年版。

[6] 朱晓农：《汉语元音的推链高化和高顶出位》，历史语言学研讨会论文，2002 年。

[7] 刘晓南：《宋代四川方音概貌及"闽蜀相近现象"》，载《语文研究》2008 年第 2 期。

[8] 郑张尚芳：《汉语及其亲属语言语音演变中的元音大推移》，历史语言学研讨会论文，2002 年。

[9] 朱晓农：《汉语元音的高顶出位》，载《中国语文》2004 年第 5 期。

[10] 施其生：《广州方言的介音》，载《方言》1991 年第 2 期。

[11] 李新魁：《广州方言研究》，广州：广东人民出版社 1995 年版，第 128 ~ 135 页。

[12] 侍建国：《从广东境内 i 介音分布看近代粤语音变》，载《语言研究》2002 年第 3 期。

[13] 李荣:《我国东南各省方言梗摄字的元音》，载《方言》1996 年第 1 期。
[14] 李新魁:《广州方言研究》，广州：广东人民出版社 1995 年版，第 128 ~135 页。
[15] 侍建国:《从广东境内 i 介音分布看近代粤语音变》，载《语言研究》2002 年第 3 期。
[16] 黄家教:《广州话无介音说》，载《学术研究》1964 年第 2 期。
[17] 施其生:《广州方言的介音》，载《方言》1991 年第 2 期。
[18] 麦耘:《广州话介音问题商榷》，载《中山大学学报》1999 年第 4 期。
[19] 伍巍:《广州音系舌根声母 kw、k^hw 讨论》，载《暨南学报》2006 年第 4 期。
[20] 麦耘:《广州话介音问题商榷》，载《中山大学学报》1999 年第 4 期。
[21] 施其生:《广州方言的介音》，载《方言》1991 年第 2 期。
[22] 伍巍:《广州音系舌根声母 kw、k^hw 讨论》，载《暨南学报》2006 年第 4 期。
[23] 麦耘:《广州话介音问题商榷》，载《中山大学学报》1999 年第 4 期。
[24] 李新魁:《广东的方言》，广州：广东人民出版社 1994 年版第 433 页。
[25] 麦耘:《广州话介音问题商榷》，载《中山大学学报》1999 年第 4 期。
[26] 李新魁:《汉语音韵学》，北京：北京出版社 1986 年版，第 199 页。
[27] 李新魁:《广州方言研究》，广州：广东人民出版社 1995 年版，第 140 页。

[28] 李新魁:《广州方言研究》,广州:广东人民出版社 1995 年,第 143 页。
[29] 李新魁:《广州方言研究》,广州:广东人民出版社 1995 年,第 144 页。
[30] 李新魁:《广州方言研究》,广州:广东人民出版社 1995 年,第 141 页。
[31] 陈晓锦:《广东粤语的鼻音韵尾和入声韵尾》,载《方言》2001 年第 2 期。
[32] 陈晓锦:《广东粤语的鼻音韵尾和入声韵尾》,载《方言》2001 年第 2 期。

参考文献

[1] 白宛如:《广州方言词典》，江苏：江苏教育出版社 1998 年版。

[2] 北京大学中文系语言学教研室:《汉语方音字汇》（第二版），北京：语文出版社 2003 年版。

[3] 曹志耘:《南部吴语语音研究》，北京：商务印书馆 2002 年版。

[4] 陈晓锦：《广西玉林白话语音特点》，见《第七届国际粤方言研讨会论文集》，北京：商务印书馆 2000 年版。

[5] 陈晓锦：《广东粤语的鼻音韵尾和入声韵尾》，载《方言》2001 年第 2 期。

[6] 陈晓锦：《广西玉林七个粤方言点语音特点概述》，见《第九届国际粤方言研讨会论文集》，澳门中国语文学会，2005 年。

[7] 陈晓锦、陈滔：《广西北海市粤方言调查研究》，北京：中国社会科学出版社线装书局 2005 年版。

[8] 陈滔：《廉州话的阳声韵尾和入声韵尾》，见《第九届国际粤方言研讨会论文集》，澳门中国语文学会，2005 年。

[9] 陈立中：《湘语与吴语音韵比较研究》，北京：中国社会科学出版社 2004 年版。

[10] 岑安民：《恩平（江洲）话音系说略》，见《第八届国际粤方言研讨会论文集》，北京：中国社会科学出版社 2003 年版。

[11] 董同龢：《汉语音韵学》，北京：中华书局 2001 年版。
[12] 丁治民：《宋代川籍诗人用韵中的歌豪通押新证》，载《语文研究》2005 年第 1 期。
[13] 高本汉：《中国音韵学研究》，赵元任、罗常培、李方桂译，北京：商务印书馆 1995 年版。
[14] 高华年：《广州方言研究》，香港：香港商务印书馆 1980 年版。
[15] 黄侃：《黄侃论学杂著·音略》，上海：上海古籍出版社 1980 年版。
[16] 黄家教：《广州话无介音说》，载《学术研究》1964 年第 2 期。
[17] 黄锡凌：《粤音韵汇》，香港：香港中华书局 1991 年版。
[18] 黄群：《昭平方言语音特点》，见《第八届国际粤方言研讨会论文集》，北京：中国社会科学出版社 2003 年版。
[19] 黄群：《广西昭平方言音系》，载《方言》2006 年第 2 期。
[20] 黄富荣：《粤语元音［œ］［ɵ］音位分合研究综论》，见《第七届国际粤方言研讨会论文集》，北京：商务印书馆 2000 年版。
[21] 何科根：《吴化片粤语的语音特点》，载《语文研究》1997 年第 3 期。
[22] 梁振仕：《桂南粤语说略》，载《中国语文》1984 年第 3 期。
[23] 刘镇发：《现代粤语源于宋代移民说》，见《第七届国际粤方言研讨会论文集》，北京：商务印书馆 2000 年版。
[24] 刘镇发：《粤语与客语文白异读的比较》，见《第六届国际粤方言研讨会论文集》，澳门中国语文学会，2003 年。
[25] 刘镇发：《从广州话与元明韵书比较看广州话的发展》，见《第九届国际粤方言研讨会论文集》，澳门中国语文学会，2005 年。

[26] 刘镇发、张群显：《清初的粤语音系——〈分韵撮要〉的声韵系统》，见《第八届国际粤方言研讨会论文集》，北京：中国社会科学出版社 2003 年版。
[27] 李方桂：《上古音研究》，北京：商务印书馆 1980 年版。
[28] 陆志韦：《古音说略》，见《陆志韦语言学著作集（一）》，北京：中华书局 1985 年版。
[29] 李荣：《切韵音系》，北京：科学出版社 1956 年版。
[30] 李荣：《关于方言研究的几点意见》，载《方言》1983 年第 1 期。
[31] 李荣：《我国东南各省方言梗摄字的元音》，载《方言》1996 年第 1 期。
[32] 李新魁：《汉语音韵学》，北京：北京出版社 1986 年版。
[33] 李新魁：《广东的方言》，广州：广东人民出版社 1994 年版。
[34] 李新魁：《广州方言研究》，广州：广东人民出版社 1995 年版。
[35] 李新魁：《上古音“晓匣”归“见溪群”说》，载《学术研究》1963 年第 3 期。
[36] 李新魁：《粤音与古音》，载《学术研究》1996 年第 8 期。
[37] 李如龙：《自闽方言证四等韵无 i 说》，见《音韵学研究》（第一辑），北京：中华书局 1984 年版。
[38] 刘叔新、刘艺：《介音是广州话的语言事实》，载《方言》2000 年第 1 期。
[39] 刘叔新：《广州话元音音位的两个问题》，见《第八届国际粤方言研讨会论文集》，北京：中国社会科学出版社 2003 年版。
[40] 罗伟豪：《〈广韵〉咸深二摄广州话今读 [n] [t] 韵尾字音分析》，见《第七届国际粤方言研讨会论文集》，北京：商务印书馆 2000 年版。

[41] 罗伟豪：《论广州话的圆唇舌根音声母》，见《第六届国际粤方言研讨会论文集》，澳门中国语文学会，2003 年。
[42] 李敬忠：《珠江三角洲粤语疑母及辅音韵尾的演变趋向》，载《广东民族学院学报》（社会科学版）1990 年第 1 期。
[43] 练铭志：《试论广东汉族的形成及其与瑶、壮、畲等族的融合关系》，载《民族研究》2000 年第 5 期。
[44] 蒋祖缘、方志钦：《简明广东史》，广州：广东人民出版社 1993 年版。
[45] 麦耘：《广州话介音问题商榷》，载《中山大学学报》1999 年第 4 期。
[46] 麦耘、谭步云：《实用广州话分类词典》，广州：广东人民出版社 1997 年版。
[47] 潘悟云：《汉语历史音韵学》，上海：上海教育出版社 2000 年版。
[48] 彭小川：《南海沙头话语音研究》，暨南大学硕士学位论文，1987 年。
[49] 彭小川：《粤语韵书〈分韵撮要〉的韵母系统》，见《粤语论稿》，广州：暨南大学出版社 2004 年版（原载《暨南学报》1992 年第 4 期）。
[50] 彭小川：《南海沙头话古云、以母字今读初析》，载《中国语文》1995 年第 6 期。
[51] 彭小川：《粤语论稿》，广州：暨南大学出版社 2004 年版。
[52] 彭小川：《粤语韵书〈分韵撮要〉及其声母系统》，见《粤语论稿》，广州：暨南大学出版社 2004 年版。
[53] 覃远雄：《桂南平话古见组声母和日母的今读》，载《方言》2006 年第 3 期。
[54] 饶秉才：《广州音字典》，广州：广东人民出版社 1983 年版。

[55] 任民:《鹤山县古劳话的特点》，载《佛山大学学报》1990年第1期。
[56] 施其生:《广州话元音音位再探讨》，见《第二届国际粤方言研讨会论文集》，广州：暨南大学出版社1990年。
[57] 施其生:《广州方言的介音》，载《方言》1991年第2期。
[58] 邵慧君、甘于恩:《广东西江流域粤语语音特点概述》，载《华南师范大学学报》（社会科学版）2001年第5期。
[59] 邵慧君:《粤方言阳声韵尾及入声韵尾的分化模式及成因初探》，见《第八届国际粤方言研讨会论文集》，北京：中国社会科学出版社2003年版。
[60] 邵慧君:《粤西茂名地区粤方言语音特点综论》，载《华南师范大学学报》2007年第1期。
[61] 侍建国：《从广东境内i介音分布看近代粤语音变》，载《语言研究》2002年第3期。
[62] 王力：《汉语语音史》，北京：中国社会科学出版社1985年版。
[63] 王力：《王力文集》（第十卷），济南：山东教育出版社1987年版。
[64] 伍巍:《广州话溪母字读音研究》，载《语文研究》1999年第4期。
[65] 伍巍：《广州音系舌根声母kw、k^hw讨论》，载《暨南学报》2006年第4期。
[66] 伍巍:《粤语》，载《方言》2007第2期。
[67] 吴叠彬:《粤语韵母œ、œŋ、œk的演化》，见《第五届国际粤方言研讨会论文集》，广州：暨南大学出版社1997年版。
[68] 熊正辉:《官话区方言分ts tʃ的类型》，载《方言》1990第1期。

[69] 谢建猷:《广西粤语刍论》，见《第十一届国际粤方言研讨会论文集》，南宁：广西人民出版社 2007 年版。
[70] 袁家骅:《汉语方言概要》，北京：文字改革出版社 1960 年版。
[71] 游汝杰:《汉语方言学教程》，上海：上海教育出版社 2004 年版。
[72] 余伟文:《罗定、云浮、德庆的粤语语音特点》，见《第五届国际方言研讨会论文集》，广州：暨南大学出版社 1997 年版。
[73] 杨焕典:《广西通志·汉语方言志》，南宁：广西人民出版社 1998 年版。
[74] 周祖谟:《向学集·颜氏家训音辞篇补注》，北京：中华书局 1966 年版。
[75] 郑张尚芳：《温州方言歌韵读音的分化和历史层次》，载《语言研究》1983 年第 2 期。
[76] 詹伯慧、张日升：《珠江三角洲方言字音对照》，广州：广东人民出版社 1987 年版。
[77] 詹伯慧、张日升：《粤北十县市粤方言调查报告》，广州：暨南大学出版社 1994 年版。
[78] 詹伯慧、张日升：《粤西十县市粤方言调查报告》，广州：暨南大学出版社 1998 年版。
[79] 詹伯慧：《粤西十县市粤方言语音与广州语音比较》，见《第五届国际方言研讨会论文集》，广州：暨南大学出版社 1997 年版。
[80] 詹伯慧:《广东粤方言概要》，广州：暨南大学出版社 2002 年版。
[81] 詹伯慧:《广州话正音字典》，广州：广东人民出版社 2002 年版。

［82］詹伯慧：《粤语研究的当前课题》，见《第九届国际粤方言研讨会论文集》，澳门中国语文学会，2005 年。
［83］张振兴：《广州话音系的分析和处理》，见《第五届国际粤方言研讨会论文集》，广州：暨南大学出版社 1997 年版。
［84］张双庆、万波：《知章庄组声母在闽语及周边方言里的今读类型考察》，见《闽语研究及其与周边方言的关系》，香港：中文大学出版社 2002 年版。
［85］庄初升：《粤北土话音韵研究》，北京：中国社会科学出版社 2004 年版。
［86］钟奇：《广州话的长短音在其他方言中的对应》，见《第五届国际粤方言研讨会论文集》，广州：暨南大学出版社 1997 年版。
［87］张晓山：《广宁话的 h 声母》，见《第五届国际粤方言研讨会论文集》，广州：暨南大学出版社 1997 年版。
［88］赵彤：《〈分韵撮要〉的声母问题》，载《语文研究》2007 年第 1 期。
［89］Lau Chun-fat. Labovian Principles of Vowel Shifting Revisited—The Short Vowel Shift in New Zealand English and Southern Chinese. In Historical Linguistics 2001：Selected Papers from the 15th International Conference on Historical Linguistics，2001.
［90］广州市地方志编纂委员会：《广州市志》，广州：广州出版社 2000 年版。
［91］番禺市地方志编纂委员会：《番禺县志》，广州：广东人民出版社 1995 年版。
［92］从化地方志编纂委员会：《从化县志》，广州：广东人民出版社 1994 年版。
［93］增城市地方志编纂委员会：《增城县志》，广州：广东人民出版社 1995 年版。

［94］花县地方志编纂委员会：《花县志》，广州：广东人民出版社 1995 年版。
［95］广州市白云区地方志编纂委员会：《白云区志》，广州：广东人民出版社 2001 年版。

附录　广州地区粤方言点分布图

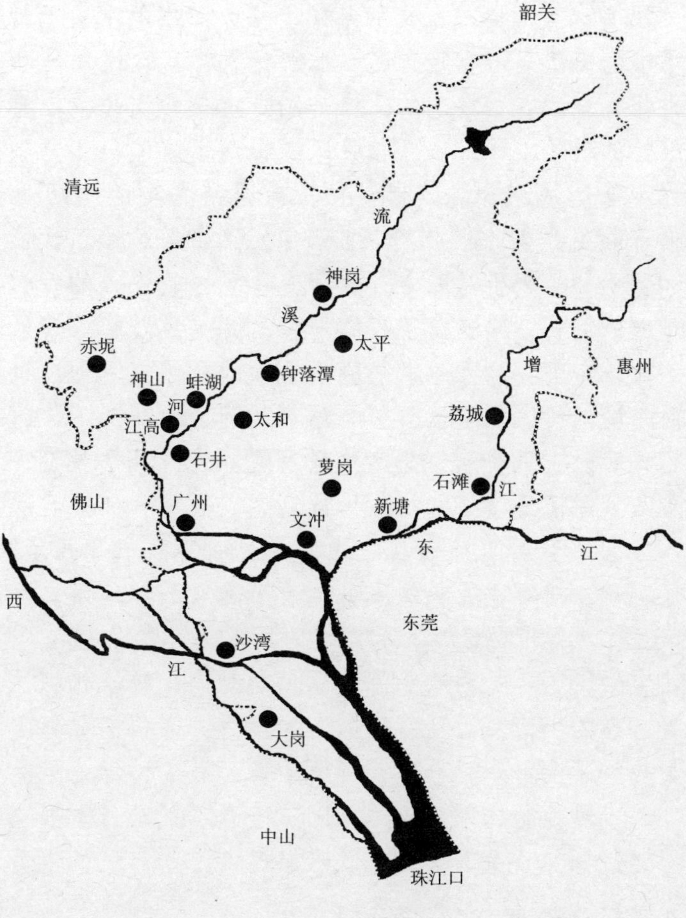

后 记

本书是在我的博士论文的基础上修改而成的。出于种种原因，本书的出版显得有些仓促，本来我是打算在博士毕业后好好地再作补充调查和修改的，但是刚走上教学岗位，需要忙于应付繁忙的教学工作，而且相关课题也迟迟未能得到立项，所以始终不能达成夙愿。攻博期间，徐通锵先生的《历史语言学》和李新魁先生的《广州方言研究》两部著作给了我很大的启发和影响。李先生对粤方言的演变作了比较深入的探讨，有不少精辟的见解，这激发了我的思考，促使我鼓起勇气沿着李先生的路子走下去，因此本书除了平面的介绍描写外，也尝试从历时角度探讨广州地区粤方言语音的演变过程。工作这三年来，本人时时查阅资料，思考有关问题。连续几个暑期，我都有幸参与到潘悟云教授的少数民族语调查项目和邵慧君教授的广东粤方言语音数据库项目之中，在调查实践中开阔了眼界，增长了见识，对粤语的一些现象也有了更深入的理解。这次修改，只作了小幅度的改动，其中加进的都是本人在这三年来的一些研究心得。历时的演变需要通过共时的比较来构拟，这不是一件容易的事情，而且囿于本人的学力，这种构拟肯定还有不少欠妥和谬误之处。不过正所谓学海无涯，科研之路没有尽头，作为阶段性的成果应该是可以“凑合”的吧。本书稿带着些许遗憾付梓，只希望能为粤语研究提供一些有用的素材，同时更希望得到各位方家的赐教。

犹记得自2006年10月论文开题以来，经过田野调查、材料整理，然后执笔行文，数易其稿，至2008年4月定稿。从论文的选题、材料的收集整理到论文的撰写，恩师伍巍教授都经常和我讨论，提出许多建设性的建议，为我解答了很多学术上的疑难。论文初稿交付后，老师又不辞劳苦，逐字逐句地仔细批阅，提出了不少针对性的修改意见，一直到最终定稿。伍老师勤勉、严谨、认真的治学精神让我敬仰，他的言传身教将使我受益终身。

詹伯慧教授是方言学界的老前辈，他多年的耕耘为我们后辈的研究打下了坚实的基础，本书的写作如果离开了詹老师所积累的材料的支撑是不可想象的。论文答辩的时候，有幸得到詹伯慧教授、鲍厚星教授、陈晓锦教授、庄初升教授、严修鸿教授的指点，感谢他们为本书的修改和完善提出许多宝贵的意见。

我的硕士生导师邵慧君教授一直关心着我学业的进步，在生活上也给予我不少帮助。没有她的鼓励，我或许还在乡村中学当一名教师，又或许去当一名普通的公务员了，不会走上方言研究的道路。甘于恩教授给予我许多帮助，无私提供了不少材料，在此向他表示感谢。

在学期间，师母王燕菊女士经常过问我的生活和家庭情况，她的关怀时刻温暖着我的心田。还记得每逢时令节日，师母都邀请我们到家里“开小灶”，师生欢聚一堂，愉快的情景至今历历在目。很高兴认识了一群志同道合、勤奋好学、热心善良的同窗好友、师兄弟和师姐妹们，他们的友谊给枯燥的学习生活增添了绚丽的色彩，感谢他们的关照。

我要特别感谢内子左金娣女士。没有她的理解体谅和鼎力支持，要顺利完成博士学业是难以想象的。为了圆我的博士梦，她付出了许多，不仅没有半句怨言，还不断地为我打气加油，尤为让我惊喜的是，她还为咱家“贡献”了一个聪明可爱的儿子。

暨南大学出版社的责任编辑李洁女士为本书出版提供了不少帮助，付出了大量的劳动，在此深表谢意。

陈卫强

2011 年 10 月于佛山南海桂城俊雅花园家中